北京大学粤港澳大湾区知识产权发展研究院 组织编写

中华人民共和国
个人信息保护法
理解适用与案例解读

张平◎主编

ZHONGHUA RENMIN GONGHEGUO
GEREN XINXI BAOHUFA
LIJIE SHIYONG YU ANLI JIEDU

中国法制出版社
CHINA LEGAL PUBLISHING HOUSE

前　言

个人信息保护法由第十三届全国人民代表大会常务委员会第三十次会议于2021年8月20日通过，自2021年11月1日起施行。作为我国首部在个人信息领域的系统性、综合性立法，个人信息保护法统筹个人信息保护与数字产业发展，在个人信息的一般处理规则、敏感个人信息的处理规则、国家机关处理个人信息、个人信息跨境提供规则、个人权利、处理者义务、履行个人信息保护职责的部门及法律责任等方面进行了系统性规定，填补了立法空白，与网络安全法、数据安全法共同构成了具有鲜明中国特色的网络信息法律体系核心，是我国立法领域的里程碑式法律，开启了个人信息保护的新时代。

个人信息保护法的立法与研究工作起始于2003年，2018年9月被正式纳入人大立法规划，历时三年，经过三次审议，终于在2021年8月20日正式出台。18年的时间里，数字经济和互联网产业席卷全球，新技术、新应用飞速迭代，新现象、新问题也随之而来，大数据“杀熟”、人脸识别滥用、个人信息滥用、“精准营销”及垃圾短信等现象影响着人民群众的正常生活，迫切需要新方案、新规则予以规制。虽然我国此前已经通过分散立法的方式在其他法律法规中对相应的个人信息保护问题作出了规定，但由于缺乏系统性、专门性而无法有效应对当前亟须解决的社会问题。

得益于我国更具活力的互联网产业所形成的丰富应用场景，经过多年的探索与研究，我国目前已经积累了充足的个人信息保护制度经验，在域外层面也有其他国家与国际组织制定的个人信息保护相关规范可供参考，我国个人信息保护法的出台恰逢其时，坚持和贯彻了以人民为中心的法治理念，切实维护了人民群众的正当权益。

徒法不足以自行。为了促进个人信息保护法的有效落实，帮助人民群众更好地理解和学习个人信息保护法，北京大学粤港澳大湾区知识产权发展研究院广泛吸纳学界、司法界以及具有产业实践经验的研究人员组成作者队伍，共同编撰本书，为各界读者提供借鉴和指引，为我国的个人信息保护工作添砖加瓦。

目　录

Contents

第一章　总　　则

第二章　个人信息处理规则

第三章　个人信息跨境提供的规则

第四章　个人在个人信息处理活动中的权利

第五章　个人信息处理者的义务

第六章 履行个人信息保护职责的部门

第七章 法律责任

第八章　附　　则

第一章 总　　则

第一条　【立法目的】[1] 为了保护个人信息权益，规范个人信息处理活动，促进个人信息合理利用，根据宪法，制定本法。

【条文主旨】

本条是关于本法立法目的的规定。

【条文理解】

本条阐述了个人信息保护法的立法目的，包括三个方面：保护权益、规范活动、促进利用，建立了我国个人信息保护工作的根本原则和框架。

一、保护个人信息权益

作为一部以“个人信息保护”命名的个人信息领域基础性法律，保护个人信息的相关权益是应有之义，且应当成为本法制定的首要目的。

截至 2021 年 6 月，中国网民规模达 10.11 亿人，手机网民规模为 10.07 亿人，网民中使用手机上网的比例为 99.6%，中国市场上监测到的 App 数量为 302 万款。[2] 大量的个人信息被“生产”并进入到互联网空间的每一个角落，其上蕴含着无尽的价值，能够与人工智能技术相结合释放出巨大的能量，这也使得个人信息成为数字时代宝贵的资源之一。我们在日常生活中可以发现，一些企业、机构甚至个人从商业利益等出发，任意

① 简要条文主旨为编者所加，下同。

② 《第 48 次中国互联网络发展状况统计报告》，载中国互联网络信息中心，http://www.cnnic.cn/hlwfzyj/hlwxzbg/hlwtjbg/202109/t20210915_71543.htm，最后访问时间：2021 年 8 月 30 日。

收集、违法获取、过度使用、非法买卖个人信息，为电信诈骗、“大数据杀熟”、“垃圾短信轰炸”等人民群众深恶痛绝的违法犯罪活动提供了温床，严重侵扰了人民群众的生活安宁，危害人民群众生命健康和财产安全。但是，从实践情况来看，作为重要个人信息主体的自然人在整个个人信息处理活动链条中却处于最弱势的地位，他们面临的个人信息处理者多为具有强大人力、物力、财力以及技术能力的平台企业或超大平台企业（当然，除平台等商业型个人信息处理者外的其他类型个人信息处理者也可能会对自然人形成悬殊的优势），不平等的地位使得个人在个人信息处理活动中极易受到侵害却又难以反抗和寻求救济，个人信息保护已成为广大人民群众最关心、最直接、最现实的利益问题之一。如果不能有效保护个人信息，必将会对公民的基本权益、产业健康发展以及社会和谐稳定产生巨大损害。

为及时回应广大人民群众的呼声，贯彻落实党中央要求和部署，我国法治工作者倾尽心血，历时近 18 年①起草酝酿，历经三次审议，终于在 2021 年 8 月 20 日，经第十三届全国人民代表大会常务委员会第三十次会议通过并正式发布《中华人民共和国个人信息保护法》，奠定了我国个人信息保护领域的基本法，为个人信息权益的保障提供了坚强有力支撑。

值得注意的是，在表述上本法使用的是“权益”而非“权利”，可见个人信息确权尚需更多的讨论。个人信息确权涉及的是数据确权问题，有些理论将数据确权置于现有的制度框架中，如物权法、合同法、知识产权法、竞争法、个人信息保护法；有些理论则为其创设了新的权利类型，如数据权等。但是，上述理论都存在较大争议，其确权的利弊都十分突出，世界范围内也缺乏相关法律对数据权利归属作出合理且准确的界定。为了协调自然人的个人信息保护与信息的自由流动与利用的关系，当前理论与实务界倾向于根据对象所体现的价值给予不同属性的权益保护与规范，例如我国民法典即未规定个人信息权，而是使用了“个人信息保护”的表述。②

总体来看，数据上承载着相关主体的财产性权益与人格性权益，其财产性权益首先体现并最为凸显，相关数据持有者可以基于数据的控制程度实现占有、使用、收益、处分等类似所有权的权能。由于数据可以被无限

---

① 2001 年，国家成立国家信息化领导小组，下设国务院信息化工作办公室，主要负责推动国家的信息化相关立法。2003 年，国务院信息化工作办公室着手部署个人信息保护法立法研究工作，并开始委托相关专家学者起草专家建议稿。

② 参见程啸：《我国民法典个人信息保护制度的创新与发展》，载《财经法学》2020 年第 4 期。

复制、无限共享，数据的流通和使用也不会减少其价值，这使得数据权益的关注点不再局限于数据的实际控制和占有，而扩展至数据的流通与使用。漫长的数据处理链条产生了较多的参与主体，且大数据环境下数据主体认定的难度更大。与传统的“自采自用”不同，数据交易、共享等流通更加活跃，其中涉及的主体复杂多样，许多主体都为之付出了劳动，并使数据的价值不断释放，带来更多效益，数据最初创造者的价值和作用被弱化。不同的主体对数据所付出的劳动强度不同、类型不同、成本不同、影响力不同、创新能力不同，在划分权属时其诉求自然也随之不同，如何兼顾各方主体合法利益、如何平衡个人信息权利保护与产业发展等问题都给数据确权带来了很大的阻力，需要在未来的发展中不断完善。

二、规范个人信息处理活动

本法重点规范的是行为，即个人信息处理活动。根据本法第四条第二款规定，个人信息的处理包括个人信息的收集、存储、使用、加工、传输、提供、公开、删除等。该界定采用了“列举+兜底”的立法技术，将目前已知且常见的个人信息处理行为予以了法律上的确认，同时通过“包括”“等”定义方式为将来进一步通过司法或行政解释的方式予以补充和完善预留了空间。

本法采用了以行为规制为代表的“实质主义”范式，着重突出行为约束法的法律特征。[①] 行为规制着眼于对个人信息处理的行为予以有效规范，放弃争议不休的数据确权，搁置产权争议，从国际数据主权、国家安全、产业发展、公民利益等角度出发，建构我国个人信息保护与发展利用的行为准则。通过行为规制，所有涉及个人信息处理活动的主体均需要满足或者履行本法规定的义务，适用主体的范围就变得灵活且广泛，不再需要通过文字予以列举，避免了专门解释和划定主体所可能面临的立法空白。同时，本条与第三条相互衔接，对本法的域外适用提供了依据，与数据安全法相类似，在中华人民共和国境外处理中华人民共和国境内自然人个人信息的活动，存在以下情形的，亦需履行中国法下的个人信息保护义务，包括：（1）以向境内自然人提供产品或者服务为目的；（2）分析、评估境内自然人的行为；（3）法律行政法规规定的其他情形。这一规定为跨国企业面向中国提供服务、在境外开展个人信息处理活动提供了管辖连接点。

三、促进个人信息合理利用

本法草案一审稿中将本条规定为“为了保护个人信息权益，规范个人

---

① 参见许可：《数据权利：范式统合与规范分殊》，载《政法论坛》2021年第4期。

信息处理活动，保障个人信息依法有序自由流动，促进个人信息合理利用，制定本法”。可以看出，“保障个人信息依法有序自由流动”最终被删去，仅保留了“促进个人信息合理利用”。因此从总体来看，本法还是更加倾向于对个人信息权益加以保护，对个人信息的流动加以限制，对个人信息的利用也较为谨慎，以避免出现个人信息滥用现象。正是基于这一考虑，本法在后面的条文中也作出多项规定以严格规范多种个人信息处理场景，如禁止“大数据杀熟”、规范人脸识别、处理敏感个人信息须单独同意等。

然而本法没有限制或者抑制个人信息的利用，而是要促进个人信息的合理利用，即在“保护个人信息权益，规范个人信息处理活动”的前提下促进个人信息的合理利用。从经济增长和产业发展的角度来看，互联网产业仍然是我国乃至世界经济增长的重要组成部分，人民的日常生活已经深深地与互联网相融合。因此，完全抑制或者完全放任互联网发展都不可取，通过法律与政策有效引导和规制互联网的发展，平衡个人信息保护与产业健康发展才是提升我国综合国力的有效路径。基于这一目的，本法第十三条规定不再将知情同意作为处理个人信息的唯一合法性基础，而是新增了一些场景，符合场景要求的个人信息处理活动不需要征得个人的同意，包括：为订立、履行个人作为一方当事人的合同所必需，或者按照依法制定的劳动规章制度和依法签订的集体合同实施人力资源管理所必需；为履行法定职责或者法定义务所必需；为应对突发公共卫生事件，或者紧急情况下为保护自然人的生命健康和财产安全所必需；为公共利益实施新闻报道、舆论监督等行为，在合理的范围内处理个人信息；依照本法规定在合理的范围内处理个人自行公开或者其他已经合法公开的个人信息；法律、行政法规规定的其他情形。“制定个人信息保护法是促进数字经济健康发展的重要举措。当前，以数据为新生产要素的数字经济蓬勃发展，数据的竞争已成为国际竞争的重要领域，而个人信息数据是大数据的核心和基础。党的十九大报告提出要建设网络强国、数字中国、智慧社会。按照这一要求，应当统筹个人信息保护与利用，通过立法建立权责明确、保护有效、利用规范的制度规则，在保障个人信息权益的基础上，促进信息数据依法合理有效利用，推动数字经济持续健康发展。”① 简言之，平衡个人信息保护与数字经济创新发展应当是个人信息保护法立法考虑的重要因素。

---

① 《关于〈中华人民共和国个人信息保护法（草案）〉的说明》，载中国人大网，http：//www.npc.gov.cn/npc/c30834/202108/fbc9ba044c2449c9bc6b6317b94694be.shtml，最后访问时间：2021 年 10 月 28 日。

四、以宪法为依据

相较于草案二审稿，本条增加了“根据宪法”，将个人信息权益提升至更高高度，与宪法第三十三条（“……国家尊重和保障人权……”）、第三十八条（“中华人民共和国公民的人格尊严不受侵犯……”）、第四十条（“中华人民共和国公民的通信自由和通信秘密受法律的保护……”）相衔接。在2021年8月13日全国人大常委会法制工作委员会举行的记者会上，发言人指出：“我国宪法规定，国家尊重和保障人权，公民的人格尊严不受侵犯，公民的通信自由和通信秘密受法律保护。制定实施本法对于保障公民的人格尊严和其他权益具有重要意义。”①

由于个人信息保护法是在民法典制定之后而出台，因而在此前的立法过程中有人认为个人信息保护法是民法典的实施法，“根据宪法”的规定能够使得人身自由、人格尊严和通信秘密与通信自由等公民的权利进一步落实到对个人信息的保护当中，使个人信息保护法不局限于民法范畴，避免个人信息保护权的私法化，通过纳入公权力手段和综合公法层面的法律关系调整，制衡个人信息处理者，同时发挥统筹作用，平衡个人信息和个人利益、社会利益和公共利益，促进个人信息保护与数据产业发展。

【适用指南】

企业开展业务活动时，应严守底线和红线，梳理并评估自身所开展业务属于个人信息产业链条的哪一环节，是否属于个人信息处理活动，如果属于个人信息处理活动，则应严格按照本法及其他相关规定履行义务，主动合规，以保障个人信息权益为首要出发点和落脚点，规范自身的个人信息处理活动，探索合理完善的个人信息利用手段。

【相关规定】

《中华人民共和国民法典》第一千零三十五条、第一千零三十六条；《中华人民共和国宪法》第三十三条、第三十八条、第四十条。

---

① 《全国人大常委会法制工作委员会发言人记者会文字实录》，载中国人大网，http://www.npc.gov.cn/wszb/zb20/zzzb20.shtml，最后访问时间：2021年10月28日。

第二条 【总体要求】自然人的个人信息受法律保护，任何组织、个人不得侵害自然人的个人信息权益。

【条文主旨】

本条是关于自然人的个人信息受法律保护的总体要求的规定。

【条文理解】

本条属于宣示性条款，表明了国家对个人信息保护的总体性要求和根本导向。可以看出，对自然人的个人信息权益严格保护仍然是本法制定的首要任务，在立法体系上与民法典第一百一十一条相衔接并保持一致。

在规制对象上，本条表述为“任何组织、个人”，这一范围包括了法人、非法人组织、国家机关以及自然人等主体。此外，当前互联网相关法律法规中越发将相关主体予以细化并创设较多的概念，如网络服务提供者、网络平台经营者等，在本条中应当都属于“任何组织、个人”的规制范围。

【适用指南】

不论是企业、行业组织、公益性组织还是国家机关，都应当严格按照本条的要求，保护自然人的个人信息，不得侵害其个人信息权益，应按照本法规定履行个人信息保护义务，落实主体责任。按照本法第七章的规定，违反本法规定处理个人信息，或者处理个人信息未履行本法规定的个人信息保护义务的，由履行个人信息保护职责的部门责令改正，给予警告，没收违法所得，对违法处理个人信息的应用程序，责令暂停或者终止提供服务；拒不改正的，并处罚款；对直接负责的主管人员和其他直接责任人员处罚款。有前款规定的违法行为，情节严重的，由省级以上履行个人信息保护职责的部门责令改正，没收违法所得，并处5000万元以下或者上一年度营业额百分之五以下罚款，并可以责令暂停相关业务或者停业整顿、通报有关主管部门吊销相关业务许可或者吊销营业执照；对直接负责的主管人员和其他直接责任人员处10万元以上100万元以下罚款，并可以决定禁止其在一定期限内担任相关企业的董事、监事、高级管理人员和个人信息保护负责人；构成违反治安管理行为的，依法给予治安管理处罚；构成犯罪的，依法追究刑事责任。

【相关规定】

《中华人民共和国民法典》第一百一十一条。

第三条　【适用范围】在中华人民共和国境内处理自然人个人信息的活动，适用本法。

在中华人民共和国境外处理中华人民共和国境内自然人个人信息的活动，有下列情形之一的，也适用本法：

（一）以向境内自然人提供产品或者服务为目的；

（二）分析、评估境内自然人的行为；

（三）法律、行政法规规定的其他情形。

【条文主旨】

本条是关于本法适用范围的规定。

【条文理解】

本条对何种行为可以适用个人信息保护法进行了规定。

第一款明确了在判断个人信息保护法的适用时，应当采用“属地原则”，即以特定行为的发生地为标准，确定是否能够适用本法。无论个人信息处理者是否在境内，也无论个人信息主体是否为境内主体，只要个人信息处理活动发生在中华人民共和国境内，就应当适用本法。关于“处理自然人个人信息的活动”的内涵，在本法第四条中进行了明确，个人信息的处理包括个人信息的收集、存储、使用、加工、传输、提供、公开、删除等。

在第一款确定的基本原则基础上，第二款赋予了个人信息保护法一定的域外适用效力，规定在三种特定情况下，即使对境内自然人个人信息的处理活动发生在境外，也应适用本法。需要明确，这里针对的是对“境内自然人”的个人信息处理，也即不区分是境内的中国公民还是外国公民。三种特定情况中，第一种是以向境内自然人提供产品或者服务为目的进行个人信息处理，为了对个人信息进行充分保护，这里应当对“产品或者服务”进行广义的解释，将一些新兴的服务类型包括在内；此外，这里要求的是“以向境内自然人提供产品或者服务为目的”，也即不仅仅是提供产品或者服务过程中的数据，即使还未开始提供产品或者服务，在此之前以此为目的准备活动中对个人信息处理也应当适用本法。第二种是分析、评估境内自然人的行为时对个人信息的处理，这种情况包括对境内自然人的“数据画像”等，可能与第一种情况存在重合部分。第三种是法律行政法规规定的其他情形，这一项是为个人信息保护法的域外适用留下更多空间。

对于境外的个人信息处理者，个人信息保护法第五十三条进一步要求应当在中国境内设立专门机构或者指定代表，负责处理个人信息保护相关事务，并将有关机构或者代表的信息报送履行个人信息保护职责的部门。

对于一些特殊情况，个人信息保护法第七十二条也设置了适用的例外，即自然人因个人或者家庭事务处理个人信息的，不适用本法。法律对各级人民政府及其有关部门组织实施的统计、档案管理活动中的个人信息处理有规定的，适用其规定。

总体来看，个人信息保护法对于适用范围的规定与欧盟《通用数据保护条例》（General Data Protection Regulation，以下简称 GDPR）① 的规定相似，都采用“属地+域外管辖”的设定方式，但是在具体设置上有所不同。个人信息保护法以数据处理行为发生地为标准，更直接地指向规范的行为本身；GDPR 则以机构设立地为标准，如果数据控制者和数据处理者在欧盟境内设立实体机构，无论数据处理行为是否在欧盟境内，都受到 GDPR 的管辖；如果实体机构设立在欧盟境外，当它为欧盟境内的数据主体提供商品或服务，或者对发生在欧盟范围内的数据主体活动进行监控，也应当适用 GDPR。两部法律分别将中国和欧盟境内的个人信息（数据）活动比较完整地纳入管辖范围。

【适用指南】

从个人维权的角度，只要是中国境内的自然人，在使用相关产品和服务的过程中，不论个人信息处理者对其个人信息的处理活动发生在中国境

① GDPR 文本参见：https：//eur-lex.europa. eu/legal-content/EN/TXT/？uri = CELEX%3A02016R0679-20160504&qid=1532348683434，最后访问时间：2021 年 11 月 18 日。

内还是境外，都可以依据个人信息保护法进行维权。如果是中国境外的自然人，则需要明确对其个人信息的处理活动发生在中国境内，才能够将个人信息保护法作为维权依据。

从企业合规的角度，首先要对企业性质进行判断，只有涉及对个人信息进行处理的企业才需要依据个人信息保护法进行合规审核，这里对个人信息进行处理，不仅仅是根据业务需求对个人信息进行处理，还应当包括因企业管理对员工个人信息进行处理等其他广泛的个人信息处理行为。其次需要对企业的数据处理行为进行分析，如果对个人信息的处理活动是在中国境内进行，则无论是中国企业还是外国企业，无论处理的是中国公民的个人信息还是外国公民的个人信息，该行为都要受到个人信息保护法的管辖；如果企业对个人信息的处理活动发生在境外，则需要进一步分析待处理个人信息的性质，如果处理的是中国境内自然人的个人信息（无论中国公民或外国公民），且满足特定情形，则应当受到个人信息保护法的管辖。特定情形包括：第一，以向境内自然人提供产品或服务为目的，比如境外的电商公司、网络平台、航空公司、物流公司等，如果其也向中国境内自然人提供服务，则对境内自然人信息的处理也受个人信息保护法规范；在判断是否向境内自然人提供产品或服务，或者有提供产品或服务的目的时，除了根据企业内部具体、真实的销售和服务记录以外，还可以将企业网站是否使用中文、是否可以使用人民币结算、配送范围是否及于中国境内等因素作为标准分析判断。第二，分析、评估境内自然人的行为，比如境外网站根据境内自然人的搜索浏览记录，对境内自然人进行画像，并据此进行个性化推送或者提升用户体验的更新，这种个人信息处理行为也属于个人信息保护法的规制范围。第三，法律、行政法规规定的其他情形，就目前的法律规定来看，除前面两种情形外，暂时没有其他在境外处理境内自然人个人信息的明确情形需要适用个人信息保护法，但是这一条为日后对个人信息保护法域外效力的扩张保留了可能性。

综合来看，只有在境外处理境外自然人的信息才不受个人信息保护法的规制，只要涉及在中国境内处理或者境内个人信息，都有较高的个人信息保护法合规风险，企业应当加以注意。此外，对在境外进行个人信息处理的企业来说，还有可能同时受到不同国家对个人信息（个人数据）处理的规制，比如设立在欧盟境内的企业处理中国境内自然人的个人信息，需要同时进行 GDPR 和个人信息保护法的合规审核。

【相关规定】

《中华人民共和国民法典》第一百一十一条；《中华人民共和国个人信息保护法》第四条、第五十三条、第七十二条。

第四条　【概念界定】个人信息是以电子或者其他方式记录的与已识别或者可识别的自然人有关的各种信息，不包括匿名化处理后的信息。

个人信息的处理包括个人信息的收集、存储、使用、加工、传输、提供、公开、删除等。

【条文主旨】

本条是关于“个人信息”和“个人信息的处理”的定义和范围的规定。

【条文理解】

个人信息和个人信息的处理是个人信息保护法中两个最基本的概念，个人信息保护法整体的制度原则构建都是围绕这两个概念展开的。

从世界范围来看，对于个人信息的定义，也即如何判断某一信息是否构成个人信息，各国规定有所不同。从界定模式上来说，可以分为两种：一种为“定义+列举”的方式，比如欧盟 GDPR 是先给出基本定义，再对主要的个人信息类型进行列举；另一种为单纯的定义方式，比如《英国数据保护法案》和《新加坡个人数据保护法》都只是对个人信息（数据）进行了文字抽象定义，没有通过进一步的具体列举来进行明确和范围限缩。从定义内涵上来说，可以分为三种：第一种为隐私型定义，这种定义是通过隐私权的角度来对个人信息进行界定，即认为个人信息是个人不愿意向外透露或者较为敏感不愿为他人所知道的信息；第二种为关联型定义，根据这种定义，所有与个人相关联的信息都是个人信息；第三种为识别型定义，这种定义强调的是信息和信息主体之间直接或间接被识别的可能性，信息不仅需要与个人关联，最关键的是要能够凭借信息识别到具体个人，因为如果信息无法用于识别到特定自然人，那么，对于该信息的收集、存储、使用、共享、删除等就不会对特定自然人的利益产生损害或威胁，也就没有必要对该信息的处理行为进行规制。隐私型定义因为混淆了个人信息与个人隐私，导致一些不属于隐私的个人信息无法得到保护，因此并没有被广泛适用，或者说只是以此理论为基础进行了立法。关联型定义语义边界不明晰，使得个人信息的范围较为宽泛，目前北欧和东欧的一些国家使用这种定义模式，比如《瑞典个人数据法》第三条规定，个人数据是指“各种可直接或间接地与某一活着的自然人相关联的信息”；《保加利亚个人数据保护法》规定，“个人数据是指涉及自然人的身体状况、心理状况、精神状况、家庭状况、文化教育状况与社会背景的信息”。识别型定义是目前受到理论界和实务界广泛认可的模式，应用较为广泛，比如日本修改后的个人信息保护法中个人信息被定义为“包括容易与其他信息相互核对，从而能够识别特定个人的信息（以容易识别可能性判断）”，韩国的个人信息保护法也采用了识别型定义，欧盟的 GDPR 也是以识别型为核心，结合了一些关联型的定义。①

从我国目前与个人信息相关的法律法规来看，虽然个人信息保护法是第一部个人信息保护领域的单行法，但在此之前，在很多法律规范中，已经对个人信息进行过定义。网络安全法第七十六条第五项规定，“个人信息，是指以电子或者其他方式记录的能够单独或者与其他信息结合识别自然人个人身份的各种信息，包括但不限于自然人的姓名、出生日期、身份证件号码、个人生物识别信息、住址、电话号码等”。《最高人民法院、最高人民检察院关于办理侵犯公民个人信息刑事案件适用法律若干问题的解释》第一条规定，公民个人信息，是指以电子或者其他方式记录的能够单独或者与其他信息结合识别特定自然人身份或者反映特定自然人活动情况的各种信息，包括姓名、身份证件号码、通信通讯联系方式、住址、账号密码、财产状况、行踪轨迹等。《信息安全技术 个人信息安全规范》中第 3.1 条将个人信息定义为：“以电子或者其他方式记录的能够单独或者与其他信息结合识别特定自然人身份或者反映特定自然人活动情况的各种信息。”并且通过注释对个人信息的具体类型加以列举：“个人信息包括姓名、出生日期、身份证件号码、个人生物识别信息、住址、通信通讯联系方式、通信记录和内容、账号密码、财产信息、征信信息、行踪轨迹、住宿信息、健康生理信息、交易信息等。”民法典第一千零三十四条第二款

---

① 参见韩旭至：《个人信息概念的法教义学分析——以网络安全法第 76 条第 5 款为中心》，载《重庆大学学报（社会科学版）》2018 年第 2 期。

规定："个人信息是以电子或者其他方式记录的能够单独或者与其他信息结合识别特定自然人的各种信息，包括自然人的姓名、出生日期、身份证件号码、生物识别信息、住址、电话号码、电子邮箱、健康信息、行踪信息等。"可以看出，从定义模式上来看，我国在本法出台之前大部分对个人信息的定义采用的是"抽象定义+列举"的方式，透过抽象定义表现个人信息概念的本质特征，同时通过列举典型内容来指导司法实践。从定义内涵上来看，"识别型"定义是应用最广泛的，比如网络安全法和民法典中对于个人信息的定义就是纯粹的"识别型"定义，《最高人民法院、最高人民检察院关于办理侵犯公民个人信息刑事案件适用法律若干问题的解释》和《信息安全技术 个人信息安全规范》中的定义在此基础上增加了"关联型"的因素，采用识别型和关联型相结合的定义方式。

个人信息保护法在定义模式上有所不同——只是通过个人信息核心的"识别性"特点进行抽象定义，同时对匿名化后的信息加以排除，并未再多加列举；在定义内涵方面，个人信息保护法没有与民法典完全一致，而是采用了识别型与关联型相结合的定义方式。综合来看，关联型定义的外延一般会比识别型定义的外延更大，识别型定义和关联型定义相结合，与单纯识别型定义相比扩张了个人信息的边界范围，同时也没有通过举例加以限定，为个人信息的保护留下了较为广阔的空间。

从本条的定义来看，个人信息的构成有三个要素：第一，"以电子或者其他方式记录"，这是形式要件，即受保护的个人信息需要附着在某种载体上，并且能够被记录下来。虽然当前很多信息是以电子数据形式存在和流通，但是电子形式并不是个人信息的唯一构成形式。第二，与"自然人"有关的信息，即个人信息中所谓"个人"是指自然人，不包括法人、非法人组织等。需要注意的是，结合个人信息保护法第四十九条的规定，这里的自然人除了包括活着的人，也包括去世的人，自然人可以通过遗嘱对其个人信息进行安排，其个人信息的相关权益也依然受到法律保护，这是个人信息保护法相对于民法典等法律规范所进行的创新。第三，"与已识别或者可识别的自然人有关"，明确了"识别"这一认定个人信息核心要点。所谓"已识别"意味着在特定人群中，某个人可与该群组内的其他人区别开来，而"可识别"则是指虽然某个人现在还未被识别，但有可能做到这一点。[①] 根据前文的分类，个人信息保护法采用的是"识别+关联"

① 齐爱民、张哲：《识别与再识别：个人信息的概念界定与立法选择》载《重庆大学学报（社会科学版）》2018 年第 2 期。

的定义方式，所以对于“与已识别或者可识别的自然人有关”可以分为两个层面理解：第一个层面是从信息到特定自然人的识别路径，如果某信息已经识别出或者辅助其他方式可以识别出特定自然人，那么该信息就构成个人信息。这一路径与民法典中对个人信息的定义是一致的，根据民法典的定义，可以将信息的识别性分为两类，第一类是直接识别，即凭借该信息本身能够单独识别特定自然人，比如居民的身份证号码、指纹信息等；第二类是间接识别，对应的是“可识别”，即虽然仅凭该信息本身还无法识别特定自然人，但是只要将其与其他信息相结合，也可以识别特定自然人，比如仅凭网上购物地址可能无法识别到具体个人，因为同一个地址可能对应多个自然人，但是将网上购物地址与电话号码相结合，就可以识别出特定自然人。需要注意的是，对信息识别性的判断并不是固定的，随着新信息的产生和识别技术的发展，一些既往无法识别的信息也可能在未来有识别性。直接识别和间接识别可以与个人信息保护法定义中的“已识别”和“可识别”分别对应，都是从信息到个人的识别路径。第二个层面是从特定自然人到信息的关联路径，如果存在一个已经被识别或者可以被识别出的特定自然人，那么与此自然人相关的一切信息都属于个人信息，比如在使用某 App 的过程中，单纯的点赞记录是不足以识别到个人的，不构成个人信息，但实名登录个人账户再进行点赞留下的点赞记录，因为与已识别的自然人相关，就构成个人信息。在两种路径中，只要满足其中一种就可以被认定为个人信息，而在网络安全法和民法典中都没有对第二种关联路径进行规范，所以个人信息保护法的定义进一步扩张了个人信息的范围，对个人信息提供更强的保护。

此外，个人信息保护法将匿名化处理后的信息排除在个人信息范畴之外。根据个人信息保护法第七十三条第四款的定义，匿名化是指个人信息经过处理无法识别特定自然人且不能复原的过程，这一定义中有两个关键要素，一是无法被识别，二是不能被复原，这两个要素确保了匿名化处理后的信息与个人完全无关。但是就目前匿名化处理的技术手段而言，客观上无法彻底消除任何一种再识别的风险，“不能被复原”的标准在技术上是无法达到的，所以这里的“匿名化”不是一种绝对的标准，而是法律上一种程度性的判定，需要在之后的规范中进一步细化。

对个人信息的处理，是指与个人信息相关的一切行为，但对其具体表述，有一个演变过程。在民法典颁布之前的法律中，比如网络安全法和电子商务法中采取的主要是“收集、使用个人信息”的表述，在民法典第三次审议稿中，采取的是“收集、处理”个人信息的表述，将收集与处理并列，并将处理定义为“个人信息的使用、加工、传输、提供、公开等”。在正式颁布的民法典中，将“收集”也纳入“处理”的范畴，用“处理”来统称对个人信息的收集、存储、加工、使用、提供、公开等活动，基本上涵盖了整个数据生命周期。在个人信息保护法草案二审稿中，个人信息处理的定义与民法典中的定义相同，不过在正式颁布的个人信息保护法中，在个人信息处理活动中增加了“删除”，体现了对个人信息全生命周期保护的进一步强化，也有利于将个人信息处理者对个人信息的销毁、删除等纳入本法关于数据处理的规制范围。

【适用指南】

一、“已识别”和“可识别”

对于“已识别”和“可识别”，该如何理解？以身份证上的信息为例，身份证反面包含身份证号、姓名、出生年月日、民族、家庭地址等信息。这些信息里面，身份证号码具有唯一性，单独的身份证号码就是特定自然人的个人信息，这就属于“已识别”的自然人的个人信息；对于“可识别”，只有姓名或者只有家庭住址都无法识别到指定的自然人，因为单独来看，姓名有重名的，一个家庭住址一般来说会有一家好几口人，但是这二者都能够在一定程度上将某些人与其他人区分开，对于识别到特定自然人来说都发挥着一定的作用而非毫无关联。因此，单独来看，姓名和家庭住址均属于“与可识别自然人有关的”个人信息，二者一旦结合就指向了特定的自然人，也就转化成了“已识别”自然人的个人信息。

二、去标识化、匿名化、假名化

“去标识化”（de-identification）、“匿名化”（anonymization）与“假名化”（pseudonymization）都是数据脱敏处理中的重要手段，用来削弱个人信息（个人数据）的可识别性。

我国主要使用的是去标识化和匿名化两个概念。去标识化是指通过个人信息的技术处理，使其在不借助额外信息的情况下，无法识别或者关联个人信息主体的过程；匿名化是指通过对个人信息的技术处理，使得个人信息主体无法被识别或者关联，且处理后的信息不能被复原的过程。无论是匿名化还是去标识化，其主要作用对象都是个人数据中的标识符，其直接目的都是降低个人数据与数据主体之间的关联程度，使得经匿名化或去标识化处理后的数据不能再直接识别到数据主体，从而实现在保护数据主体基本权益的前提下保有数据有用性，以便于数据合法使用。

欧盟主要使用匿名化和假名化这两个概念。根据 GDPR，匿名化是基于“合理可能”（reasonably likely）标准而言的——综合考虑技术、成本、时间等因素，如果数据控制者或其他人采用了所有合理可能的方法，仍无法直接或间接识别数据主体，则数据是匿名化的。假名化是指通过对个人信息的技术处理，使其在不结合额外信息的情况下，无法识别特定数据主体，且额外信息被分开存储并受技术、管理措施的保护。《欧盟数据保护工作组关于匿名化技术的意见》明确指出假名化不属于匿名化，并承认了泛化、随机化这两种匿名化技术，而这两种技术均属于我国《信息安全技术 个人信息去标识化指南》中列举的去标识化技术。

美国主要使用去标识化和假名化这两个概念。根据《加利福尼亚州消费者隐私法案》（CCPA），假名化与我国的去标识化内涵类似，是指不使用额外信息无法识别个人，且额外信息被分开存储并受技术、管理措施的保护。但去标识化是指信息无法合理地、直接或间接地识别、关联到特定的个人，并且信息处理者通过技术措施、业务流程、自我承诺等方式确保其不会进行重识别（re-identification）。将于 2023 年生效的《加利福尼亚州隐私法案》（CPRA）则将去标识化定义为无法合理地用于推断或关联特定个人，同时强调信息处理者应公开承诺自己不进行重识别，并通过合同约束信息接收方也不进行重识别。①

可以看出，虽然使用术语名称相同，但是不同法域下其内涵和外延并不一致，要求严格程度也不同，在中国和欧盟，匿名化脱敏标准很高，要求达到不可复原的程度（不可复原的判断标准有所不同）。

三、“匿名化”的判断

匿名化要求经匿名化处理后的数据彻底丧失与数据主体的关联度和可识别性，并且无论在何种条件（包括借助额外信息或采取额外措施）下都不可恢复。“在何种条件下都不可逆”的标准在技术上实际是无法达到的，所以这里的标准应该是法律层面上的标准，各国对于此的规定不完全相同。

《美国健康保险流通与责任法案》（HIPAA）中对健康数据的去标识化提出了专家测定标准（Expert Determination），即经过具备统计知识与科学方法的专家的测定，考虑到数据接收者合理可得的数据和合理可用的技

① 参见杨建媛、邬丹：《数据脱敏：不同法域下匿名化、去标识化、假名化的含义一致吗?》，载海问律师事务所网站，http：//www.haiwen-law.com/article/content/view? id = 419，最后访问时间：2021 年 3 月 18 日。

术，从脱敏后的健康信息中识别出个人的风险非常小。

欧盟 GDPR 依据的是“合理可能标准”，认为可以着重考虑两点：(1) 数据控制者要关注反匿名化的技术，考虑成本和方法，评估其关联性和严重性；(2) 数据控制者包括其他任何人可能使用的一般合理方法以判断个人是否是可识别的。

在此基础上，2012 年英国信息专员办公室（Information Commissioners Office）在《匿名化：管理数据保护风险的实践准则》中进一步提出了有动机的入侵者测试（Motivated Intruder Test），即对于并非内幕人士或专业黑客的一般第三人而言，通过公开检索、询问、调查等方式，匿名信息能否被重识别。

我国的《信息安全技术 个人信息去标识化指南》中提出：(1) 可以进行有动机的入侵者测试，看看是否有具备合格能力的外部人员可以使用公开的数据集执行重标识；(2) 可以让团队利用内部数据进行有针对性的入侵者测试，模拟违规者或敌对内幕人士可能发生的情况。

四、个人信息的处理行为的类型

（一）收集

对信息的收集是信息生命周期的开端，也是数据处理的起点。收集个人信息的方式有很多种，可以是要求自然人主动填写，比如在使用物流服务时，要求用户填写姓名、电话号码、地址、身份证号等；也可以是通过计算机信息系统自动记录自然人的使用信息，比如网页浏览记录、观看记录、点赞记录、聊天记录等；还可以是从公开渠道获取对于个人信息的收集，比如通过“网络爬虫”“爬取”公开的个人信息；还有一种获取方式是从特定的信息处理者处间接获取，比如很多应用软件可能会出于特定目的向关联第三方提供个人信息，这种情况下，信息的收集和信息的提供是一体两面的。获得个人信息需要有一定的合法性基础，比如：取得个人信息主体同意、为履行法定职责或法定义务所必需、为公共利益等。

（二）存储

被收集的信息需要进行存储才能够进行后续的利用。个人信息的存储可以通过纸面记录的方式，也可以通过电子记录的方式存储，比如硬盘存储或者云存储。被存储的信息包括被收集的信息，也包括经过加工处理后的信息。对个人信息的存储，需要根据其性质进行分级分类，根据收集目的确认存储期限，在现代技术条件下，很多对信息的分析是即采即用（分析），不需要存储或者需要存储的时间非常短暂，而一些分析工具甚至可以实现仅运算分析而不获取和存储信息，这些都会改变对个人信息存储的传统认知，从而改变个人信息存储行为的规范。[①]

（三）使用

收集、存储个人信息的主要目的就是使用。对于企业来说，使用个人信息主要是为了商业目的，比如通过对用户的浏览记录、购物信息等进行分析，对用户进行“数据画像”，从而向用户进行精准推送；对于政府等公共机构来说，收集使用个人信息，则往往是为了进行相应的行政管理和提供公共服务。个人信息的收集和使用不能完全割裂开来，因为个人信息的收集与使用的方式、使用的目的、使用的范围密切相关。

（四）加工

对个人信息的加工是指对收集的个人信息进行分类、整理、融合、分析、计算等活动。对个人信息的加工往往是使用个人信息的前置条件，通过对个人信息进行加工，可以更进一步地发掘信息中的价值，更好地提供相关服务。同时通过加工也可以完成对个人信息的去标识化和匿名化，有助于相关信息的后续利用和流通。

（五）传输

传输是指处理者内部进行的个人信息的传输活动，如将本地存储的个人信息数据上传到云存储中，或者在处理者内部不同单位之间进行的个人数据传送，它与处理者将个人信息提供给其他民事主体不同。[②]

（六）提供

提供个人信息是指个人信息处理者将个人信息向外部第三方提供。提供的内容可以是原始收集的个人信息，也可以是对初始个人信息加工后的信息；提供的路径既包括政府之间的信息共享，也包括不同企业之间的信息交换和共享，还包括企业基于配合调查等义务向政府提供个人信息等。在初始收集目的以外向第三方提供个人信息，需要获得个人信息主体同意，提供经过处理无法识别到个人且不能复原的信息则不需要；向境外机构或个人提供个人信息，需要履行额外的注意和安全审查义务。

（七）公开

是指依法将个人信息向特定或者不特定主体公开的情形。比如个人信息主体基于自主意愿主动将自己的个人信息公开，或者政府机关依据个人

① 参见高富平：《个人信息处理：我国个人信息保护法规范的对象》，载《法商研究》2020 年第 2 期。

② 王利民、程啸、朱虎：《中华人民共和国民法典人格权编释义》，中国法制出版社 2020 年版，第 416 页。

信息保护法的规定，为了维护公共利益公开包含个人信息的政府信息。

（八）删除

在收集个人信息的目的达成所需最短期限期满，或者法律规定的留存期限期满之后，企业应当删除个人信息。删除的方式一般有两种，除了传统的物理性删除，将个人信息进行匿名化处理也可以作为删除的一种形式。在个人信息保护法将“删除”纳入个人信息处理行为类型之前，删除仅仅作为个人信息主体权利的配套机制存在，在实践中，之前一般只有个人信息主体提出要求后企业才配合删除，但在个人信息保护法生效后，企业应当主动明确个人信息的留存期限和删除方式，制定相应的删除规则。此外，在对个人信息进行删除时，企业也应当对删除内容、删除理由、删除时间等留存相应的记录，以备应对后续可能的用户投诉和监管机构检查。

【相关规定】

《中华人民共和国网络安全法》第七十六条第五项；《最高人民法院、最高人民检察院关于办理侵犯公民个人信息刑事案件适用法律若干问题的解释》第一条；《中华人民共和国民法典》第一千零三十四条；《中华人民共和国个人信息保护法》第四十九条、第七十三条。

第五条　【合法、正当、必要、诚信原则】 处理个人信息应当遵循合法、正当、必要和诚信原则，不得通过误导、欺诈、胁迫等方式处理个人信息。

【条文主旨】

本条是关于处理个人信息的“合法、正当、必要和诚信原则”的规定。

【条文理解】

“合法、正当、必要”是我国立法中个人信息处理活动的基本原则之一，在《全国人民代表大会常务委员会关于加强网络信息保护的决定》第二条、网络安全法第四十一条第一款和民法典第一千零三十五条第一款中都有明确规定。

所谓合法原则，是指对个人信息的处理应当遵循法律法规的规定，不得违法对个人信息进行收集、存储、加工、使用、传输、提供、公开等行为。具体而言，合法原则首先体现在对个人信息的处理要有合法性依据，根据个人信息保护法第十三条第一款的规定，个人信息处理的合法性依据有七项，包括：（1）取得个人的同意；（2）为订立、履行个人作为一方当事人的合同所必需，或者按照依法制定的劳动规章制度和依法签订的集体合同实施人力资源管理所必需；（3）为履行法定职责或者法定义务所必需；（4）为应对突发公共卫生事件，或者紧急情况下为保护自然人的生命健康和财产安全所必需；（5）为公共利益实施新闻报道、舆论监督等行为，在合理的范围内处理个人信息；（6）依照本法规定在合理的范围内处理个人自行公开或者其他已经合法公开的个人信息；（7）法律、行政法规规定的其他情形。对个人信息的处理必须符合其中的一种情形。

此外，合法性原则还体现在处理个人信息的方法应当符合法律法规规定，比如法律（包括但不限于个人信息保护法）对于收集个人信息时的告知同意、存储期限、敏感个人信息的处理、个人信息跨境提供以及个人信息处理者的基本义务等都有更加具体的规范和特定的要求，在处理个人信息时需要依法合规。整体来看，所有法律规范规定的具体规则都可以纳入“合法”原则的范畴内，内容非常宽泛，所以“合法”原则本身更多是宣示意义，对法律适用的直接指导意义有限。

所谓正当原则，也即公正原则，是指处理个人信息的行为应当是正当的。这一原则比较抽象，需要结合实际情况进行判断。正当原则的要求可以分为两方面——目的正当性和手段正当性。目的正当性需要考虑初始收集目的和后续使用目的，初始收集信息的“正当性”可以来源于个人信息主体同意就特定目的处理其个人信息，也可以来源于政府机构依据法律法规履行其职责所必需，还可以来源于维护公共利益或者国家安全所必需。任何组织或个人不能基于不正当目的，比如以信息买卖的目的，收集、提供个人信息。后续使用信息的目的正当性表现在，不能将收集的信息做超出初始目的的适用。手段正当性要求信息处理者处理个人信息时，要尽量符合诚实信用和透明公开的要求，对相关信息主体进行清晰、明确、充分的告知，信息流通之前进行去标识化处理等，不利用不正当手段对个人信息进行处理，比如通过虚假告知诱导信息主体同意收集其个人信息。

所谓必要原则，是指对个人信息的处理应当是有必要性的，这种必要性体现在处理个人信息的范围和程度与处理个人信息目的的一致性上，只有在达成个人信息处理目的所必需的限度内对个人信息进行处理才是有必要的，在此限度之外对无关信息的处理就违背了必要原则。当进行某一特定活动时，对于个人信息既可以处理也可以不处理的情况下时，应当尽量不处理；为了特定目的必须要处理个人信息时，应当尽量少地处理个人信息。从基础理论上来说，处理个人信息所遵循的必要原则是比例原则的具体体现。①

在“合法、正当、必要”的个人信息处理基本原则以外，个人信息保护法中还增加了诚信原则。作为民事领域的“帝王条款”，诚信原则主要是为了对一些难以划归进“合法、正当、必要”原则内的行为进行约束。诚信原则要求以善意的方式对个人信息进行处理，在处理过程中遵循基本的社会道德和公序良俗。

在明确“合法、正当、必要、诚信”原则之后，本条还列出一些禁止性行为，即“不得通过误导、欺诈、胁迫等方式处理个人信息”，从反面对以上基本原则进行进一步说明。与民法典体系下可撤销、无效之法律行为的界定保持一致。根据全国人民代表大会常务委员会立法过程的介绍，增加“胁迫”方式也是对个人信息收集、使用规则不透明及过度收集、使用等问题的针对性完善的内容。②

以误导、欺诈、胁迫等方式处理个人信息，在实践中可能表现为在隐私协议中未向个人信息主体进行明确真实的说明，以诱导性语句使其同意个人信息的收集和处理，或者向个人信息主体隐瞒产品或服务所具有的收集个人信息的功能，或者在个人信息主体拒绝同意处理个人信息的情况下拒绝提供服务，以此胁迫个人信息主体同意其处理个人信息等。这些行为都在不同程度上违反了前述基本原则。

“合法、正当、必要、诚信”原则是个人信息处理的基本原则，明确了个人信息保护法的价值导向，后续的目的限制原则、公开透明原则、准确性原则、问责性原则、数据安全原则等，都是从不同角度对其进行延伸、细化的原则性规定。

---

① 王利明、程啸、朱虎：《中华人民共和国民法典人格权编释义》，中国法制出版社2020年版，第418页。

② 《个人信息保护法草案进入二审 强化互联网平台个人信息保护义务》，载中国人大网，http://www.npc.gov.cn/npc/c30834/202104/2941c951e03e4945a8d85958b2fa40fa.shtml，最后访问时间：2021年10月6日。

【适用指南】

“合法、正当、必要、诚信”原则是个人信息处理的基本原则，指导个人信息处理的所有行为，具体制度规则的设置，均可与其相对应。但也因为这种内涵的宽泛性，基本原则很少单独作为权利人维权或者企业合规的依据，往往是与相对应的具体规则一起出现。

在实践中，“合法、正当、必要、诚信”基本原则对应的合规措施非常广泛，《信息安全技术 个人信息安全规范》中规定，合法性对个人信息控制者的要求包括：（1）不应以欺诈、诱骗、误导的方式收集个人信息；（2）不应隐瞒产品或服务所具有的收集个人信息的功能；（3）不应从非法渠道获取个人信息。必要性对个人信息控制者的要求包括：（1）收集的个人信息的类型应与实现产品或服务的业务功能有直接关联；（2）自动采集个人信息的频率应是实现产品或服务的业务功能所必需的最低频率；（3）间接获取个人信息的数量应是实现产品或服务的业务功能所必需的最少数量。

【相关规定】

《中华人民共和国网络安全法》第四十一条第一款；《中华人民共和国民法典》第一千零三十五条第一款；《中华人民共和国个人信息保护法》第十三条。

第六条　【目的限制原则】处理个人信息应当具有明确、合理的目的，并应当与处理目的直接相关，采取对个人权益影响最小的方式。

收集个人信息，应当限于实现处理目的的最小范围，不得过度收集个人信息。

【条文主旨】

本条是关于个人信息处理中的“目的限制”原则的规定。

【条文理解】

目的限制原则是在基本原则——“合法、正当、必要、诚信”的统领下，对其必要原则的具体化。目的限制原则贯穿个人信息处理活动全过程，无论处理者是谁，采用何种处理方式，都必须受到该原则的限制。1980 年，经济合作与发展组织在《关于保护隐私和个人数据跨国流通指导原则》中首先对目的限制原则作了规范的表述：“收集个人信息的目的应在不迟于收集时予以特定，且后续的使用应当被限制于满足这些目的，或者不违背这些目的的其他目的，而其他目的也应当在变更目的时予以特定。”① 欧盟 GDPR 第三十九条指出，个人数据应当充分、相关并且仅限于处理目的所需的必要数据……只有在处理目的不能通过其他方式合理实现的情况下，才能进行个人数据处理。在我国《信息安全技术 个人信息安全规范》第 5. 2 条中基于目的限制原则，对个人信息处理者提出如下要求：（1）收集的个人信息的类型应与实现产品或服务的业务功能有直接关联；直接关联是指没有上述个人信息的参与，产品或服务的功能无法实现。（2）自动采集个人信息的频率应是实现产品或服务的业务功能所必需的最低频率。（3）间接获取个人信息的数量应是实现产品或服务的业务功能所必需的最少数量。

一般来说，对目的限制原则的理解有两个层面，第一层是在信息收集阶段的目的明确，即收集信息时，信息收集者应有特定的、明确的目的；第二层是在后续的信息使用阶段的使用限制，即后续对信息实际进行处理时的目的，不得与初始目的相违背。

根据本条规定，目的限制原则有以下要求：

第一，处理个人信息应当具有明确、合理的目的。所谓目的明确，首先是指对于目的的表达，即个人信息处理者需要用清晰明确的表达说明其处理目的，而不能将目的隐藏起来或者表达得含混不清，应当尽可能保证个人信息主体、个人信息处理者乃至第三方都能够对该目的达成较为一致的理解；此外，目的本身也应当是明确的，即是有边界范围的，不能是漫无目标、没有限制的。所以对于目的的描述必须提供足够的细节，使之具备辨识度。在某些情况下，如果表达的是非常广泛的处理目的，即使进行了清晰明确的表达，也不符合目的明确的要求。比如企业在隐私政策中表

---

① 梁泽宇：《个人信息保护中目的限制原则的解释与适用》，载《比较法研究》2018 年第 5 期。

明："本公司将收集用户个人信息用于公司业务发展所需和用户体验提升。"此类表述就不符合目的明确的要求。所谓目的合理，首先要求目的必须是合法的，但这只是对处理目的的基本要求，处理目的是否合理，应当基于个案的具体情况，权衡处理者与信息主体等各方的权益和自由，最好地实现个人信息权益的保护与个人信息的合理利用之间的利益协调与平衡。当然，目的的合理性也会随着时间的推移而发生变化，这取决于科学技术的发展以及社会和文化态度的变化。个人信息的处理活动对个人权益产生的危险越大，处理目的的明确性与合理性的要求就应当越高。例如，对于敏感信息的处理，个人信息保护法第二十八条第二款就明确要求必须具有特定的目的和充分的必要性。①

第二，个人信息处理活动必须与处理目的直接相关。处理目的是对个人信息处理活动进行判断的标准和核心，收集信息的必要性、收集范围是不是最小范围、储存期限的长短都需要通过规范处理目的来进行判定。通过规范处理目的来限制个人信息处理活动，有利于保护信息主体的权益，因为按照告知同意原则，在收集信息之前需要向个人信息主体清晰明确告知处理的目的和方式，在此基础上个人信息主体做出同意时，会对其个人信息采取利用方式处理后可能带来的风险，有相对清晰的认知和预期，而且还可以根据预估到的风险做出相对应的防范措施，这样，整个个人信息的流动都是处于一种相对可控的范围内。而对于信息处理者来说，相对稳定的处理范畴有助于其不断加强对处理过程中可能发生的风险的认知，从而可以采取措施控制风险或者提前布置应对措施。如果不对信息处理范围加以限制，则信息的流通会趋于不可控，其后果对于个人信息主体和个人信息处理者来说都是不可预测的。

第三，采取对个人权益影响最小的方式。个人权益的范围很广，既包括基本权利如人格尊严和人身自由，也包括民法上的自然人的人身财产权益等，还包括消费者权益保护法、未成年人保护法、妇女权益保障法、残疾人保障法、老年人权益保障法等法律规定的特殊群体的自然人享有的权益。个人信息处理者的信息处理活动，不可避免地会对信息主体的权益造成影响，但是当有多种不同的处理方式都可以达成处理目的时，个人信息处理者应当选择对个人信息主体权益影响最小的方式。从具体操作上来说，个人信息处理者应当在达成使用目的的前提下，使用尽可能少的个人信息，并尽可能减少处理的次数。需要注意的是，根据个人信息类型的不

① 程啸：《我国个人信息保护法中的目的限制原则》，载《人民法院报》2021年9月2日。

同，对个人信息主体可能造成的侵权风险也不同，所以对于一些特殊的、可能对个人权益带来更大影响的个人信息，应当采用更高的必要性标准，例如，我国个人信息保护法第二十八条第二款规定，对于敏感个人信息的处理，要求处理者必须具有“充分的必要性”。

第四，收集个人信息应当限于实现处理目的的最小范围，不得过度收集个人信息。收集是个人信息生命周期的起点，一旦被收集，就可能面临后续一系列的处理行为，过度收集个人信息，对于个人信息主体来说，会导致个人信息泄露、篡改、丢失的风险增加，自身权益可能会受到损害，对于个人信息处理者来说，也需要耗费更多的成本对数据进行存储和日常管理。所谓“实现处理目的的最小范围”，是指如果不对该信息进行处理，处理目的就完全无法达成，或者核心、主要的目的无法达成。《常见类型移动互联网应用程序必要个人信息范围规定》第三条规定：“本规定所称必要个人信息，是指保障 App 基本功能服务正常运行所必需的个人信息，缺少该信息 App 即无法实现基本功能服务。具体是指消费侧用户个人信息，不包括服务供给侧用户个人信息。”该规定中，对于不同领域的主要 App 为实现其基本功能所必需的个人信息类型进行了列举。

【适用指南】

如何判断处理行为和处理目的“直接相关”？首先，个人信息处理者对于个人信息的一系列处理行为都应当是在该处理目的之内，即从处理目的出发，可以完全覆盖一系列处理行为，所有处理行为都可以指向该处理目的；但是“直接相关”是否要求所有的处理行为都只指向特定的处理目的呢？有观点认为在判断是否“直接相关”上，应当采取非常严格的标准，即处理者的行为与该明确、合理的处理目的具有内在的、密切的关联性，该行为只能实现这一处理目的，而不能或无法实现其他的处理目的。[①]在实践中，同样的行为可以指向很多不同目的，比如通过对个人信息进行分析给信息主体“画像”，这一处理行为既可以指向进行精准广告推送的目的，也可以指向提供特定服务的目的，在这种情况下，很难使处理行为仅仅对应一个单一的目的，而且随着技术水平的提升和商业模式的升级，这样的一一对应可能更难实现。因此对于“直接相关”的理解，可以更多地从必要性的角度出发，比如《信息安全技术 个人信息安全规范》中对此的解释是：直接关联是指没有上述个人信息的参与，产品或服务的功能

---

① 程啸：《我国个人信息保护法中的目的限制原则》，载《人民法院报》2021 年 9 月 2 日。

无法实现。具体实践中可以对多个因素进行综合判断，包括某处理行为是否可以达成特定目的；是否只能达成特定目的；为了达成特定目的，该处理行为是不是唯一渠道或者最优渠道，是否符合行业惯例；该处理行为可能造成何种后果；等等。通过对个人信息主体利益和个人信息处理效率进行平衡，综合多方因素判断处理行为和处理目的之前的关系密切程度。

实践中，一些应用软件强制捆绑，要求消费者提供大量的个人信息，如果不提供信息，则无法使用其服务。或者在用户协议或隐私政策中，对于个人信息处理目的描述不够清晰明确，比如仅提出“改善用户体验或者提升数据安全的需要”。这些都属于目的限制原则下的高风险行为。《常见类型移动互联网应用程序必要个人信息范围规定》第四条明确要求，“App不得因为用户不同意提供非必要个人信息，而拒绝用户使用其基本功能服务”。此外，该规定中还首次将小程序明确纳入 App 收集个人信息的监管范围。该规定第五条划定了三十九种常见类型 App 的基本功能服务和必要个人信息范围。从划分逻辑上来看，将 App 的功能划分为“基础功能”和“扩展功能”，并依据基础功能划分必要个人信息范围。如果企业基于“基础功能”以外的“扩展功能”来收集个人信息，则面临需要另行获得消费者的授权或者单独同意，不可以基于消费者不提供扩展功能所需要的个人信息而拒绝为其提供基础服务。为此，企业应慎重使用扩展功能的描述和个人信息获得的范围。

【相关规定】

《中华人民共和国个人信息保护法》第二十八条第二款；《常见类型移动互联网应用程序必要个人信息范围规定》第三条、第四条、第五条。

第七条　【公开透明原则】 处理个人信息应当遵循公开、透明原则，公开个人信息处理规则，明示处理的目的、方式和范围。

【条文主旨】

本条是关于个人信息处理中的“公开透明”原则的规定。

【条文理解】

“公开透明”原则对个人信息处理者科以公开、明示的义务，要求其“公开个人信息处理规则，明示处理的目的、方式和范围”，这本质上是对于个人信息主体知情权的保障，从而确保个人信息主体在充分知情的基础上做出真实的意思表示。从功能上来说，“公开透明”原则发挥的是传统个人信息保护体系中“告知-同意”规则中的告知规则的作用。这在我国之前的立法中也有所体现，比如《全国人民代表大会常务委员会关于加强网络信息保护的决定》第二条规定，网络服务提供者和其他企业事业单位在业务活动中收集、使用公民个人电子信息，应当明示收集、使用信息的目的、方式和范围；网络安全法第四十一条第一款也要求，网络运营者收集、使用个人信息，应当公开收集、使用规则，明示收集、使用信息的目的、方式和范围，并经被收集者同意；民法典第一千零三十五条第一款第三项要求处理自然人的个人信息时，必须公开处理信息的规则并明示处理信息的目的、方式和范围。

在实践中，公开明示的义务的履行方式一般分为两种，一种是个人信息处理者一对一地向个人信息主体进行告知，这种方式主要用于人工收集个人信息时，比如防控传染病期间，一些地方政府对外来人口信息进行登记，采取的是一对一收集信息的方式，在收集前需要对收集目的、范围等进行告知。另一种是个人信息处理者制定个人信息处理规则，统一告知个人信息主体，这种方式往往是在通过信息网络进行个人信息自动化处理的背景下使用，最典型的就是各种应用软件中的《用户协议》或者《隐私政策》，一般是通过公告或者弹窗形式实现。

对于明示的内容，根据个人信息保护法第十七条，所应明示的内容至少包括：（1）个人信息处理者的名称或者姓名和联系方式；（2）个人信息的处理目的、处理方式，处理的个人信息种类、保存期限；（3）个人行使权利的方式和程序；（4）法律、行政法规规定应当告知的其他事项。以上信息出现变更时，需要将变更部分告知个人。

此外，个人信息保护法还规定了一些特殊情形下的告知事项：

1. 根据第三十条，处理敏感个人信息，信息处理者还应当向个人告知处理敏感个人信息的必要性以及对个人权益的影响。

2. 根据个人信息保护法第二十二条，个人信息处理者因合并、分立等原因，需要转移个人信息的，应当向个人告知接收者的身份、联系方式。

3. 根据第二十三条，个人信息处理者向第三方提供其处理的个人信息的，应当向个人告知第三方的身份、联系方式、处理目的、处理方式和个人信息的种类，并取得个人的单独同意。需要特别注意的是，委托处理是否算作向第三方提供的情形，从而向用户告知并获得同意，目前尚无明确指引。

4. 根据第二十四条，通过自动化决策方式作出对个人权益有重大影响的决定，个人有权要求个人信息处理者予以说明。

5. 根据第三十五条，国家机关为履行法定职责处理个人信息，应当依照本法规定履行告知义务。

6. 根据第三十九条，个人信息处理者向中华人民共和国境外提供个人信息的，应当向个人告知境外接收方的名称或者姓名、联系方式、处理目的、处理方式、个人信息的种类以及个人向境外接收方行使本法规定权利的方式和程序等事项，并取得个人的单独同意。

7. 根据第五十七条，发生或者可能发生个人信息泄露、篡改、丢失的，个人信息处理者应当立即采取补救措施，并通知履行个人信息保护职责的部门和个人。

最后，在某些情形下，为了公共利益和个人信息主体自身的利益需要，应当免除处理者的告知义务，否则不利于保护公共利益或者维护自然人的合法权益。我国民法典第一千零三十六条规定了两种情形可以免除告知义务：如果处理者处理的是自然人自行公开的或者其他已经合法公开的信息，则无需告知，除非该自然人明确拒绝或者处理该信息侵害其重大利益；如果是为了维护公共利益或者该自然人合法权益实施的处理行为，也无需告知。此外民法典第九百九十九条还列举了一种具体的情形，即为公共利益实施新闻报道、舆论监督等行为而合理使用自然人个人信息的，无需承担民事责任。个人信息保护法第十八条也明确了两种可以豁免告知的情形，分别是：（1）法律、行政法规规定的应当保密或者不需要告知的情形的；（2）紧急情况下为保护自然人的生命健康和财产安全无法及时向个人告知的。需要注意的是，紧急情况消除后，个人信息处理者应当及时补充告知。具体应当如何补充告知，尚待实践中进一步摸索。

【适用指南】

个人信息保护政策（隐私政策）是向用户进行告知，使用户达成“知情-同意”的主要途径，是保障用户知情权的基础。在个人信息主体首次运行软件、注册账户等情形时，应通过弹窗、链接等方式主动向其展示个人信息保护政策的主要或核心内容，帮助个人信息主体理解该产品或服务的个人信息处理范围和规则，并决定是否继续使用该产品或服务。关于个人信息保护政策的内容，在《信息安全技术 个人信息安全规范》中提出了明确详细的要求：

1. 个人信息控制者应制定个人信息保护政策，内容应包括但不限于：

（1）个人信息控制者的基本情况，包括主体身份、联系方式。

（2）收集、使用个人信息的业务功能，以及各业务功能分别收集的个人信息类型。涉及个人敏感信息的，需明确标识或突出显示。

（3）个人信息收集方式、存储期限、涉及数据出境情况等个人信息处理规则。

（4）对外共享、转让、公开披露个人信息的目的、涉及的个人信息类型、接收个人信息的第三方类型，以及各自的安全和法律责任。

（5）个人信息主体的权利和实现机制，如查询方法、更正方法、删除方法、注销账户的方法、撤回授权同意的方法、获取个人信息副本的方法、对信息系统自动决策结果进行投诉的方法等。

（6）提供个人信息后可能存在的安全风险，及不提供个人信息可能产生的影响。

（7）遵循的个人信息安全基本原则，具备的数据安全能力，以及采取的个人信息安全保护措施，必要时可公开数据安全和个人信息保护相关的合规证明。

（8）处理个人信息主体询问、投诉的渠道和机制，以及外部纠纷解决机构及联络方式。

2. 个人信息保护政策所告知的信息应真实、准确、完整。

3. 个人信息保护政策的内容应清晰易懂，符合通用的语言习惯，使用标准化的数字、图示等，避免使用有歧义的语言。

4. 个人信息保护政策应公开发布且易于访问，例如，在网站主页、移动互联网应用程序安装页、附录 C 中的交互界面或设计等显著位置设置链接。

5. 个人信息保护政策应逐一送达个人信息主体。当成本过高或有显著困难时，可以公告的形式发布。

6. 在“1.”所载事项发生变化时，应及时更新个人信息保护政策并重新告知个人信息主体。

在实践中，关于个人信息保护政策的设置，仍然存在诸多问题，包括但不限于：

1. 一些个人信息保护政策不利于阅读，篇幅过长，字体较小，排布过于密集，显示界面设置混乱，结构不清晰，未达到突出显示的效果，整体展示不友好。

2. 对于收集的个人信息类型和业务功能表述不清晰明确，往往是用“等”“例如”等较为笼统的方式概括说明，收集个人信息的类型和业务功能也并未一一对应，对于敏感信息等信息未加以显著强调，或者将大段连续内容统一加粗，未能起到突出强调的作用。

3. 对于个人信息共享、转让规则约定模糊，很多个人信息保护政策中只是概括说明可能会将用户个人信息披露及转移给第三方，但是对于具体转移信息的类别、用途以及转移对象都未有明确的说明。

4. 缺乏用户反馈机制，一些个人信息保护政策中个人信息主体难以与数据控制者进行联系。

5. 在需要用户选择的界面采用预填写的方式。

6. 缺乏明确的退出机制。

个人信息保护政策可以说是企业数据合规的起点，应当对此予以重视，以达成对用户的充分告知。

所以，建议个人信息保护政策在满足《信息安全技术 个人信息安全规范》第 5.5 条的规定的基础上，从以下方面进行完善：

1. 为了适应小屏幕或者信息空间受限的情况，可以在适当的情况下考虑分层呈现信息的方式以免在一页中密集呈现过多信息，过度干扰用户体验或产品设计。

2. 考虑通过通俗易懂的方式（比如动画、漫画等）呈现，可以使不同文化水平、生活背景的受众了解到自己的信息如何被收集，以满足告知“透明度”的要求。

3. 在列举业务功能时，尽量不使用“等”“例如”等字样，建立功能与信息之间的一一对应，一项功能对应一项或多项个人信息，功能后对应的应为实现该功能而必须收集和处理的个人信息类别，不能使用“等”“例如”等方式概括；个人信息保护政策只能列举现有业务功能及其对应的个人信息集，不能为拟开发或待开发的业务功能所需的个人信息预先获取用户的授权。对于这种情况，企业可待新功能上线时再征求用户的授权，不能混在现有的功能和信息中。

4. 在共享、转让、公开披露的个人信息规则部分，应给关联方以清晰准确的定义，明确其范围，最好能够进行列举；明确对外提供的目的、个人信息类型以及接收方类型或身份。对外提供一般个人信息需披露接收者的类型，对外提供敏感个人信息则需披露接收者的身份，即具体指明接收者是谁。

5. 个人信息保护政策需告知用户如何查询、更正、删除个人信息，以及如何注销账户或撤回同意。也可以考虑在隐私政策中设置“个人信息控制”功能，使用户可以直接对管理可收集信息的种类、删除个人信息、广告管理等相关功能进行控制。

6. 为用户提供至少一种投诉渠道：电子邮件、电话、传真、在线客服、在线表格。

7. 不为用户进行预先选择。

8. 隐私政策所描述的情形，如业务功能、出境情况、使用目的、负责人联络方式等发生变更时，企业应进行修订，并通过弹窗、邮件等方式有效告知用户。

9. 针对个性化广告等拓展服务，应当明确说明信息收集范围，并且提供退出机制。

此外，基于透明原则，虽然在有些情况下可以不获得用户同意就处理，但是还应当履行基本的告知义务。

【相关规定】

《全国人民代表大会常务委员会关于加强网络信息保护的决定》第二条；《中华人民共和国网络安全法》第四十一条第一款；《中华人民共和国民法典》第九百九十九条、第一千零三十五条第一款、第一千零三十六条；《中华人民共和国个人信息保护法》第十七条、第十八条、第二十二条、第二十三条、第二十四条、第三十条、第三十五条、第三十九条、第五十七条。

第八条　【质量原则】处理个人信息应当保证个人信息的质量，避免因个人信息不准确、不完整对个人权益造成不利影响。

【条文主旨】

本条是关于个人信息处理中的“质量”原则的规定。

【条文理解】

本条首先明确了个人信息处理者对个人信息的质量负有责任，其次明确了个人信息的质量原则包含信息的准确性与完整性，最后明确了个人信息质量的价值取向是不得对个人权益造成不利影响。

本法将数据的准确、完整作为处理个人信息的原则之一。此外，本条作为原则性条款，与本法第四十六条相关，后者进一步阐明了个人信息主体的权利和个人信息处理者的义务。

一、个人信息质量对个人权益的影响

大数据时代，信息的产生、流通和利用都是海量的，要更好地利用个人信息、挖掘其价值，首先需要确保个人信息的准确和及时更新，否则错误、滞后的信息将影响个人信息的价值，甚至可能导致错误的判断或处理结果。因此，明确个人信息质量原则，及具体的质量要求，具有重要意义。

个人信息作为数据的重要组成部分，具有流通、利用的商业价值，也涉及各类主体的相应权利。与强调要素和配置、网络空间主权以及数据安全的数据安全法不同，个人信息保护法更强调对个人权益的保护。而更早出台和实施的民法典，将个人信息的权益归在第四编人格权中，肯定了个人信息保护的客体为个人权益，这种权益包含了因数据而形成的人格利益和财产利益。本法第一条中“根据宪法”的表述也充分明确了个人信息权益的基本权利定位。

本条中的人格利益主要包括生命健康权和名誉权，财产利益主要包括个人信息处理后，个人从中所获得的潜在经济价值。个人信息质量对个人权益的影响可以从以下两个方面进行理解。

第一，个人信息的质量影响个人社会评价。在当前社会体系中，一般社会交往中的个人信息与其说是“获取”，不如说是“印象”的生成①，个人信息在一定程度上可以描述一个人的行为和品德，是他人评价的基础。某些情况下，个人信息更新不及时或者信息有瑕疵，将有可能给个人信息主体带来负面评级，从而导致其合法、正当的权益受到影响。比如，一个人的征信数据未及时更新，可能导致其消费活动、出行计划或其他经济活动遭受不利影响；再如，由于信息不准确，将甲的犯罪记录或社会丑闻关联到乙身上，将使大众或信息接受者错误地判断乙的品行。

第二，个人信息的质量影响个人信息处理者对该信息的判断和处理。不准确、不完整的信息，可能导致个人信息处理者对数据分析的结论不准确，从而影响相关个人从处理后的信息中所获得的利益。同时，如果进行

---

① 周汉华：《个人信息保护的法律定位》，载《法商研究》2020 年第 3 期。

个人信息处理的依据是错误的，那么其相应的处理结果自然会失真，无法提供可靠的决策依据，直接影响信息处理结果的真实性与可靠性，进而影响数据库的价值①。例如，购物网站中采集了消费者错误的个人信息，或未及时更新消费者信息，可能导致消费者无法接收到符合需求的推荐推送，也会导致购物平台消费量降低，最终低质量的信息形成无效、恶性的循环。

因此，在发挥个人信息数据要素的价值时，须充分考虑个人权益和利益，保障个人信息不被滥用和侵害。在当下互联网环境中，自然人作为个人信息的主体，对自身信息的控制能力是比较有限的，因此将保证个人信息质量作为个人信息处理者的法定义务，有助于督促个人信息处理者提升数据获取的准确度和完整度。

二、准确性与完整性

个人信息质量原则要求被收集、使用的个人信息应具备准确性和完整性，《联合国计算机处理的个人数据文档规范指南》、《亚太经合组织隐私框架》、欧盟 GDPR 等都强调了这一原则，网络安全法中也明确“保障网络数据的完整性”为“网络安全”的含义之一②。

从其含义来看，个人信息质量原则在个人信息保护法草案一次审议稿的表述为“为实现处理目的，所处理的个人信息应当准确，并及时更新”，个人信息保护法草案二次审议稿改为“……避免因个人信息不准确、不完整对个人权益造成不利影响”。对“质量”原则的改动可以从两方面理解：一方面，一审稿中的“准确”和“及时更新”是积极要求，而本法中避免“不准确、不完整”造成的不利影响，是消极要求，相较而言，后者扩大了个人信息质量要求的范围和个人信息处理者的义务。另一方面，本条修改后进一步明确了“保证个人信息的质量”的义务，且明确个人信息质量包括准确性和完整性两个维度。

个人信息的准确性，即个人信息应当真实、可靠，能够与信息主体的事实情况一一对应，不应出现错误或偏差，在正常情况下及时更新，在出现错误或者偏差的情况下，应当及时予以更正。

个人信息的完整性即个人信息应当全面、无遗漏，能够全面地反映信

---

① 王磊：《个人数据商业化利用法律问题研究》，中国社会科学出版社 2020 年版，第 162 页。

② 网络安全法第七十六条规定：“……（二）网络安全，是指通过采取必要措施，防范对网络的攻击、侵入、干扰、破坏和非法使用以及意外事故，使网络处于稳定可靠运行的状态，以及保障网络数据的完整性、保密性、可用性的能力……”

息主体的状况和特征，更进一步地，对个人信息的处理结果应当结构合理、重点突出、顺序适当，避免因信息片面、不完整而导致评价、判断产生偏差。

【适用指南】

在商业运作中，个人信息质量原则要求个人信息处理者在符合目的的情况下全面、准确地收集个人信息，并及时更新、更正个人信息，使所得的信息具有准确性、完整性、时效性，从而降低由于质量不足给信息主体合法权益带来的负面影响。

例如，个人信息处理者应允许个人信息主体对自动采集的个人信息进行确认、复核或修改，并且定期检查或维护信息质量，及时删除或更正不准确、不完整或失去时效性的信息。又如，对自动化决策的结果进行人工复核，通过相关的更正机制或一般性的投诉举报机制，接收个人信息主体对决策结果的质疑，确保对个人信息的处理符合处理目的，同时符合信息主体个人利益。

个人信息的质量并不存在统一标准，因此，个人信息处理者应当分析、确认具体的必要保障措施，从采集范围、使用目的等方面综合评估，确定具体措施是否能保障准确性、完整性和时效性。

【相关规定】

《中华人民共和国个人信息保护法》第四十六条。

第九条　【安全原则】个人信息处理者应当对其个人信息处理活动负责，并采取必要措施保障所处理的个人信息的安全。

【条文主旨】

本条是关于个人信息处理中的责任和“安全”原则的规定。

【条文理解】

本条明确了个人信息处理者的个人信息安全保障义务，且将个人信息安全责任落实到处理主体有助于损害赔偿及追责，体现了“谁处理，谁负责”的原则。

要求个人信息处理者应当主动采取必要措施以保障个人信息安全，是个人信息保护的必然要求。早在2012年通过的《全国人民代表大会常务委员会关于加强网络信息保护的决定》中就明确了网络服务提供者和其他企业事业单位应当采取技术措施和其他必要措施确保信息安全，避免个人信息泄露、毁损、丢失；2016年颁布的网络安全法也作了同样要求；2020年颁布的民法典第一百一十一条也明确了“……任何组织或者个人需要获取他人个人信息的，应当依法取得并确保信息安全……”，第一千零三十八条第二款更为具体地明确了“信息处理者应当采取技术措施和其他必要措施，确保其收集、存储的个人信息安全，防止信息泄露、篡改、丢失……”

本条作为原则性条款，进一步阐明了个人信息处理者对个人信息处理活动的责任承担，贯穿于个人信息保护法分则的多项具体规范，本法第五十一条进一步列举了个人信息处理者应当采取的具体安全保障措施，第六十五条明确了个人信息处理者未采取必要安全保护措施所要承担的责任。

一、个人信息安全的含义

《信息安全技术 个人信息安全规范》对个人信息安全作了原则性阐述，包括权责一致、目的明确、选择同意、最小必要、公开透明、确保安全、主体参与等几个方面。

本法所称的“个人信息安全”是广义概念，既包括个人信息本身的安全，也包括人为地披露、公开后的安全。这就意味着在个人信息的收集、存储、使用、加工、传输、提供、公开、删除等环节都须确保安全，个人信息处理者具有确保所收集的个人信息为其所控制、不为外人访问和获取、采取信息泄露事件防范措施等安全保障义务[①]，以保证个人信息的保密性、完整性、可用性，避免可能发生的个人信息安全事件。

二、个人信息安全义务是个人信息处理者义不容辞的责任

网络给公众生活带来翻天覆地的变化，但同时，超范围收集、非法获取、擅自使用甚至滥用个人信息的现象也随之突出，引起了广大人民群众的强烈关注。

近年来，个人信息安全事件越来越引发社会关注，具体的个人信息安全问题包括个人数据泄露、个人数据遭窃取、非法买卖个人数据等，从外

① 高富平：《个人信息保护立法研究》，光明日报出版社2020年版，第153页。

国某公司涉及上亿用户的数据泄露事件，到某支付平台前技术人员涉嫌将多达 20G 的用户信息非法贩卖他人，某订票网站被指泄露用户包括姓名、身份证号、手机号、用户名、密码等在内的敏感信息，都说明了当下互联网仍存在重大的个人信息安全隐患。

因此，个人信息处理者采取必要措施保障所处理的个人信息的安全、对其个人信息处理活动负责，是个人信息处理者义不容辞的责任。只有保障个人信息安全，才能切实维护广大人民群众的切身利益，为人民群众撑起一把数字世界的“保护伞”。

三、必要的安全保障措施

本条强调了个人信息处理者是个人信息保护的第一责任人。在此基础上，本法分则进一步明确了个人信息处理者的合规管理和保障个人信息安全等义务。

本条所指的保障个人信息安全的“必要措施”，具体规定于本法第五章“个人信息处理者的义务”中，包括物理措施、技术措施和管理措施。其中，物理措施包括对存储介质、传送等物理安全的保障措施，技术措施包括设置安全漏洞识别程序、设置病毒入侵防范程序等，管理措施包括建立系统安全管理制度、进行风险评估和风险预警、提前拟定应急对策等。值得注意的是，必要措施应当与个人信息遭受损害的风险程度之间符合比例原则的要求[①]，即个人信息安全保障措施具有必要性，且在符合处理目的、大概率有效避免安全事件发生的情况下，所采取的必要措施的程度与遭受损害的风险程度相称，可通过对个人信息处理所涉及的数据最小化等方面进行考虑。

另外，由于个人信息是网络信息、数据的下位概念，个人信息的安全保障义务在网络安全法、数据安全法等法律法规中已经明确规定，因此除了个人信息保护法的具体措施之外，还要结合网络安全法、数据安全法对“必要的安全保障措施”作体系性理解。[②] 例如，网络安全法第二十一条所规定的网络安全等级保护制度，第三十四条所规定的关键信息基础设施运营者的安全保障义务，数据安全法第二十八条所规定的数据安全标准体系等，其中与个人信息相关的具体规定的措施，都属于必要的安全保障措施。

---

① 张新宝、葛鑫：《个人信息保护法（专家建议稿）及立法理由书》，中国人民大学出版社 2021 年版，第 43 页。

② 王磊：《个人数据商业化利用法律问题研究》，中国社会科学出版社 2020 年版，第 163 页。

【适用指南】

个人信息安全合规是个人信息处理者关注的问题，在实践中，个人信息安全合规可以从安全保护能力、安全事件应对、数据最小化三个维度进行理解。

首先，安全保护能力即建立与信息安全保护等级所对应的管理规范，满足相关技术标准要求，采取措施解决被识别的安全缺陷、漏洞、网络侵入、病毒等风险和脆弱性，营造健康的个人信息存储和处理环境。

其次，安全事件应对是兼具事前和事后的必要措施，事前必要措施如制定完整、详细的应急预案，定期组织应急预案相关的培训或演练等；事后必要措施如采取措施控制事态、消除隐患，应通知履行个人信息保护职责的部门并在必要时通知个人。

最后，数据最小化即将个人信息处理所涉及的数据最小化，从而降低对个人信息安全性的风险和影响。其中，数据最小化又包含了最小化技术和最小化访问控制两个要求。例如，在处理前对个人信息采取匿名化、去识别化处理，减少处理过程中可能出现的安全风险。又如，当个人信息处理者针对个人信息的收集、处理和使用等行为的特定目的实现或者消除后，应当在征得数据主体同意或者授权的基础和前提下，永久性地删除相应的个人信息，从源头斩断个人信息存储和使用的安全问题。

本条具体适用可参考本法第六十五条。

【相关规定】

《中华人民共和国民法典》第一百一十一条、第一千零三十八条；《中华人民共和国网络安全法》；《中华人民共和国数据安全法》；《中华人民共和国个人信息保护法》第五十一条、第六十五条。

第十条　【处理个人信息的禁止行为】 任何组织、个人不得非法收集、使用、加工、传输他人个人信息，不得非法买卖、提供或者公开他人个人信息；不得从事危害国家安全、公共利益的个人信息处理活动。

【条文主旨】

本条是关于处理个人信息的禁止行为的规定。

【条文理解】

本条采用禁止性规定的形式，明确禁止行为人从事危害国家安全、公共利益的个人信息处理活动。

遵守法律上关于禁止或者限制的规定，是个人信息处理者的普遍义务。从内容上看，本条在民法典第一千零三十五条第一款第四项“不违反法律、行政法规的规定和双方的约定”的基础上，首先，列举了非法收集等七种非法处理个人信息的行为，这七种非法行为及其表述与民法典第一百一十一条相一致。其次，进一步提出任何组织、个人不得危害国家安全、公共利益的要求，划定了处理个人信息的红线。

一、“非法”的含义与违法主体

本条“非法”中的“法”，按照体系解释，是指宪法、法律和行政法规。法律除了本法，还包括民法典、刑法、消费者权益保护法、电子商务法、网络安全法、数据安全法等，行政法规包括《互联网信息服务管理办法》等。违反宪法、法律或行政法规，个人信息处理者需要承担相应的法律责任。

另外，本条也明确了本法适用的主体为任何组织、个人，相比于其他原则性条款中将规范主体聚焦为“个人信息处理者”，本条所规范的主体具有广泛性。

二、类型化的“非法行为”

本条列举了七种具体的非法行为。从内容上看，首先，不得从事违反法律和行政法规禁止的行为，个人信息的收集、使用、加工、传输，以及买卖、提供或者公开都要遵循具体的法律规定，例如收集个人信息必须取得信息主体的同意、他人对个人信息的访问必须经过授权等。其次，任何组织、个人不得从事危害国家安全、公共利益的行为，例如故意泄露群众财产信息造成社会恐慌、扰乱正常社会秩序等。

本条在草案二审稿中的第一句表述为“任何组织、个人不得违反法律、行政法规的规定处理个人信息”，在正式通过的条文中改为了“任何组织、个人不得非法收集、使用、加工、传输他人个人信息，不得非法买卖、提供或者公开他人个人信息”，进一步细化了具体的违法行为，具有更强的指引性。同时，使整个法律条文与民法典第一百一十一条[1]中两个“不得”的表述相一致。

【适用指南】

一、相关违法行为

我国法律法规中，与个人信息相关的主要违法行为及相关规定如下：

根据刑法第二百五十三条之一规定，违反国家有关规定，向他人出售或者提供公民个人信息，情节严重的，处三年以下有期徒刑或者拘役，并处或者单处罚金；将在履行职责或者提供服务过程中获得的公民个人信息，出售或者提供给他人的，从重处罚；窃取或者以其他方法非法获取公民个人信息的，依照第一款的规定处罚。

根据民法典第一百一十一条规定，不得非法收集、使用、加工、传输他人个人信息，不得非法买卖、提供或者公开他人个人信息。

根据消费者权益保护法第二十九条规定，经营者收集、使用消费者个人信息，应当公开其收集、使用规则，不得违反法律、法规的规定和双方的约定收集、使用信息；经营者及其工作人员对收集的消费者个人信息必须严格保密，不得泄露、出售或者非法向他人提供。

根据电子商务法第二十五条规定，有关主管部门应当采取必要措施保护电子商务经营者提供的数据信息的安全，并对其中的个人信息、隐私和商业秘密严格保密，不得泄露、出售或者非法向他人提供。

根据数据安全法第三十八条规定，国家机关对在履行职责中知悉的个人隐私、个人信息、商业秘密、保密商务信息等数据应当依法予以保密，不得泄露或者非法向他人提供。

网络安全法中的个人信息保护体现在其第四章“网络信息安全”中。

二、网络平台责任

2020 年，公安部公布了十起侵犯公民个人信息违法犯罪典型案件，具体犯罪行为包括非法盗取居民社保数据、平台用户数据等并在“暗网”贩卖、交易，非法收集公民的手机号码等个人信息并售卖，非法利用公民身

---

① 民法典第一百一十一条规定：“自然人的个人信息受法律保护。任何组织或者个人需要获取他人个人信息的，应当依法取得并确保信息安全，不得非法收集、使用、加工、传输他人个人信息，不得非法买卖、提供或者公开他人个人信息。”

份信息注册网络账号牟利，传播疫情防控重点人员信息等[①]。

在这些案件中，互联网平台有两个角色。一个是数据交易的媒介，即罪犯通过互联网平台进行个人信息的贩卖和交易，对此，互联网平台应加强对交易个人信息行为的监控，杜绝个人信息交易行为在平台中发生。另一个是被非法窃取的直接主体，即罪犯通过黑客等手段窃取互联网平台用户的个人信息或数据，对此，互联网平台应做好安全防范措施，保障用户数据安全。平台作为个人信息的收集者、处理者、利用者，责无旁贷。

【相关规定】

《中华人民共和国刑法》第二百五十三条；《中华人民共和国民法典》第一百一十一条；《中华人民共和国消费者权益保护法》第二十九条；《中华人民共和国电子商务法》第二十五条；《中华人民共和国网络安全法》；《中华人民共和国数据安全法》第三十八条。

第十一条　【个人信息保护工作的总体要求】国家建立健全个人信息保护制度，预防和惩治侵害个人信息权益的行为，加强个人信息保护宣传教育，推动形成政府、企业、相关社会组织、公众共同参与个人信息保护的良好环境。

【条文主旨】

本条是关于国家开展个人信息保护工作的总体要求的规定。

【条文理解】

本条明确了国家依法整治互联网及维护个人信息保护良好环境的总体要求。大数据时代，对个人信息的收集、处理、利用无处不在，国家需要从宏观层面进行有效调控，通过健全个人信息保护制度、推进个人信息保护的宣传和教育工作等多举措并行，进一步强化个人信息保护，促进个人信息的安全利用，形成安全、稳定、良好的数据环境。只有这样才能全

---

① 《公安部公布十起侵犯公民个人信息违法犯罪典型案件》，载中国政府网，http://www.gov.cn/xinwen/2020-04/16/content_5502912.htm，最后访问时间：2021年10月8日。

面、有效提高我国个人信息保护的整体水平，满足我国经济转型和科技创新的发展新需要，推动互联网产业和大数据产业蓬勃发展。

一、个人信息保护制度是个人信息保护工作的基础

保护个人信息的根本目的是协调个人信息主体与个人信息处理者之间的利益博弈关系，个人信息保护制度既要促进信息流通又要确保信息安全，既要考虑个人权益又要考虑社会效益，因此，构建有利于个人数据流通的法律机制是一项复杂的系统工程。

在本法颁布之前，《全国人民代表大会常务委员会关于加强网络信息保护的决定》、消费者权益保护法、网络安全法、刑法修正案（九）、民法典以及数据安全法等法律中，均提及对个人信息的法律保护，初步建立起了个人信息保护相关的制度，以回应社会的关注。但总体上看，存在规定较为零散、制度缺乏协调、执行效果有限等问题，没有形成合力。个人信息保护法既从我国实际出发，坚持问题导向，将实践中行之有效的做法和措施上升为法律规范；同时又充分参考了有关国际组织和国家的有益做法，体现立法的前瞻性和完整性，构造了个人信息处理一系列原则和规则，首次在我国确立一整套系统的个人信息保护法律制度，弥补以前的不足，为处理个人信息保护法与其他法律的关系奠定基础，具有重大的理论和现实意义①。

二、预防和惩治

本条中的“预防”和“惩治”分别为个人信息保护的事前措施和事后措施。“预防”是指个人信息处理者应当在处理前采取预测、评估、审计等事前措施，以避免个人信息处理行为可能带来的对信息主体等的不利影响；“惩治”是指在发生个人信息安全事件或违法行为后，降低、消除影响等干预和补救工作。

在“预防”和“惩治”两个手段之间，应以预防为主、惩治为辅。一旦发生个人信息安全事件，一般会造成较大范围信息主体的利益受损，而事后的补救、惩治措施往往难以消除或者弥补损害，如一经泄露的信息即失去其保密性。因此，个人信息保护工作的治理关口应当前移，以预防作为主要的保护手段，在事前即控制引起不利后果的可能性或者不确定性，防患于未然。②

---

① 周汉华：《个人信息保护法的时代意义》，载《民主与法制》2021 年第 32 期。

② 张新宝、葛鑫：《个人信息保护法（专家建议稿）及立法理由书》，中国人民大学出版社 2021 年版，第 7 页。

三、加强宣传教育

当下我国个人信息安全教育普及的覆盖面较窄，相关法律法规宣传力度不足，公众对个人信息安全意识和认识较低，个人信息安全的认知能力和实操能力都亟待提升。有调查显示，目前我国公众对个人信息安全法律法规认知一般，对主动学习个人信息安全知识意愿不强，在日常生活中主动采取有效安全措施的能力弱，如账号密码一号多用等，在大部分被调研者经常收到骚扰电话、垃圾短信的情况下，只有10%左右的受访者认为损失程度严重或很严重①。

加强个人信息保护宣传教育有利于提高个人信息安全素养。个人信息安全素养包括认知和实操两大方面。认知方面，应加强个人信息主体对个人信息安全问题有基本认识和基本处理态度，个人信息处理者对个人信息安全问题足够重视且有守法、合规的概念；实操方面，个人信息主体应对个人信息的重要性、内涵、威胁来源、权益实现途径等方面有一定了解，个人信息处理者能够采取有效的个人信息保障和安全措施，确保个人信息的收集、处理全过程合法合规。

四、社会共同治理

个人信息保护工作并不只存在于个人信息主体和个人信息处理者之间，也不只是监管部门的监管职责，个人信息安全、有效流通的环境有赖各方社会力量共同参与营造，共同发挥作用，形成共治格局，社会各方主体包括政府、企业、相关社会组织、公众等。

【适用指南】

一、建立健全个人信息保护制度

个人信息保护法已经对个人信息的处理规则、个人在个人信息处理活动中的权利、个人信息处理者的义务等作了较为全面的规定，但也需要预留足够的立法、司法空间，以便适应瞬息万变的数据市场。除此之外，个人信息保护制度在立法、执法、司法上应当与其他法律相衔接、相协调，包括民法典、刑法、电子商务法、网络安全法、数据安全法、消费者权益保护法等，厘清个人信息保护的规范对象和监管主体。

制度的生命力在于实施，国家网信部门等主管部门应履行好个人信息

---

① 罗力：《新兴信息技术背景下我国个人信息安全保护体系研究》，上海社会科学院出版社2020年版，第49页。

保护的职责，提高监管效率，创新管理模式，为个人信息保护创造良好的立法环境、执法环境和司法环境。

二、开展不同层次的宣传教育工作

个人信息安全素养的提升有赖于多种多样的宣传教育活动。面向未成年人，可以引入学校课堂；面向群众，可以加强社区宣传；面向机关工作人员、企业员工、普通公民等不同主体开展具有针对性的公益讲座、培训等。

三、推动形成行业自律

移动互联网及其应用是个人信息保护的主战场。随着移动互联网的普及，网民个人信息泄露的影响将越来越大，侵犯网民权益的同时也会损害公共利益。因此，推动互联网产业形成行业自律，有利于提高互联网企业个人信息保护意识，引导互联网企业规范地收集、存储及使用个人信息，促进相关法律法规的贯彻落实，推动互联网行业健康、可持续发展。同时，鼓励以行业自律为主和以监管机构外部审查为辅的“双重监管”，尊重行业内部企业自身的意愿，防止过度干预。

2001 年《中国互联网行业自律公约》就已经明确了保护用户信息秘密。2013 年 4 月，中国互联网协会联合网络营销服务和互联网用户数据研究服务领域的 29 家企业发布并签署了国内首份《网络营销与互联网用户数据保护自律宣言》，对网络信息收集做出了约束。① 2018 年，中国互联网协会向互联网业界发布《个人信息保护倡议书》，呼吁业界共同关注个人信息保护问题，促进产业健康有序发展，共筑网络强国之梦。② 2021 年 11 月 1 日，在个人信息保护法正式施行当天，中国互联网协会发布了新的《个人信息保护倡议书》，呼吁互联网企业“严格遵守法律规定，贯彻落实法律要求；建立健全管理制度，承担信息保护责任；开展合规审计评估，接受社会公众监督；加强安全教育培训，提高安全防护能力；积极参与普教宣传，促进行业交流合作”。③

本条解读中没有涉及其他法规的具体条款，全部为总体性提及。

---

① 《中国互联网协会在京发布〈网络营销与互联网用户数据保护自律宣言〉》，载中国互联网协会官网，https：//www. isc. org. cn/zxzx/ywsd/listinfo－25459. html，最后访问时间：2021 年 10 月 8 日。

② 《中国互联网协会发布〈个人信息保护倡议书〉》，载人民网，http：//it. people. com. cn/n1/2018/0914/c1009-30293640. html，最后访问时间：2021 年 10 月 8 日。

③ 《中国互联网协会个人信息保护倡议书》，载中国互联网协会官网，https：//www. isc. org. cn/zxzx/ywsd/listinfo-40773. html，最后访问时间：2021 年 11 月 6 日。

【相关规定】

《中华人民共和国民法典》；《中华人民共和国刑法》；《中华人民共和国电子商务法》；《中华人民共和国网络安全法》；《中华人民共和国数据安全法》；《中华人民共和国消费者权益保护法》。

第十二条 【个人信息保护制度的国际合作机制】 国家积极参与个人信息保护国际规则的制定，促进个人信息保护方面的国际交流与合作，推动与其他国家、地区、国际组织之间的个人信息保护规则、标准等互认。

【条文主旨】

本条是关于个人信息保护领域的国际合作机制的规定。

【条文理解】

跨境贸易依赖于数据的流通，其中包含了个人信息的流通，而数据的流通是没有地域限制的，因此个人信息保护问题是全球性的问题和挑战。本条明确了我国作为当今世界上的互联网大国，应当深度参与网络空间国际治理，深入参与到全球的个人信息保护之中，在国际合作上应该设立科学的合作目标、建立可持续的合作机制，与其他国家在个人信息保护领域进行国际交流与合作，推动国际层面的信息保护规则和标准与国际接轨与平衡。一方面，提升我国在跨国数据流通及其相关贸易中自身的合规能力和竞争水平，为我国的跨境数据自由流转提供土壤，增强其他国家数据流入我国的信任和信心；另一方面，我国只有主动掌握网络空间的国际话语权，成为数据空间的规则制定者，才能在全球网络空间发展中占据先机，不断提升我国在网络空间的国际影响力。

从公民权益和国家安全角度看，个人信息问题的作用和影响范围不单单是数据层面的，它与个人隐私、商业秘密、国家安全等密切相关，个人信息保护对国家长期的稳定和安全具有战略性意义。同时，推动国际个人信息保护规则、标准等的互认互通，与全球个人信息保护体系相接轨、协调，才能够为我国跨境贸易的安全、健康发展提供基础性保障，从中维护我国国家利益和公民个人信息权益。

从经济发展的角度看，由于不同国家的个人信息保护存在差异，使得数据流通壁垒阻碍跨境贸易。要消除数据流通壁垒，还需要协调各国的保护水平差异和数据利益，增强全球个人信息保护制度的协调。因此，积极参与到个人信息保护的国际协商和政策协调之中、在个人信息保护领域广泛开展国际交流与合作、参与制定和实施统一的国际标准是非常必要的。

【适用指南】

面对全球经济一体化和当前国际形势，我国应进一步完善市场化、法治化、国际化营商环境，传播中国声音、参与国际规则制定。因此，我国应积极参与数据空间领域中国际通行的规则和有效的执行机制的建立，抓住推动形成国际数据治理体系的机遇，推动我国个人信息保护在国际关系中发挥作用。个人信息保护法是从国际经验切入而设计法律制度，起点高、视野开阔、思路清晰、规则明确，因此为我国参与国际对话和国际数据治理规则制定，共同构建网络空间命运共同体奠定了坚实的基础。①

一、国际法律和规则的适用

在法律适用方面，我国主体在其他国家境内设立的数据控制者或者处理者对个人数据的处理行为，应遵守相应国家法律。当符合本法第三条的规定时，国外企业也应当遵循本法的规定开展个人信息处理活动。

在全球尚未形成统一的跨境数据流通规则的情况下，应通过双边协议、多边协议等方式，积极与其他国家、地区在法律、监管和技术等方面合作，共同建立新时期跨境数据流通的国际标准和相关规则，保障跨境数据流动的可行性和公平性，降低由于规则差异给跨境数据流通监管带来的成本和风险。

中国应构建促进国家网络安全、企业公平竞争以及个人信息保护协调发展的新型数字贸易规则。

保护、提升国内数据龙头企业的国际话语权，逐步推动国内、国际标准的建立，能够提升自身在跨国数据流通及其相关交易活动中的合规能力和竞争水准，利用数字产业竞争优势主导数据流向。

二、建立具有中国特色的区域法律协调机制

个人信息保护法吸收了近年来个人信息保护的国际经验和网络安全

---

① 周汉华：《个人信息保护的法律定位》，载《法商研究》2020 年第 3 期。

法、民法典等立法和实践经验，内容既与国际接轨，也不乏中国特色。在个人信息处理的合法性基础、信息主体权利、个人信息处理者义务的规范方面引入了较先进的理念，同时结合中国互联网发展的实际情况，作了创新的、适应性的调整。

案例解读

个人信息权益网络侵权责任的认定①

【案情简介】

原告主张，×信读书软件系一款手机阅读应用，用户可以在该款软件上阅读书籍、分享书评等。×信软件系一款手机社交应用，用户可以在该款软件上进行添加好友、即时通讯等操作。原告在使用×信读书时发现，由于×信将通讯录好友关系的数据交予×信读书，在原告并未进行自愿授权的情况下，在×信读书的"关注"栏目下出现了使用该软件的原告通讯录好友名单。此外，在原告没有进行任何添加关注操作的情况下，原告账户中"我关注的"和"关注我的"页面下出现了大量原告的通讯录好友，且×信读书未经原告自愿授权，默认向"关注我的"好友公开原告的读书想法等阅读信息。不仅如此，原告在使用×信读书的过程中还发现，即使原告与原告的通讯录好友在该软件中没有任何关注关系，也能够相互查看对方的书架、正在阅读的读物、读书想法等，然而上述信息属于原告并不愿向他人展示的隐私信息。

基于此，原告主张，×信读书 3.3.0 版（简称×信读书，需强调版本时称×信读书 3.3.0 版）及×信存在以下侵权情形：

一是×信将原告的通讯录好友关系交予×信读书，×信读书获取原告的通讯录好友关系，侵害了原告的个人信息权益和隐私权；

二是×信读书为原告自动关注通讯录好友，且这些好友可看到被默认公开的原告的读书信息，侵害了原告的个人信息权益和隐私权；

三是×信读书在原告与其通讯录好友并无任何×信读书关注关系的前提下，原告的通讯录好友可以在×信读书软件查看原告的读书信息，侵害了

---

① 案号：(2019) 京 0491 民初 16142 号。

原告的个人信息权益和隐私权。

【案例焦点】

原告称，“×信读书”自动获取、关注×信好友的行为是一次性授权、用户无法分别进行选择、不同意就无法使用应用的行为，不能构成有效的授权；个人阅读信息均应属于公民的隐私和个人信息，不经用户同意披露阅读信息有损隐私权。故“×信读书”自动关联×信好友名单等行为均侵害了原告的个人信息权益和隐私权。故对作为相关软件的开发、运营方的被告提起诉讼。

被告称，“×信读书”获取、使用通讯录好友已经向用户进行充分告知并获得同意，不存在侵权行为，请求法院驳回原告的全部诉讼请求。

【裁判要旨】

法院审理认为，×信好友列表和读书信息属于个人信息，但不能笼统地纳入符合社会一般合理认知的隐私范畴，需要结合实际进行判断。

关于原告提到的三个行为是否侵犯个人信息权益或隐私权，法院作了详细的说理和推导。第一，“×信读书”获取原告的×信好友列表属于收集个人信息的行为，其收集、获取用户同意的方式不违反法律规定，且获取通讯录好友列表行为并未达到私密程度，不构成对隐私权的侵害。第二，“×信读书”向原告共同使用该应用的通讯录好友默认公开原告读书信息的行为，未以合理的“透明度”获得有效的知情同意，用户隐私协议的表述存在规避个人信息或隐私风险的嫌疑，因此侵害了原告个人信息权益，但原告的信息未达到私密性标准，不构成隐私权侵权。第三，“×信读书”为原告自动关注共同使用该应用的通讯录好友，进而使得关注好友可以查看原告的读书信息的行为，未向用户显著提示并获得用户同意，因此侵犯原告的个人信息权益，但原告不满足侵害隐私权的责任构成要件，不构成对隐私权的侵害。

综上所述，“×信读书”的相关行为侵害了原告的个人信息权益，应承担相应侵权责任。

【专家评析】

第一，个人信息保护法第一条即指出了本法的立法目的是“保护个人信息权益，规范个人信息处理活动，促进个人信息合理利用”，而本案中×

信读书的做法显然不符合本法的立法目的，其通过默示同意的方式在用户不知情且未明确授权的情况下处理用户个人信息，公开了用户不愿公开的信息，侵害了用户个人信息权益，自身的个人信息处理活动并不规范，既不合理，也不合法；第二，个人信息保护法第四条对“个人信息”的范围进行了界定，本案中法院判定“获取原告的通讯录好友列表属于收集个人信息的行为”，明确了其与隐私之间的区别关系；第三，个人信息保护法第五条、第六条、第七条规定了个人信息处理的基本原则，包括合法、正当、必要、诚信、公开、透明等原则，本案中×信读书采用了默认公开的方式，未向用户公开其个人信息处理规则，未能通过“透明性”告知来取得用户同意，存在误导用户之嫌，不具有合法性、正当性；第四，个人信息保护法确立了以“告知-同意”为核心的个人信息保护原则，充分保障个人对其个人信息处理的知情权和决定权，且面对如本案中的一揽子授权、强制同意等问题，提出了多种类型化的处理要求和针对性规定，本案中×信读书向原告共同使用该应用的通讯录好友默认公开原告读书信息的行为，未向用户显著提示并获得用户同意；第五，个人信息保护法强化了个人信息处理者的义务，赋予了大型互联网平台特别义务，明确个人信息处理者是个人信息保护的第一责任人，应主动承担起相应保障责任，从保障个人信息权益的角度出发开展个人信息处理活动，用户数量巨大的大型互联网平台，其对平台内的个人信息处理活动具有强大的控制力和支配力，因此应当承担更多的法律义务，积极提高经营透明度，接受外部监督，推动形成全社会共同参与的个人信息保护环境。

第二章　个人信息处理规则

第一节　一般规定

第十三条　【处理个人信息的合法性基础】 符合下列情形之一的，个人信息处理者方可处理个人信息：

（一）取得个人的同意；

（二）为订立、履行个人作为一方当事人的合同所必需，或者按照依法制定的劳动规章制度和依法签订的集体合同实施人力资源管理所必需；

（三）为履行法定职责或者法定义务所必需；

（四）为应对突发公共卫生事件，或者紧急情况下为保护自然人的生命健康和财产安全所必需；

（五）为公共利益实施新闻报道、舆论监督等行为，在合理的范围内处理个人信息；

（六）依照本法规定在合理的范围内处理个人自行公开或者其他已经合法公开的个人信息；

（七）法律、行政法规规定的其他情形。

依照本法其他有关规定，处理个人信息应当取得个人同意，但是有前款第二项至第七项规定情形的，不需取得个人同意。

【条文主旨】

本条是关于个人信息处理者处理个人信息的合法性基础及正当性依据的规定。

【条文理解】

个人信息是数据的主要来源之一，随着数据在数字经济时代新型生产要素地位的确立，抽离于隐私概念的个人信息同时被赋予了更多的财产性价值。然而，个人对个人信息的控制和支配需求与市场主体对个人信息的利用需求之间潜在存在一定的矛盾，这在某种程度上也体现为个人信息的人格利益和财产利益之间的协调与冲突。如果过于强调人格利益，个人对于其个人信息的“支配性”比例更高，那么个人信息处理者对个人信息的利用空间则相应会被缩减；反之，若过于强调财产利益，那么个人对其个人信息的支配和控制力度则会被相应削弱。个人信息的保护和利用之间如何进行恰当的平衡，直接决定着数据的发展和安全，以及大数据战略的实施。

个人信息处理的法定情形是个人信息处理的合法、正当基础，是判断个人信息处理行为合法与否的重要标准，也是缓解个人信息保护和利用之间紧张关系的重要缓冲带。民法典第一百一十一条、第一千零三十五条，网络安全法第四十一条，消费者权益保护法第二十九条，以及个人信息保护法第五条等均规定了个人信息的处理应当依法取得，并遵循合法、正当、必要的原则。那么此处的“合法、正当”应当作何理解，又应当如何把握呢？个人信息保护法第十三条则相应回答了这一问题，为个人信息处理行为划定了明晰的合法界限。

“告知-同意”是个人信息处理的一项核心规则，要求个人信息处理者在处理个人信息时，应当以显著方式、清晰易懂的语言真实、准确、完整地向个人告知，并征得个人的同意。在我国关于个人信息的法律条文中，均或多或少地有关于“告知-同意”的规定，个人信息保护法也纳入了这一规则。“告知-同意”是个人信息合法收集、处理的一个重要的法定情形，然而面对纷繁复杂的社会场景，仅依靠“基于个人同意”这一合法性基础，并不能完全满足和应对多样化的社会需求。在某些特定的情形下，个人信息的获取具有一定的紧急性或者规模性，若在每一类场景中均强行要求逐一告知并获得个人的同意，是不具有现实可操作性的，也是低效率或者无效率的。因此，民法典第一千零三十五条、第一千零三十六条，网络安全法第四十一条，《信息安全技术 个人信息安全规范》第5.6条等规范也同时规定了其他的一些合法性事由。但是，其他无需经过个人同意的情形，分散于各个法律条文之中，相对较为分散，不利于系统性适用。而个人信息保护法第十三条，在我国现有法律规定的基础上，参考了外国立法和实践，进一步整合并延伸了各类法定情形，为个人信息的合法处理提供了多元的途径选择。

本法第十三条规定共分为两款条文，其中第一款采取“概述+列举+兜底”的方式，明确规定了六类个人信息处理者可以处理个人信息的情形，同时最后采用“兜底”的表述方式，为未来可能出现的其他情形留下立法和执法的空间，为本法适应社会的发展和变化留下了余地。第二款则规定，除下述第一项“取得个人的同意”情形中，处理个人信息应当取得个人同意之外，有第一款第二项至第七项规定情形的，均不需要取得个人同意。

一、取得个人的同意

“取得个人的同意”是第十三条第一款规定的第一项处理个人信息的合法性基础条件，也是实践中大多数个人信息处理者获取数据的主要方式。“同意”意味着个人对于其个人信息的处理方式、范围、目的等内容的认可和肯定，是个人的一种真实意思表示。将“取得个人的同意”作为处理个人信息最基础和最重要的合法性依据，不仅充分尊重和保护了宪法赋予公民个人的基本权利，同时也肯定了个人拥有对于其信息进行支配的自由，保护个人信息人格利益的同时，也不阻碍个人信息财产性价值的实现。个人信息保护法第十四条、第十五条、第十六条、第二十一条、第二十二条、第二十三条、第二十五条、第二十六条、第二十七条、第二十九条、第三十一条、第三十九条、第四十七条对于“同意”的前提要件同意的分类、同意的撤回、同意的场景分类和相应要求，以及法律责任等内容作出了详细规定。本书其他部分也会针对相应的条款和内容进行细致解读，在此不再赘述。

二、合同或人力资源管理所需

第十三条第一款第二项规定，个人信息处理者“为订立、履行个人作为一方当事人的合同所必需，或者按照依法制定的劳动规章制度和依法签订的集体合同实施人力资源管理所必需”处理个人信息，可以不经得个人的同意。本项共包括两个部分：

1. “为订立、履行个人作为一方当事人的合同所必需”。合同是民事主体之间设立、变更、终止民事法律关系的协议，是当事人对拟合作事项意思自治的体现，依法成立的合同，受法律保护。在合同自洽谈、磋商、签订、履行乃至违约追责的整个过程中，不可避免会涉及合同当事人的诸多个人信息，例如当事人的姓名/名称、住所、身份信息、联系方式等。如若缺失这些信息，则会影响合同的订立和履行，不利于正常交易活动的实现。此外，需要注意的是，合同具有相对性，除法律另有规定，依法成立的合同，仅对当事人具有法律约束力。因此，第十三条明确将个人信息主体限定为“合同一方当事人”，而非仅是为订立、履行合同所必需的所有主体的个人信息。

2. “按照依法制定的劳动规章制度和依法签订的集体合同实施人力资源管理所必需”，在个人信息保护法的制订过程中，草案第一次审议稿和第二次审议稿均只规定了“为订立、履行个人作为一方当事人的合同所必需”，在审议过程中，有观点认为现实中有关企业、单位在人力资源管理工作中需要处理个人信息，建议在草案中将此类情况作为允许收集和处理个人信息的情形。经研究，采纳了这一建议，遂在本项新增这一部分的内容。[①] 在劳动者求职、面试、入职、就职、离职的整个周期中，人力资源管理部门不可避免需要接触和处理劳动者方方面面的基础信息。个人信息保护法充分考虑到实践中的这一现实需求，对人力资源的管理过程中处理个人信息的行为提供合法性基础，有助于用人单位的日常管理和运作。然而，需留意的是，劳动者和用人单位在工作关系中，具有隶属关系，并非处于完全平等的地位，而在工作场景中，劳动者各个维度的个人信息均有可能被涉及，若仅基于“人力资源管理所必需”这一理由便可不经劳动者同意而处理其信息，很可能导致用人单位滥用这一规定，从而侵害处于弱势地位一方的劳动者的合法权益。鉴于此，在“疏通”用人单位人力资源管理障碍的同时，也要适度地“堵住”超过合理限度范围的滥用行为。因此，个人信息保护法特别将实施人力资源管理所必需的情形限定在了“按照依法制定的劳动规章制度”和“依法签订的集体合同”两类场景之下，降低了劳动者的个人信息被不当侵害的风险。

三、法定职责或义务所需

第十三条第一款第三项规定，“为履行法定职责或者法定义务所必需”处理个人信息，亦无需取得个人的同意。根据我国相关法律的规定，为维持社会的安全有序运转，特定主体在一定范围内被赋予了特定的职责或者需要履行特定的义务，而在履行这些职责和义务的过程中，有必要收集和处理相关的个人信息。为了确保这些特定主体的法定职责或者义务的履行，也为了避免不同法律适用时存在矛盾，个人信息保护法特别规定了需

---

① 《个人信息保护法草案进入三审 健全完善个人信息保护制度规则》，载人民网，http://politics.people.com.cn/n1/2021/0818/c1001-32197331.html，最后访问时间：2021年10月8日。

获取个人同意的这一例外情形。

根据本项的规定，此处的职责或者义务均需要建立在“法定”的基础之上，因此适用本项作为合法性基础来处理个人信息，必须具备明确的法律依据。例如，反恐怖主义法第五十一条规定，“公安机关调查恐怖活动嫌疑，有权向有关单位和个人收集、调取相关信息和材料。有关单位和个人应当如实提供”。再如，反洗钱法第十六条规定，“金融机构应当按照规定建立客户身份识别制度。金融机构在与客户建立业务关系或者为客户提供规定金额以上的现金汇款、现钞兑换、票据兑付等一次性金融服务时，应当要求客户出示真实有效的身份证件或者其他身份证明文件，进行核对并登记……”因此，如若没有明确的法律赋权或者法律依据作为支撑，本项的规定则不可适用。

当然，特定主体“为履行法定职责或者法定义务所必需”处理个人信息，虽不需要经得个人的同意，但其必须基于履行法定职责或义务的必要范围，且同时对其所收取的个人信息，具有保密的义务。例如，网络安全法第四十五条规定，“依法负有网络安全监督管理职责的部门及其工作人员，必须对在履行职责中知悉的个人信息、隐私和商业秘密严格保密，不得泄露、出售或者非法向他人提供”。数据安全法第三十八条规定，“国家机关为履行法定职责的需要收集、使用数据，应当在其履行法定职责的范围内依照法律、行政法规规定的条件和程序进行；对在履行职责中知悉的个人隐私、个人信息、商业秘密、保密商务信息等数据应当依法予以保密，不得泄露或者非法向他人提供”。电子商务法第八十七条规定，“依法负有电子商务监督管理职责的部门的工作人员，玩忽职守、滥用职权、徇私舞弊，或者泄露、出售或者非法向他人提供在履行职责中所知悉的个人信息、隐私和商业秘密的，依法追究法律责任。”《中国银保监会监管数据安全管理办法（试行）》第五条规定，“开展监管数据活动，必须遵守相关法律和行政法规。任何单位和个人对在监管数据活动中知悉的国家秘密、工作秘密、商业秘密和个人信息，应当依照相关规定予以保密。”刑法第二百五十三条之一第二款规定，“违反国家有关规定，将在履行职责或者提供服务过程中获得的公民个人信息，出售或者提供给他人的，依照前款的规定从重处罚”。

四、突发事件或紧急情况所需

第十三条第一款第四项规定，相关主体“为应对突发公共卫生事件，或者紧急情况下为保护自然人的生命健康和财产安全所必需”处理个人信息，无需获取个人的同意。本项规定是在特殊的背景下出台的，在应对突发公共卫生事件的过程中，个人信息的收集、分析工作是必不可少的，如若要求必须征得每个人的同意方可处理相关信息，只要其中一人拒绝同意，可能对工作产生巨大的负面影响，甚至危及其他人的生命健康安全。也正因如此，传染病防治法第十二条第一款规定，“在中华人民共和国领域内的一切单位和个人，必须接受疾病预防控制机构、医疗机构有关传染病的调查、检验、采集样本、隔离治疗等预防、控制措施，如实提供有关情况……”

法律是调整社会关系的综合，维护公共利益和社会秩序，是法追求的重要价值之一。个人信息保护法特别规定了本项无需获取个人同意的合法处理个人信息的事由。根据《突发公共卫生事件应急条例》第二条的规定，“突发公共卫生事件”是指突然发生，造成或者可能造成社会公众健康严重损害的重大传染病疫情、群体性不明原因疾病、重大食物和职业中毒以及其他严重影响公众健康的事件。在制定全国突发事件应急预案时，应当包括突发事件信息的收集、分析、报告、通报制度。而“紧急情况”则是发生或者即将发生的一系列不可预见的突发事件，亟须相关主体及时介入并采取相应措施，以避免、消除或者减少因紧急情况所致的一切危害后果，例如地震、水灾、大规模恶性冲突事件等。

需要强调的是，即便是为了应对突发公共卫生事件或者紧急情况，对个人信息的收集和处理也应当遵守“必要”和“目的专用”的原则，个人信息处理者应当在合理的限度范围内开展处理活动，不得超范围收集或者过度处理个人信息，更不能无正当理由泄露、公开或者交易所掌握的个人信息。正如传染病防治法第十二条规定，“……疾病预防控制机构、医疗机构不得泄露涉及个人隐私的有关信息、资料。卫生行政部门以及其他有关部门、疾病预防控制机构和医疗机构因违法实施行政管理或者预防、控制措施，侵犯单位和个人合法权益的，有关单位和个人可以依法申请行政复议或者提起诉讼”。而个人信息保护法也将本项的适用严格限定在“为保护自然人的生命健康和财产安全所必需”的限度范围内，以防止侵害个人信息的行为。

五、公益新闻报道或舆论监督所需

第十三条第一款第五项规定，相关主体“为公共利益实施新闻报道、舆论监督等行为，在合理的范围内处理个人信息”亦无需征得个人的同意。新闻传播对于人类社会的发展具有不可或缺的重要性，人们在生产和共同生活过程中形成人与人之间的社会关系，从法律的角度而言，新闻报道是对公民言论自由和知情权的尊重；而从传播学的角度而言，新闻报道同时具有一定的社会规范功能，能够发挥舆论监督或者消除谣言的重要作用。

在我国的相关法律规定中，新闻报道常常成为权利限制或例外的正当事由之一，例如著作权法第二十四条第一款第三项将“为报道新闻，在报纸、期刊、广播电台、电视台等媒体中不可避免地再现或者引用已经发表的作品”作为一类作品合理使用的情形。民法典第九百九十九条规定，“为公共利益实施新闻报道、舆论监督等行为的，可以合理使用民事主体的姓名、名称、肖像、个人信息等……”民法典第一千零二十条第二项规定，“为实施新闻报道，不可避免地制作、使用、公开肖像权人的肖像”可以不经肖像权人同意，此外，第一千零二十五条规定，“行为人为公共利益实施新闻报道、舆论监督等行为，影响他人名誉的，不承担民事责任……”

同样地，个人信息保护法也将新闻报道和舆论监督列为一类无需征得个人同意的情形之一。然而，需要注意的是，与其他法律规定相较，第十三条第一款第五项的适用，增加了更多的限制性条件，要求处理个人信息的目的必须是“为公共利益”，具体行为是“实施新闻报道、舆论监督等行为”，且处理个人信息的限度必须要求在“合理的范围内”。在这三个限制性要件中，如何把握“合理的范围内”则需要在具体个案的司法或者执行过程中具体来判定。若是过度收集并公开了与该新闻事件无直接关系的人员家属的个人信息，导致无辜者遭受“人肉搜索”或者“网络暴力”，则显然不属于本项所要求的在合理的限度范围内。

六、依法合理公开的个人信息

第十三条第一款第六项规定，相关主体“依照本法规定在合理的范围内处理个人自行公开或者其他已经合法公开的个人信息”也无需取得个人同意便可处理个人信息。在个人信息保护法的起草过程中，草案第一次审议稿并无相关的规定，草案第二次审议稿增加“依照本法规定在合理的范围内处理已公开的个人信息”的规定，将“已公开”的个人信息作为需要获取个人同意的一种例外情形，在一定程度上鼓励了个人信息的流通。然而，“已公开”既包括自我主动公开，也包括被迫公开或者在不知情的情况下被他人公开等情形。“自行公开”是个人对于自身个人信息自主支配的表现，是个人愿意或者期望他人知悉或接触其信息的意思表示，因此法律应予尊重。但是被迫公开或者在不知情的情况下被他人公开等情形则是违反个人意思自治的表现，且会对个人造成潜在的伤害。

鉴于此，本法最终在草案第二次审议稿的基础之上，增加了“个人自行公开或者其他已经合法公开”的表述，将除个人自行公开之外的其他公开方式严格限定在“合法”的基础之上。此外，本项的适用还需同时要求满足“依照本法规定”和“在合理的范围内”两项限制条件。根据个人信息保护法第二十七条的规定，“个人信息处理者可以在合理的范围内处理个人自行公开或者其他已经合法公开的个人信息；个人明确拒绝的除外。个人信息处理者处理已公开的个人信息，对个人权益有重大影响的，应当依照本法规定取得个人同意”。因此，如若个人明确拒绝处理其已公开的个人信息，那么个人信息处理者不得进行处理活动；且若处理已公开的个人信息，会对个人权益产生重大影响，则仍应当征得个人的同意。

【适用指南】

在“告知-同意”的架构下，个人信息处理者主要基于“个人同意”来处理个人信息，然而在实践中，取得个人同意的手段、方式愈加复杂，导致一些个人信息处理者征得同意的目的流于“应付”，而个人的“同意”行为也可能出于“无奈”。因此，个人信息保护法第十三条的规定，对于个人信息处理者而言是利好的，不仅明确规定了取得个人的同意、合同或人力资源管理所需、法定职责或义务所需、突发事件或紧急情况所需、公益新闻报道或舆论监督所需、依法合理公开的个人信息共计六类无需征得个人同意的例外情形，同时还有兜底条款为日后新出现的其他情形留出空间。因此，个人信息处理者应根据本条的规定，对所涉及的个人信息处理活动之目的、方式、范围等内容进行合规性审查，论证该行为是否涉及本条规定涉及的法定情形，以及是否满足相应款项规定的限制性适用条件，如满足，则无需征得个人同意，便可开展个人信息处理活动；如若不满足，仍需根据本法的规定，获取个人的同意。

【相关规定】

《中华人民共和国民法典》第一百一十一条、第四百六十四条、第四百六十五条、第九百九十九条、第一千零二十条、第一千零二十五条、第一千零三十五条、第一千零三十六条；《中华人民共和国刑法》第二百五十三条；《中华人民共和国数据安全法》第一条、第十三条、第三十八条；《中华人民共和国网络安全法》第四十一条、第四十五条；《中华人民共和国消费者权益保护法》第二十九条；《中华人民共和国电子商务法》第八十七条；《中华人民共和国劳动合同法》第一条、第三条；《中华人民共和国反恐怖主义法》第五十一条；《中华人民共和国反洗钱法》第十六条；

《中华人民共和国传染病防治法》第十二条、第十八条、第三十三条、第三十四条、第三十五条、第三十六条、第三十八条；《中华人民共和国著作权法》第二十四条；《中华人民共和国个人信息保护法》第五条、第十四条、第十五条、第十六条、第十七条、第十八条、第二十一条、第二十二条、第二十三条、第二十五条、第二十六条、第二十七条、第二十九条、第三十一条、第三十九条、第四十七条；《全国人民代表大会常务委员会关于加强网络信息保护的决定》第二条、第七条；《中国银保监会监管数据安全管理办法（试行）》第五条；《突发公共卫生事件应急条例》第二条、第十一条、第十九条、第四十条。

第十四条　【个人同意的类型】 基于个人同意处理个人信息的，该同意应当由个人在充分知情的前提下自愿、明确作出。法律、行政法规规定处理个人信息应当取得个人单独同意或者书面同意的，从其规定。

个人信息的处理目的、处理方式和处理的个人信息种类发生变更的，应当重新取得个人同意。

【条文主旨】

本条是关于基于个人同意处理个人信息时一般同意、特殊同意以及重新同意三种同意类型的规定。

【条文理解】

根据个人信息保护法第十三条的规定，基于个人同意是个人信息处理者处理个人信息的一项主要的法定情形，第十四条在第十三条的基础上，进一步规定了不同情形之下同意的方式和类型。在同意规则的设计上，中国与欧盟均采取“进入机制”（Opt-in），即非经个人同意，不得对其个人信息进行处理。在“进入机制”的同意模式上，中国作出较欧盟更为严格的规定。关于同意的方式，民法典、网络安全法、消费者权益保护法等法律仅原则性地规定了应当取得“同意”，但没有进行类型的划分。《信息安全技术 个人信息安全规范》和《信息安全技术 个人信息告知同意指南（征求意见稿）》则提出了“明示同意”（explicit consent）和“授权同意”（consent）的概念。“明示同意”指个人信息主体通过书面、口头等方式主动作出纸质或电子形式的声明，或者自主作出肯定性动作，对其个人信息进行特定处理作出明确授权的行为。肯定性动作包括个人信息主体主动勾选，主动点击“同意”“注册”“发送”“拨打”，主动填写或提供等。而“授权同意”是指个人信息主体对其个人信息进行特定处理作出明确授权的行为。包括通过积极的行为作出授权（即明示同意），或者通过消极的不作为而作出授权（如信息采集区域内的个人信息主体在被告知信息收集行为后没有离开该区域）。与此不同的是，个人信息保护法未直接采用“明示同意”和“授权同意”的概念。根据第十四条的规定，基于不同的标准，可以将个人同意的方式划分为不同的类型。以同意的具体方式要求为标准，可以分为“一般同意”和“特殊同意”；以同意作出的先后时间顺序为标准，可以分为“初次同意”和“重新同意”。

一、一般同意

个人信息保护法第十四条第一款前半部分规定，“基于个人同意处理个人信息的，该同意应当由个人在充分知情的前提下自愿、明确作出。”这一规定是对个人同意的一般性规定，即个人同意行为的作出应当建立在个人充分知情的前提下，且必须是个人以明确的方式自愿作出。真实有效的“同意”需要建立在“充分知情”的基础之上，这是对个人知情权的尊重和保障。关于知情权的规定，消费者权益保护法第八条规定，“消费者享有知悉其购买、使用的商品或者接受的服务的真实情况的权利。消费者有权根据商品或者服务的不同情况，要求经营者提供商品的价格、产地、生产者、用途、性能、规格、等级、主要成份、生产日期、有效期限、检验合格证明、使用方法说明书、售后服务，或者服务的内容、规格、费用等有关情况”。个人信息保护法第四十四条规定，“个人对其个人信息的处理享有知情权、决定权，有权限制或者拒绝他人对其个人信息进行处理……”个人在不知情或者不完全知情的情况下作出“同意”的意思表示是存在效力瑕疵的，因此，个人信息处理者在处理个人信息时应当充分保障个人的知情权。

个人知情与否以及知情是否充分，在很大程度上取决于个人信息处理者是否告知以及其告知方式和告知程度。个人信息保护法第七条规定，“处理个人信息应当遵循公开、透明原则，公开个人信息处理规则，明示处理的目的、方式和范围”。个人信息处理者有主动告知的义务，因为个人信息处理者最为了解和清楚其为何要收集特定的个人信息以及其将如何收集和处理，且其处理活动可能会对个人产生何种影响等。因此，只有个人信息处理者主动充分告知，个人的“充分知情”才有可能实现。告知是个人信息处理者的义务，同意是个人的权利，告知是同意的基础，而同意取决于告知，在法律规定无需告知的情况下，自然也就无需获取个人的同意；相反，在无需同意的情形下，并不当然免除个人信息处理者的告知义务。

关于告知的规定，个人信息保护法第十七条规定，“个人信息处理者在处理个人信息前，应当以显著方式、清晰易懂的语言真实、准确、完整地向个人告知下列事项……”第十八条规定了可以不予告知的例外情形，第二十二条、第三十条、第三十五条、第三十九条还规定了特殊场景下的告知义务。此外，消费者权益保护法第二十六条规定，“经营者在经营活动中使用格式条款的，应当以显著方式提请消费者注意商品或者服务的数量和质量、价款或者费用、履行期限和方式、安全注意事项和风险警示、售后服务、民事责任等与消费者有重大利害关系的内容，并按照消费者的要求予以说明……”为了提高交易效率，实践中大多数情况的“一般同意”都是通过“格式条款”的途径来实现的，因此，对于与个人具备重大利害关系的内容，还需采取特别的告知方式重点提示个人予以留意，以保证个人充分知悉。

二、特殊同意

个人信息保护法第十四条第一款后半部分规定，“法律、行政法规规定处理个人信息应当取得个人单独同意或者书面同意的，从其规定。”实践中，个人信息的类型及适用场景纷繁复杂，个人信息保护法没有采用“一刀切”的方式，规定统一适用“一般同意”，而是根据不同情形，差异化地规定了不同层次和要求的同意类型。相较“一般同意”，“单独同意”或“书面同意”仅需在法律、行政法规规定的特定情形中方才适用，因为在这些情形中，对个人信息处理者需要提出更为严格的要求，才能保障个人实现充分的知情权。因此，将“单独同意”或“书面同意”统称为“特殊同意”。

1. 单独同意

关于“单独同意”的含义，相关规定并未给出明确的界定，但基于文义解释和体系解释的方法可知，“单独同意”强调独立性、针对性、突出性和可感知性，因而有别于集体同意、概括同意、一揽子同意或者捆绑同意等形式。“单独同意”要求特定场景中的个人信息处理者必须就其处理个人信息的目的、方式、范围、时间等关键内容向个人进行充分告知，且必须单独取得个人的同意，而非仅基于其他场景或者时间段获得的同意就开展个人信息的处理活动。因此，在“单独同意”这一同意类型下，个人信息处理者应做到“一告知、一同意、一处理”，避免采取变相或者隐匿的方式，欺骗或者诱导个人做出非其真实、自愿的意思表示，从而损害个人的合法权益。此外，对于“单独同意”作出的具体形式而言，法律并未规定必须以书面形式作出，因而“单独同意”可以采用书面形式、口头形式或者其他形式作出，但若个人信息处理者和个人之间在处理个人信息事宜时有特殊约定，应相应采用特定的形式。

根据个人信息保护法第十四条的规定，只有在法律、行政法规规定的情形中，才需采取“单独同意”的方式。对此，个人信息保护法中规定个人信息处理者应当采取“单独同意”的场景可参见下表：

序号	场景	法律规定
1	向其他个人信息处理者提供所处理的个人信息	第二十三条　个人信息处理者向其他个人信息处理者提供其处理的个人信息的，应当向个人告知接收方的名称或者姓名、联系方式、处理目的、处理方式和个人信息的种类，并取得个人的单独同意。接收方应当在上述处理目的、处理方式和个人信息的种类等范围内处理个人信息。接收方变更原先的处理目的、处理方式的，应当依照本法规定重新取得个人同意。
2	公开所处理的个人信息	第二十五条　个人信息处理者不得公开其处理的个人信息，取得个人单独同意的除外。
3	用于维护公共安全目的之外的其他目的	第二十六条　在公共场所安装图像采集、个人身份识别设备，应当为维护公共安全所必需，遵守国家有关规定，并设置显著的提示标识。所收集的个人图像、身份识别信息只能用于维护公共安全的目的，不得用于其他目的；取得个人单独同意的除外。
4	处理敏感个人信息	第二十九条　处理敏感个人信息应当取得个人的单独同意；法律、行政法规规定处理敏感个人信息应当取得书面同意的，从其规定。
5	向中华人民共和国境外提供个人信息	第三十九条　个人信息处理者向中华人民共和国境外提供个人信息的，应当向个人告知境外接收方的名称或者姓名、联系方式、处理目的、处理方式、个人信息的种类以及个人向境外接收方行使本法规定权利的方式和程序等事项，并取得个人的单独同意。

此外，关于“单独同意”，一个值得思考的问题是，“同意”和“单独同意”，应当是并列关系、包含关系还是交叉关系呢？对于这一问题，目前存在不同的观点：一类观点认为，二者应当是包含的关系，即“同意”包含“单独同意”，“单独同意”是“同意”的一类子集。按照如此理解的话，如若非基于个人信息保护法第十三条第一款第一项“取得个人的同意”事由来处理个人信息，那么也无需再适用“单独同意”，换言之，如若按照法律规定，个人信息处理者在特定场景中无需取得个人同意，那么也相应不需要取得个人的“单独同意”。例如，电子商务的经营者在向消费者交付商品时，会将消费者的姓名、电话、地址提供给快递物流的服务者，根据个人信息保护法第二十三条的规定，这属于“向其他个人信息处理者提供其处理的个人信息”，应当取得个人的单独同意，但这同时也可能属于第十三条第一款第二项“为订立、履行个人作为一方当事人的合同所必需”，无需取得个人的同意，因此也就无需再取得个人的单独同意。另一类观点则认为，“单独同意”并不单纯是“同意”的子集，而是一种更高标准的“同意”。也就是说，个人信息保护法第十三条规定的无需同意的法定情形，并不能当然消除或者豁免个人信息处理者取得个人“单独同意”的义务，无论基于何种无需“同意”的法定情形处理个人信息，在法律规定的特定场景中，“单独同意”仍然是必不可少的。笔者认为，个人信息保护法第十四条第一款一开始就规定了“基于个人同意处理个人信息的……”因此，第十四条中的“一般同意”和“特殊同意”均是建立在第十三条第一款第一项“取得个人的同意”的基础之上的。因此，如若按照法律规定，无需取得个人同意，那么“一般同意”和“特殊同意”适用的前提条件也就不存在了，也就无需再适用“单独同意”。至于个人信息保护法中规定的应当采取“单独同意”的五类场景中，若同时涉及第十三条第一款第二项至第七项的情形，则就属于法条适用的选择，甚至是法律条文适用之间的竞合问题，应当基于具体的情况来选择判断。

2. 书面同意

关于“书面同意”的定义，个人信息保护法亦未给出明确的界定，但根据民法典第四百六十九条规定“……书面形式是合同书、信件、电报、电传、传真等可以有形地表现所载内容的形式。以电子数据交换、电子邮件等方式能够有形地表现所载内容，并可以随时调取查用的数据电文，视为书面形式”。基于此，“书面同意”可以理解为个人信息处理者在特定场景下处理个人信息应当以纸质或者能够有形地表现所载内容的电子形式来获取个人的同意。与“单独同意”一样，“书面同意”也仅要求是在法律、行政法规规定的情形下方才适用。例如，个人信息保护法第二十九条规定，“……法律、行政法规规定处理敏感个人信息应当取得书面同意的，从其规定”。作为特殊情形下的一类同意方式，法律规定“书面同意”仅在特定的场景才适用，但是，在实践中，从合规的角度而言，“书面同意”有助于个人信息处理者保留相关证据，较“口头同意”等方式更有利于个人信息处理者有效控制合规风险。

三、重新同意

个人信息保护法第十四条第二款规定，“个人信息的处理目的、处理方式和处理的个人信息种类发生变更的，应当重新取得个人同意”。个人信息的流动性决定了个人信息的处理不可能处于静止的状态，同一个人信息很可能“流淌”于不同的处理环节，基于不同的目的被使用。在“初次同意”时，个人与个人信息处理者往往就个人信息的处理目的、方式等内容达成一致，个人信息处理者经个人同意后方可使用。根据民法典第一百三十六条的规定，民事法律行为自成立时生效，行为人非依法律规定或者未经对方同意，不得擅自变更民事法律行为。个人与个人信息处理者经“初次同意”形成合意，就个人信息的处理事项已达成协议，为了保护个人的基本信赖利益，也为了维护个人的知情权等合法权益，如若个人信息的重要处理事项发生变更，应当及时告知个人并就变更事项重新取得个人的同意。个人信息的处理目的、方式以及个人信息的种类，是个人信息处理行为相关的实质性内容，一旦发生变化，会对个人产生实质性影响，若个人信息处理者仅依据“初次同意”便可处理，则很可能会侵害个人的相关权益。因此，“初次同意”并不能成为后续所有处理行为的正当依据，当个人信息的处理目的、方式以及个人信息的种类发生变化时，应当重新取得个人的同意。

“初次同意”和“重新同意”是以同意作出的先后时间顺序为标准来进行划分的，与“一般同意”和“特殊同意”处于不同的维度划分。因此，在“重新同意”的场景下，仍然需要像“初次同意”一样，遵循“一般同意”和“特殊同意”的规定。在具体的适用场景中，个人信息保护法规定了两类需要“重新同意”的情形：一类是本法第二十二条的规定，“个人信息处理者因合并、分立、解散、被宣告破产等原因需要转移个人信息的，应当向个人告知接收方的名称或者姓名和联系方式。接收方应当继续履行个人信息处理者的义务。接收方变更原先的处理目的、处理方式的，应当依照本法规定重新取得个人同意”。另一类是本法第二十三条的规定，“个人信息处理者向其他个人信息处理者提供其处理的个人信息的，应当向个人告知接收方的名称或者姓名、联系方式、处理目的、处理方式和个人信息的种类，并取得个人的单独同意。接收方应当在上述处理目的、处理方式和个人信息的种类等范围内处理个人信息。接收方变更原先的处理目的、处理方式的，应当依照本法规定重新取得个人同意”。

【适用指南】

个人信息保护法第十四条规定了基于个人同意处理个人信息时应当根据不同情形采取的获取个人同意的不同方式。个人信息处理者应当及时梳理自身的业务类型以及涉及个人信息处理的各个环节，首先判断相应的个人信息处理行为是否落入个人信息保护法第十三条第一款第一项规定的需要“取得个人的同意”的情况，如是，则需要进一步根据第十四条来判断此等同意应当采取何种类型，即基于具体的个人信息处理行为来判断是采取“一般同意”即可，还是需要采取要求更为严格的“特殊同意”和“重新同意”。对于“特殊同意”中的“单独同意”、“书面同意”以及“重新同意”的具体适用情形，个人信息保护法已明确规定了不同的适用场景，个人信息处理应认真对照分类，并根据法律规定采取相应的处理措施。此外，无论何种类型的同意，均要求是个人在充分知情的前提之下自愿、明确作出的，要做到“充分知情”，就需要个人信息处理者进行“充分告知”，尤其是涉及个人实质性利益的相关内容，告知的方式则可以结合技术手段，采取弹窗、加粗、下划线等显著的方式重点提示个人，而个人则可以通过点击“已明确知悉，同意继续使用”等按钮来主动明确地表达自己的意愿，以此满足“明确”要件的要求。当个人明确表示拒绝被收集相关信息时，不得强迫或者变相获取个人同意，同时，若个人信息的处理目的、处理方式和处理的个人信息种类发生变更的，应当重新取得个人同意，这些都是对“自愿”这一要件的基本要求。最后，诸如医疗、金融等特殊领域中个人信息处理行为，还应当留意遵守相关的行业规定。

【相关规定】

《中华人民共和国民法典》第一百三十六条、第四百六十九条、第四百八十八条、第一千零三十三条、第一千零三十五条、第一千零三十六条、第一千零三十八条；《中华人民共和国网络安全法》第二十二条、第四十一条、第四十二条；《中华人民共和国消费者权益保护法》第八条、

第十三条、第十九条、第二十六条；《中华人民共和国电子商务法》第九条、第十九条；《中华人民共和国个人信息保护法》第七条、第十三条、第十七条、第十八条、第二十二条、第三十条、第三十五条、第三十九条、第四十四条。

第十五条　【个人同意的撤回】基于个人同意处理个人信息的，个人有权撤回其同意。个人信息处理者应当提供便捷的撤回同意的方式。

个人撤回同意，不影响撤回前基于个人同意已进行的个人信息处理活动的效力。

【条文主旨】

本条是关于基于个人同意处理个人信息时个人同意撤回的规定。

【条文理解】

个人信息保护法第十三条、第十四条分别规定了作为一类处理个人信息法定事由的个人同意及其同意类型，第十五条则规定了个人同意的撤回。关于同意撤回的规定，欧盟等司法辖区的相关法律均有所规定，已成为全球个人信息保护立法的重要内容。我国民法典、网络安全法、数据安全法等法律未对个人信息主体的撤回权作出规定，但在 2019 年 8 月公布的《儿童个人信息网络保护规定》第二十条中规定了儿童监护人撤回同意后的请求删除权。此外，《信息安全技术 个人信息安全规范》第 8.4 条规定了个人信息主体撤回授权同意时，个人信息控制者应当满足的要求。第 8.7 条则规定了个人信息控制者应当设置便捷的交互式页面提供功能或选项，以便于个人信息主体行使撤回授权同意的权利。《信息安全技术 个人信息安全规范》对个人信息主体的撤回权率先作出了规定，但鉴于其属于推荐性国家标准，并不具有法律的强制执行力，因而在适用上具有一定的局限性，但个人信息保护法的出台，纳入和完善了个人信息主体撤回权的规定，提升了其法律效力的位阶，更好地保护了个人信息主体对其信息的自主支配权和决定权。

一、撤回同意权的含义

个人同意的撤回，是个人信息主体对其自身权利的一种处分方式，是对其作出“同意”这一意思表示的撤回。民法典第一百四十一条规定，“行为人可以撤回意思表示。撤回意思表示的通知应当在意思表示到达相对人前或者与意思表示同时到达相对人”。根据民法典的规定可知，“撤回”不同于“撤销”，二者最关键的区别在于意思表示到达相对人的先后时间顺序，“撤回”要求意思表示到达相对人之前或者同时到达相对人；而“撤销”则适用于意思表示抵达相对人之后。然而，个人信息保护法中关于撤回同意权的规定，显然与民法典中的“撤回”含义有所不同，因为实践中，撤回同意权的行使往往发生在个人信息主体的同意行为生效之后。同时，个人信息保护法中的撤回同意权也等同于民法典中的“撤销”，因为民法典中规定的撤销权是具有溯及既往的效力的，而撤回同意权却不具备。此外，还需注意的是，撤回同意权也不等同于“删除权”，二者并非连带的关系，撤回同意权的行使并不必然产生删除权的效力，二者是个人信息保护法赋予个人信息主体的两个分别独立的权利。

二、撤回同意权的适用范围

个人信息保护法第十五条第一款前半部分规定，“基于个人同意处理个人信息的，个人有权撤回其同意”。由此可见，个人信息主体的撤回同意权的适用是存在范围限定的。个人信息保护法第十三条第一款规定了七项个人信息处理者处理个人信息的法定情形，但仅第一项需要经得个人信息主体的同意，其他几项并不需要。因此，如若不是基于个人同意这一法定事由来处理个人信息的，个人信息主体则不可以行使撤回其同意的权利。例如，公安机关为了履行户籍管理的职责，需要收集、储存公民的姓名、指纹、家庭关系等基本信息，此时个人信息主体则无权撤回此前已经同意提交给公安机关的个人信息，因为此处的个人信息处理者属于“为履行法定职责或者法定义务所必需”的情形。

三、撤回同意的便捷原则

个人信息保护法第十五条第一款后半部分规定，“个人信息处理者应当提供便捷的撤回同意的方式”。个人信息保护法第十五条第一款前半部分赋予了个人信息主体撤回其同意的权利，为个人信息主体提供了“反悔”的途径。然而，在实践中，这一权利的行使常常遇到诸多阻碍，导致个人信息主体无法撤回同意或者撤回同意的成本非常高昂，从而使得这一权利的设置流于形式。为了避免这一问题，个人信息保护法特别引入了撤回同意权的“便捷原则”，即个人信息处理者有义务为个人信息主体提供便捷地撤回同意的途径或方式。至于“便捷”的理解，个人信息保护法虽未给出界定，但从文义解释和体系解释而言，个人信息处理者首先需要提供撤回同意的途径，其次，个人信息主体撤回同意的难易程度应当与其作出同意之时的程度相当，撤回的难度不能大于同意的难度。例如，个人信息处理者可以在适当的位置采取醒目的方式为个人信息主体提供撤回的按钮或者选项，同时确保整个撤回的流程和程序清晰、简单、易懂且处理完成后还能有所反馈等。

四、撤回同意的法律效力

关于个人信息主体行使同意撤回权后，可能产生的法律效力有：

1. 效力特定。个人信息保护法第四条第二款规定，“个人信息的处理包括个人信息的收集、存储、使用、加工、传输、提供、公开、删除等”。由此可见，个人信息的处理行为涉及个人信息整个生命周期的各个环节，而每个环节均可能涉及“告知-同意”，同时也可能存在同意的撤回。因此，个人信息主体在行使撤回同意权时，也应当指明拟撤回的个人信息的范围、种类等事项，而撤回同意权的效力也应限定在个人信息主体所指定的范围内，且不同环节同意的撤回，并不影响其他环节已生效同意的效力，个人信息处理者仍然可以基于已获取的有效同意继续处理相应的个人信息。

2. 不溯及既往。个人信息保护法第十五条第二款规定，“个人撤回同意，不影响撤回前基于个人同意已进行的个人信息处理活动的效力”。在个人信息的整个生命周期中，涉及方方面面和各个环节，即便是单一个人信息，也有可能产生“牵一发而动全身”的后果。因此，为了保护个人信息相关利益主体的合法信赖利益，也为了维持市场的公平交易秩序，个人信息保护法规定个人信息主体的同意撤回权，不具有溯及既往的法律效力，即同意的撤回并不影响撤回同意权行使之前的已经发生或者正在进行的个人信息处理活动，但同意撤回之时以及撤回之后，个人信息处理者便不再有权利处理相应的个人信息。

3. 不得借口拒绝。个人信息保护法第十六条规定，“个人信息处理者不得以个人不同意处理其个人信息或者撤回同意为由，拒绝提供产品或者服务；处理个人信息属于提供产品或者服务所必需的除外”。因此，如若个人信息主体拟撤回同意的个人信息不是个人信息处理者提供产品或者服务所必需，那么个人信息处理者不得仅因为个人信息主体撤回同意而拒绝为其提供相应的产品或者服务。关于第十六条的理解，本书将在下文进行详细解读，本处不再赘述。

4. 删除请求权。个人信息保护法第四十七条规定，“有下列情形之一的，个人信息处理者应当主动删除个人信息；个人信息处理者未删除的，个人有权请求删除：……（三）个人撤回同意；……法律、行政法规规定的保存期限未届满，或者删除个人信息从技术上难以实现的，个人信息处理者应当停止除存储和采取必要的安全保护措施之外的处理”。由此可见，个人信息主体撤回同意权的行使，还可能涉及删除权的适用，即当个人信息主体撤回同意之后，个人信息处理者应当主动删除个人信息，但是若删除存在技术上的不可操作性或者其他法定事由，则可以不完全删除，仅停止相应的处理行为即可。因此，撤回同意权并不必然引发删除个人信息的法律后果，还要根据具体的情况来具体分析。

【适用指南】

个人信息保护法第十五条赋予了个人信息主体撤回其同意的权利，根据本条规定，个人信息处理者应当：

1. 及时厘清个人信息处理流程中涉及基于个人同意事由的处理行为及处理环节。

2. 在隐私声明或者在与个人信息主体协议中的隐私条款中，增加“撤回同意权”的说明，明确告知个人信息主体所享有的该项权利、权利的内容以及如何行使该项权利。

3. 结合业务流程和技术手段，在与个人信息主体交互的页面中增加或者完善“同意撤回”的选项。

4. “同意撤回”的选项应当满足易被发现、易操作的“便捷原则”，且个人信息处理者还应当设置问题反馈机制，以便在个人信息主体撤回同意遇到阻碍时，可以及时联系到个人信息处理者。

5. 待个人信息主体请求“撤回”的响应完成后，个人信息处理者应当设置反馈机制，告知个人信息主体响应处理的结果。

6. 个人信息主体撤回同意完成之后，个人信息处理者不得仅因同意的撤回就当然拒绝为个人信息主体提供相应产品或者服务，同时也要积极主动履行删除相应个人信息的义务，当然，这两项义务也存在例外的情形，若个人信息处理者满足相应条件，亦可不用履行。

【相关规定】

《中华人民共和国民法典》第一百四十一条、第一百四十七条、第一百五十二条、第一百九十九条；《中华人民共和国个人信息保护法》第四条、第十三条、第十四条、第十六条、第四十七条；《儿童个人信息网络保护规定》第二十条。

第十六条　【不得拒绝提供产品或服务的情形】个人信息处理者不得以个人不同意处理其个人信息或者撤回同意为由，拒绝提供产品或者服务；处理个人信息属于提供产品或者服务所必需的除外。

【条文主旨】

本条是关于个人信息处理者不得因个人信息主体拒绝或者撤回同意为由拒绝提供产品或服务的规定。

【条文理解】

个人信息保护法第十五条规定了个人信息主体的撤回同意权，第十六条顺承第十五条的规定，进一步规定了行使撤回同意权的法律影响，即个人信息处理者不得因此拒绝提供产品或服务。个人信息保护法第五条规定，“处理个人信息应当遵循合法、正当、必要和诚信原则，不得通过误导、欺诈、胁迫等方式处理个人信息”。第十六条的规定即是处理个人信息“必要性原则”的体现。实践中，个人信息主体的“同意”往往流于形式，其中一个关键的症结就在于，个人虽然享有自主选择“同意”或者“不同意”的权利，但实际上个人并没有拒绝“同意”的选择，因为大多时候拒绝“同意”即意味着不能使用相应的产品或者服务，导致个人信息主体“被迫”或者“不情愿”地选择“同意”，以换取需要的产品或服务，即便是被收集的个人信息与个人信息处理者所提供的产品或服务根本不相关，也是如此。例如，在使用一些新闻聚合类 App 时，个人原本的目的仅是想要浏览新闻，却被要求收集手机通讯录信息或者开启手机定位功能，这实际上不符合个人信息处理的“必要性原则”。

一、个人信息处理者不得拒绝提供产品或服务的情形

个人信息保护法第十六条前半部分规定了两类个人信息处理者不得拒绝提供产品或服务的情形：（1）个人信息处理者不得以个人不同意处理其个人信息为由，拒绝提供产品或者服务。（2）个人信息处理者不得以个人撤回同意为由，拒绝提供产品或者服务。在这两类情形中，无论个人信息主体是在最初拒绝，还是同意后再撤回，均表明了不愿意被收集和处理其个人信息的意思表示，应当予以尊重，但这并不表明个人信息主体同时也拒绝使用相关产品或服务，只要个人信息主体所拒绝被处理的个人信息不会影响相应产品的基础运行或者相应服务的提供，那么个人信息处理者则不应当拒绝提供相应产品或者服务。正如《常见类型移动互联网应用程序必要个人信息范围规定》第四条的规定，“App 不得因为用户不同意提供非必要个人信息，而拒绝用户使用其基本功能服务”。

二、个人信息处理者可以拒绝提供产品或服务的情形

个人信息保护法第十六条后半部分则同时作出了不得拒绝提供产品或服务的除外规定，即如若所处理的个人信息属于提供产品或者服务所必需的，那么个人信息处理者可以拒绝提供相应产品或服务，因为没有那些必要的个人信息，这些产品或服务就无法运行或者发挥不了应有的功能。《信息安全技术 个人信息安全规范》附录 C. 3b 也规定：“个人信息主体不同意收集基本业务功能所必要收集的个人信息的，个人信息控制者可拒绝向个人信息主体提供该业务功能。”

在判断个人信息处理者是否可以拒绝提供产品或服务时，最为关键的点在于判断所处理的个人信息是否为相关产品或服务所“必需”。对此，《常见类型移动互联网应用程序必要个人信息范围规定》第三条给出了“必要个人信息”的界定，即“本规定所称必要个人信息，是指保障 App 基本功能服务正常运行所必需的个人信息，缺少该信息 App 即无法实现基本功能服务。具体是指消费侧用户个人信息，不包括服务供给侧用户个人信息”。同时，该规定第五条还列举了诸如地图导航、网络约车、即时通讯、网络支付、网上购物等互联网应用程序的基本功能所必要的个人信息。《常见类型移动互联网应用程序必要个人信息范围规定》由国家互联网信息办公室秘书局、工业和信息化部办公厅、公安部办公厅、国家市场监督管理总局办公厅联合印发，对个人信息保护法第十六条中“必需”的理解和认定，具有重要的参考价值。

【适用指南】

关于个人信息保护法第十六条的适用，个人信息处理者关键需要及时梳理和把握，在相关业务的运行中或者个人信息处理的各个环节中：是否存在个人信息主体不同意处理其个人信息或者撤回其同意的情形，如是，接下来则需判断个人信息主体不同意处理或者撤回同意处理的个人是否为所提供产品或者服务所必需：

1. 如是，个人信息处理者可以选择拒绝为个人信息主体提供相应的产品或者服务。

2. 如否，个人信息处理者则不可以以此为由拒绝向个人信息主体提供相应产品或者服务。

至于是否“必需”的判断，可重点参考《App违法违规收集使用个人信息行为认定方法》第四条和《常见类型移动互联网应用程序必要个人信息范围规定》第五条的规定：

App违法违规收集使用个人信息行为认定方法

……

四、以下行为可被认定为“违反必要原则，收集与其提供的服务无关的个人信息”

1. 收集的个人信息类型或打开的可收集个人信息权限与现有业务功能无关；

2. 因用户不同意收集非必要个人信息或打开非必要权限，拒绝提供业务功能；

3. App新增业务功能申请收集的个人信息超出用户原有同意范围，若用户不同意，则拒绝提供原有业务功能，新增业务功能取代原有业务功能的除外；

4. 收集个人信息的频度等超出业务功能实际需要；

5. 仅以改善服务质量、提升用户体验、定向推送信息、研发新产品等为由，强制要求用户同意收集个人信息；

6. 要求用户一次性同意打开多个可收集个人信息的权限，用户不同意则无法使用。

……

常见类型移动互联网应用程序必要个人信息范围规定

……

第五条　常见类型 App 的必要个人信息范围：

（一）地图导航类，基本功能服务为“定位和导航”，必要个人信息为：位置信息、出发地、到达地。

（二）网络约车类，基本功能服务为“网络预约出租汽车服务、巡游出租汽车电召服务”，必要个人信息包括：

1. 注册用户移动电话号码；

2. 乘车人出发地、到达地、位置信息、行踪轨迹；

3. 支付时间、支付金额、支付渠道等支付信息（网络预约出租汽车服务）。

（三）即时通信类，基本功能服务为“提供文字、图片、语音、视频等网络即时通信服务”，必要个人信息包括：

1. 注册用户移动电话号码；

2. 账号信息：账号、即时通信联系人账号列表。

（四）网络社区类，基本功能服务为“博客、论坛、社区等话题讨论、信息分享和关注互动”，必要个人信息为：注册用户移动电话号码。

（五）网络支付类，基本功能服务为“网络支付、提现、转账等功能”，必要个人信息包括：

1. 注册用户移动电话号码；

2. 注册用户姓名、证件类型和号码、证件有效期限、银行卡号码。

（六）网上购物类，基本功能服务为“购买商品”，必要个人信息包括：

1. 注册用户移动电话号码；

2. 收货人姓名（名称）、地址、联系电话；

3. 支付时间、支付金额、支付渠道等支付信息。

（七）餐饮外卖类，基本功能服务为“餐饮购买及外送”，必要个人信息包括：

1. 注册用户移动电话号码；

2. 收货人姓名（名称）、地址、联系电话；

3. 支付时间、支付金额、支付渠道等支付信息。

（八）邮件快件寄递类，基本功能服务为“信件、包裹、印刷品等物品寄递服务”，必要个人信息包括：

1. 寄件人姓名、证件类型和号码等身份信息；

2. 寄件人地址、联系电话；

3. 收件人姓名（名称）、地址、联系电话；

4. 寄递物品的名称、性质、数量。

（九）交通票务类，基本功能服务为“交通相关的票务服务及行程管理（如票务购买、改签、退票、行程管理等）”，必要个人信息包括：

1. 注册用户移动电话号码；

2. 旅客姓名、证件类型和号码、旅客类型。旅客类型通常包括儿童、成人、学生等；

3. 旅客出发地、目的地、出发时间、车次/船次/航班号、席别/舱位等级、座位号（如有）、车牌号及车牌颜色（ETC 服务）；

4. 支付时间、支付金额、支付渠道等支付信息。

（十）婚恋相亲类，基本功能服务为“婚恋相亲”，必要个人信息包括：

1. 注册用户移动电话号码；

2. 婚恋相亲人的性别、年龄、婚姻状况。

（十一）求职招聘类，基本功能服务为“求职招聘信息交换”，必要个人信息包括：

1. 注册用户移动电话号码；

2. 求职者提供的简历。

（十二）网络借贷类，基本功能服务为“通过互联网平台实现的用于消费、日常生产经营周转等的个人申贷服务”，必要个人信息包括：

1. 注册用户移动电话号码；

2. 借款人姓名、证件类型和号码、证件有效期限、银行卡号码。

（十三）房屋租售类，基本功能服务为“个人房源信息发布、房屋出租或买卖”，必要个人信息包括：

1. 注册用户移动电话号码；

2. 房源基本信息：房屋地址、面积/户型、期望售价或租金。

（十四）二手车交易类，基本功能服务为“二手车买卖信息交换”，必要个人信息包括：

1. 注册用户移动电话号码；

2. 购买方姓名、证件类型和号码；

3. 出售方姓名、证件类型和号码、车辆行驶证号、车辆识别号码。

（十五）问诊挂号类，基本功能服务为“在线咨询问诊、预约挂号”，必要个人信息包括：

1. 注册用户移动电话号码；

2. 挂号时需提供患者姓名、证件类型和号码、预约挂号的医院和科室；

3. 问诊时需提供病情描述。

（十六）旅游服务类，基本功能服务为“旅游服务产品信息的发布与订购”，必要个人信息包括：

1. 注册用户移动电话号码；

2. 出行人旅游目的地、旅游时间；

3. 出行人姓名、证件类型和号码、联系方式。

（十七）酒店服务类，基本功能服务为“酒店预订”，必要个人信息包括：

1. 注册用户移动电话号码；

2. 住宿人姓名和联系方式、入住和退房时间、入住酒店名称。

（十八）网络游戏类，基本功能服务为“提供网络游戏产品和服务”，必要个人信息为：注册用户移动电话号码。

（十九）学习教育类，基本功能服务为“在线辅导、网络课堂等”，必要个人信息为：注册用户移动电话号码。

（二十）本地生活类，基本功能服务为“家政维修、家居装修、二手闲置物品交易等日常生活服务”，必要个人信息为：注册用户移动电话号码。

（二十一）女性健康类，基本功能服务为“女性经期管理、备孕育儿、美容美体等健康管理服务”，无须个人信息，即可使用基本功能服务。

（二十二）用车服务类，基本功能服务为“共享单车、共享汽车、租赁汽车等服务”，必要个人信息包括：

1. 注册用户移动电话号码；

2. 使用共享汽车、租赁汽车服务用户的证件类型和号码，驾驶证件信息；

3. 支付时间、支付金额、支付渠道等支付信息；

4. 使用共享单车、分时租赁汽车服务用户的位置信息。

（二十三）投资理财类，基本功能服务为“股票、期货、基金、债券等相关投资理财服务”，必要个人信息包括：

1. 注册用户移动电话号码；

2. 投资理财用户姓名、证件类型和号码、证件有效期限、证件影印件；

3. 投资理财用户资金账户、银行卡号码或支付账号。

（二十四）手机银行类，基本功能服务为“通过手机等移动智能终端设备进行银行账户管理、信息查询、转账汇款等服务”，必要个人信息包括：

1. 注册用户移动电话号码；

2. 用户姓名、证件类型和号码、证件有效期限、证件影印件、银行卡号码、银行预留移动电话号码；

3. 转账时需提供收款人姓名、银行卡号码、开户银行信息。

（二十五）邮箱云盘类，基本功能服务为“邮箱、云盘等”，必要个人信息为：注册用户移动电话号码。

（二十六）远程会议类，基本功能服务为“通过网络提供音频或视频会议”，必要个人信息为：注册用户移动电话号码。

（二十七）网络直播类，基本功能服务为“向公众持续提供实时视频、音频、图文等形式信息浏览服务”，无须个人信息，即可使用基本功能服务。

（二十八）在线影音类，基本功能服务为“影视、音乐搜索和播放”，无须个人信息，即可使用基本功能服务。

（二十九）短视频类，基本功能服务为“不超过一定时长的视频搜索、播放”，无须个人信息，即可使用基本功能服务。

（三十）新闻资讯类，基本功能服务为“新闻资讯的浏览、搜索”，无须个人信息，即可使用基本功能服务。

（三十一）运动健身类，基本功能服务为“运动健身训练”，无须个人信息，即可使用基本功能服务。

（三十二）浏览器类，基本功能服务为“浏览互联网信息资源”，无须个人信息，即可使用基本功能服务。

（三十三）输入法类，基本功能服务为“文字、符号等输入”，无须个人信息，即可使用基本功能服务。

（三十四）安全管理类，基本功能服务为“查杀病毒、清理恶意插件、修复漏洞等”，无须个人信息，即可使用基本功能服务。

（三十五）电子图书类，基本功能服务为“电子图书搜索、阅读”，无须个人信息，即可使用基本功能服务。

（三十六）拍摄美化类，基本功能服务为“拍摄、美颜、滤镜等”，无须个人信息，即可使用基本功能服务。

（三十七）应用商店类，基本功能服务为“App 搜索、下载”，无须个人信息，即可使用基本功能服务。

（三十八）实用工具类，基本功能服务为“日历、天气、词典翻译、计算器、遥控器、手电筒、指南针、时钟闹钟、文件传输、文件管理、壁纸铃声、截图录屏、录音、文档处理、智能家居助手、星座性格测试等”，无须个人信息，即可使用基本功能服务。

（三十九）演出票务类，基本功能服务为“演出购票”，必要个人信息包括：

1. 注册用户移动电话号码；
2. 观演场次、座位号（如有）；
3. 支付时间、支付金额、支付渠道等支付信息。

……

【相关规定】

《中华人民共和国个人信息保护法》第五条、第十五条；《常见类型移动互联网应用程序必要个人信息范围规定》第三条、第四条、第五条；《电信和互联网用户个人信息保护规定》第五条、第九条；《App 违法违规收集使用个人信息行为认定方法》第四条。

第十七条　【告知事项】 个人信息处理者在处理个人信息前，应当以显著方式、清晰易懂的语言真实、准确、完整地向个人告知下列事项：

（一）个人信息处理者的名称或者姓名和联系方式；

（二）个人信息的处理目的、处理方式，处理的个人信息种类、保存期限；

（三）个人行使本法规定权利的方式和程序；
（四）法律、行政法规规定应当告知的其他事项。
前款规定事项发生变更的，应当将变更部分告知个人。
个人信息处理者通过制定个人信息处理规则的方式告知第一款规定事项的，处理规则应当公开，并且便于查阅和保存。

【条文主旨】

本条是关于个人信息处理者在处理个人信息前应告知个人的事项的规定。

【条文理解】

一、告知同意原则

《全国人民代表大会常务委员会关于加强网络信息保护的决定》指明："网络服务提供者和其他企业事业单位在业务活动中收集、使用公民个人电子信息，应当遵循合法、正当、必要的原则，明示收集、使用信息的目的、方式和范围，并经被收集者同意，不得违反法律、法规的规定和双方的约定收集、使用信息。"而后，我国网络安全法第四十一条吸收了这一内容。我国民法典第一千零三十五条沿用了前述规定并加以细化："处理个人信息的，应当遵循合法、正当、必要原则，不得过度处理，并符合下列条件：（一）征得该自然人或者其监护人同意，但是法律、行政法规另有规定的除外；（二）公开处理信息的规则；（三）明示处理信息的目的、方式和范围；（四）不违反法律、行政法规的规定和双方的约定……"

前述规定为我国个人信息处理划定了基本的边界，亦即个人信息收集和使用应当遵循"告知-同意"原则，即个人信息处理者在收集和使用个人信息之时，应当对该特定个人就有关个人信息被收集和使用的情况进行充分的告知，并征得其明确同意。该原则旨在使个人了解其特定范围的个人信息将会被何主体以何种方式进行处理，通过促进个人信息处理过程的透明化而实现其信息自决权。这一原则亦在全球有关数据处理或个人信息保护的规范性文件中有所体现。例如，欧盟 GDPR 第六条"处理的合法性"规定："1. 只有在以下至少一项使用的情况下，处理才具有合法性：

（a）信息主体已同意出于一个或多个特定目的处理其个人信息……”；此外，GDPR 第八条“信息社会服务中适用儿童同意的条件”对儿童个人信息处理的情形还增加了监护人之同意。经济合作与发展组织在其《关于隐私保护和个人信息跨境流通的指南》的“国家适用的基本原则”中同样规定，个人信息的收集须在信息主体知情或同意的前提下以合法和公平的方式取得；这些信息应与处理目的相关，且该目的应早于数据的收集确定；个人信息非经信息主体同意或法律授权，不得对外披露、提供或改变使用目的。

二、何为“显著”“清晰易懂”的告知方式

个人信息保护法第十七条对我国有关规定进行了进一步细化。然而，除了“真实”“准确”与“完整”具有客观标准外，个人信息处理者的告知是否采取了“显著方式”“清晰易懂的语言”，我国个人信息保护法中并未设置明确评价标准。日后如颁布个人信息保护法实施细则等规范，势必应将其进行明确，以便于个人信息保护法的施行。

不过，现阶段个人信息保护法无标准可循并不意味着我国相关规则体系中全无评价标准。2019 年 11 月 28 日，国家互联网信息办公室、工业和信息化部、公安部、国家市场监督管理总局印发了《App 违法违规收集使用个人信息行为认定方法》，其中多处规定可作为评价“显著方式”“清晰易懂的语言”的参考。

例如，《App 违法违规收集使用个人信息行为认定方法》第一条规定：“以下行为可被认定为‘未公开收集使用规则’……2. 在 App 首次运行时未通过弹窗等明显方式提示用户阅读隐私政策等收集使用规则；3. 隐私政策等收集使用规则难以访问，如进入 App 主界面后，需多于 4 次点击等操作才能访问到；4. 隐私政策等收集使用规则难以阅读，如文字过小过密、颜色过淡、模糊不清，或未提供简体中文版等。”第二条规定：“以下行为可被认定为‘未明示收集使用个人信息的目的、方式和范围’1. 未逐一列出 App（包括委托的第三方或嵌入的第三方代码、插件）收集使用个人信息的目的、方式、范围等；2. 收集使用个人信息的目的、方式、范围发生变化时，未以适当方式通知用户，适当方式包括更新隐私政策等收集使用规则并提醒用户阅读等；3. 在申请打开可收集个人信息的权限，或申请收集用户身份证号、银行账号、行踪轨迹等个人敏感信息时，未同步告知用户其目的，或者目的不明确、难以理解；4. 有关收集使用规则的内容晦涩难懂、冗长繁琐，用户难以理解，如使用大量专业术语等。”

【适用指南】

企业在开展个人信息处理活动前，应当对个人信息的处理目的、处理方式，处理的个人信息种类、保存期限进行梳理，并以弹窗、提示阅读等方式将前述信息与其他应当告知个人的信息一同以易于访问且易于阅读的方式告知当事人。并且，企业应当提供便于操作的更正、删除个人信息及注销用户账号的功能，以及个人信息安全投诉、举报渠道，以确保个人可以方便地行使本法规定权利。

除此之外，企业在处理个人信息时，涉及不满十四周岁未成年人个人信息的，还应当参照个人信息保护法第三十一条规定，取得未成年人的父母或者其他监护人的同意。

【相关规定】

《中华人民共和国民法典》第一千零三十五条；《中华人民共和国网络安全法》第四十一条；《App 违法违规收集使用个人信息行为认定方法》。

第十八条　【告知事项的例外】个人信息处理者处理个人信息，有法律、行政法规规定应当保密或者不需要告知的情形的，可以不向个人告知前条第一款规定的事项。

紧急情况下为保护自然人的生命健康和财产安全无法及时向个人告知的，个人信息处理者应当在紧急情况消除后及时告知。

【条文主旨】

本条是关于在何种情形下个人信息处理者可不向（或不及时向）个人告知的规定。

【条文理解】

个人信息保护法第十八条的两款分别规定了两类告知事项的例外。第一款规定法律、行政法规规定应当保密或者不需要告知的情形的，可以不向个人告知。第二款则规定，在紧急情况下无法及时告知的，应在紧急情况消除后及时告知。

一、法定不予告知的情形

就个人信息保护法第十八条第一款而言，我国之所以在多部法律、行政法规中确立告知同意规则，其目的是通过提高个人信息处理过程的透明度，以保护个人的信息自决权；然而，当该个人信息处理活动涉及国家安全或公共利益时，个人权益应予让步，在这种情况下，即可以不向特定个人告知个人信息处理活动的有关事项。

例如，我国反恐怖主义法第五十一条规定："公安机关调查恐怖活动嫌疑，有权向有关单位和个人收集、调取相关信息和材料。有关单位和个人应当如实提供。"此处的"相关信息和材料"显然包括特定个人的个人信息，有关单位和个人所掌握的个人信息，除了个人自身的信息外，显然也是通过收集、处理所得，并且，这些通过收集、处理而获得的个人信息，在其收集之时一般无法预料到日后将会作为反恐之用，因此，亦符合"处理目的发生变更"。由于反恐工作具有保密性和紧迫性，一旦将有关事项告知特定个人，很可能会严重影响反恐工作的开展。因此，公安机关调查恐怖活动而收集或调取个人信息，应当适用个人信息保护法第十八条第一款规定。与之类似，公安机关或检察机关在侦查其他犯罪而必须对个人信息进行处理时，显然也无需向个人告知有关情况。欧盟 GDPR 亦有类似内容。GDPR 第二条"适用范围"第二款规定："本条例不适用于以下个人信息的处理：……（d）主管当局预防、调查、侦查或起诉刑事犯罪，或执行刑事处罚，包括防范对公共安全的威胁。"

二、基于紧急情况的情形

我国民法典第一千零三十六条规定："处理个人信息，有下列情形之一的，行为人不承担民事责任：……（三）为维护公共利益或者该自然人合法权益，合理实施的其他行为。"而在个人信息保护法第十八条第二款中，"利益"或"权益"则被具体表述为"自然人的生命健康和财产"。并且，此处并未规定"自然人"只能是信息主体本人（"该自然人"），因此，个人信息保护法第十八条第二款既包括信息主体自身的生命健康和财产，也包括其他自然人的人身财产权益。

为更好地防控疫情，有关部门与通信运营商等常借助数据分析手段，将特定人员所到过的场所、所使用的交通方式等个人信息公之于众。流行病调查具有较强紧迫性，有关人员的活动轨迹需要尽快查清并向社会公布，从而有效阻断传播；有关部门与通信运营商等未必能及时告知信息主体。如此时仍坚持告知同意原则，很可能耽误疫情防控。因此，个人信息保护法第十八条第二款规定了紧急情况下可先行处理个人信息，待紧急情况消除后再告知信息主体。

与我国有关规定类似，欧盟 GDPR 在其序言第四十六条亦载明："在基于保护信息主体或其他自然人至关重要的生命利益时，对个人信息的处理也应当视为是合法的。原则上，基于自然人切身利益对个人信息进行处理，只能是在处理活动显然无法依赖于其他法律基础而进行的情况下。当基于人道主义目的而处理信息时，则既可以基于公共利益，也可以基于信息主体的重大利益，特别是在天灾人祸发生的时候，包括在流行病蔓延检测或其他事出紧急的人道主义情况下。"

个人信息保护法第十八条第二款与前一款内容不同，在第二款中，向个人告知个人信息处理有关事项往往并不会引发不良后果，个人信息处理者之所以不在第一时间履行告知义务，其原因是存在阻碍其履行义务的紧急情况。在此情形中，个人信息处理者仍需要履行告知义务。而在第十八条第一款的情形中，向个人告知有关事项可能会产生不良影响（"法律、行政法规规定应当保密或者不需要告知"），因此个人信息处理者的告知义务被免除。

【适用指南】

企业在开展个人信息处理活动过程中，可能会遇到以下几种情形：

1. 须紧急处理特定个人信息，否则可能会影响国家安全、公共利益或不特定人的人身财产安全，向信息主体告知有关事项存在阻碍。

2. 须紧急处理特定个人信息，否则可能会影响国家安全、公共利益或不特定人的人身财产安全，向信息主体告知有关事项不存在阻碍且不会产生不良后果。

3. 须紧急处理特定个人信息，否则可能会影响国家安全、公共利益或不特定人的人身财产安全，向信息主体告知有关事项不存在阻碍，但会产生不良后果。

对于情形 1，显然可以适用个人信息保护法第十八条第二款关于紧急情况下的告知例外；在该情形中，在阻碍消失后，企业应当及时向个人告知有关个人信息处理的相关事项。

在情形 2 中，由于不存在告知的阻碍，企业应当及时告知个人；并且，如符合个人信息保护法第十三条第一款第二项至第七项规定情形，无需取得个人同意即可开展个人信息处理。

而情形 3 并不会一律自动免除企业的告知义务。企业应确认该情形是否为法律、行政法规所规定之应当保密或者不需要告知的情形，以此判断是否得以不向信息主体履行告知义务。

【相关规定】

《中华人民共和国反恐怖主义法》第五十一条；《中华人民共和国民法典》第一千零三十六条。

第十九条　【个人信息的保存期限】除法律、行政法规另有规定外，个人信息的保存期限应当为实现处理目的所必要的最短时间。

【条文主旨】

本条是关于个人信息的保存期限的规定。

【条文理解】

我国民法典第一千零三十五条规定："处理个人信息的，应当遵循合法、正当、必要原则，不得过度处理……"个人信息保护法第五条规定："处理个人信息应当遵循合法、正当、必要和诚信原则，不得通过误导、欺诈、胁迫等方式处理个人信息。"作为我国个人信息保护法的基本原则之一，必要原则以多种形式反复出现在个人信息保护法中。例如，本法第六条规定了处理个人信息应当"采取对个人权益影响最小的方式"，收集个人信息应当"限于实现处理目的的最小范围"。本法第十九条对于个人信息的保存期限同样体现了必要原则，个人信息处理者应当以"必要的最短时间"保存个人期限。鉴于不少个人信息处理活动均基于个人信息处理者为特定个人所提供的服务，而这些服务可能存续一定时间，因此，此处"必要的最短时间"同样应考虑服务的存续状况进行评估和考量。

值得注意的是，由于我国多部法律、行政法规均对个人信息的保存期限进行了规定，有关主体在保存个人信息时，亦应当结合有关法律、行政法规的规定，而非单纯以是否实现处理目的作为唯一的时间衡量标准。

我国网络安全法第二十一条规定："……采取监测、记录网络运行状态、网络安全事件的技术措施，并按照规定留存相关的网络日志不少于六个月……”据此，如有个人信息存于网络日志中，那么其同样需要留存超过六个月。

我国电子商务法第三十一条规定：“电子商务平台经营者应当记录、保存平台上发布的商品和服务信息、交易信息，并确保信息的完整性、保密性、可用性。商品和服务信息、交易信息保存时间自交易完成之日起不少于三年；法律、行政法规另有规定的，依照其规定。”由于个人的联系方式、住址和其他相关用户画像往往是电子商务交易信息的重要组成部分，因此其同样适用电子商务法有关规定。

我国反恐怖主义法第三十二条规定：“……重点目标的管理单位应当建立公共安全视频图像信息系统值班监看、信息保存使用、运行维护等管理制度，保障相关系统正常运行。采集的视频图像信息保存期限不得少于九十日。”

我国电子签名法第二十四条规定：“电子认证服务提供者应当妥善保存与认证相关的信息，信息保存期限至少为电子签名认证证书失效后五年。”电子签名可用于识别签名人身份，显然亦属于个人信息范畴。

我国反洗钱法第十九条规定：“……客户身份资料在业务关系结束后、客户交易信息在交易结束后，应当至少保存五年……”

我国证券投资基金法第一百零二条规定：“……基金份额登记机构应当妥善保存登记数据，并将基金份额持有人名称、身份信息及基金份额明细等数据备份至国务院证券监督管理机构认定的机构。其保存期限自基金账户销户之日起不得少于二十年……”

我国精神卫生法第四十七条规定：“医疗机构及其医务人员应当在病历资料中如实记录精神障碍患者的病情、治疗措施、用药情况、实施约束、隔离措施等内容，并如实告知患者或者其监护人。患者及其监护人可以查阅、复制病历资料；但是，患者查阅、复制病历资料可能对其治疗产生不利影响的除外。病历资料保存期限不得少于三十年。”

《征信业管理条例》第十六条规定：“征信机构对个人不良信息的保存期限，自不良行为或者事件终止之日起为 5 年；超过 5 年的，应当予以删除。”

《互联网信息服务管理办法》第十四条：“……互联网信息服务提供者和互联网接入服务提供者的记录备份应当保存 60 日，并在国家有关机关依法查询时，予以提供。”

《互联网上网服务营业场所管理条例》第二十三条规定：“互联网上网服务营业场所经营单位应当对上网消费者的身份证等有效证件进行核对、

登记，并记录有关上网信息。登记内容和记录备份保存时间不得少于 60 日，并在文化行政部门、公安机关依法查询时予以提供。登记内容和记录备份在保存期内不得修改或者删除。”

《金融机构客户身份识别和客户身份资料及交易记录保存管理办法》第二十九条规定：“金融机构应当按照下列期限保存客户身份资料和交易记录：（一）客户身份资料，自业务关系结束当年或者一次性交易记账当年计起至少保存 5 年。（二）交易记录，自交易记账当年计起至少保存 5 年。如客户身份资料和交易记录涉及正在被反洗钱调查的可疑交易活动，且反洗钱调查工作在前款规定的最低保存期届满时仍未结束的，金融机构应将其保存至反洗钱调查工作结束。同一介质上存有不同保存期限客户身份资料或者交易记录的，应当按最长期限保存。同一客户身份资料或者交易记录采用不同介质保存的，至少应当按照上述期限要求保存一种介质的客户身份资料或者交易记录。法律、行政法规和其他规章对客户身份资料和交易记录有更长保存期限要求的，遵守其规定。”

财政部、国家档案局发布的《会计档案管理办法》第十四条规定：“会计档案的保管期限分为永久、定期两类。定期保管期限一般分为 10 年和 30 年……”由于会计档案涉及包括个人差旅票据等在内的各种会计资料，其上自然也包括个人信息，有关资料的保存期限受此调整。

中国人民银行发布的《非银行支付机构网络支付业务管理办法》第十六条规定：“对于客户的网络支付业务操作行为，支付机构应当在确认客户身份及真实意愿后及时办理，并在操作生效之日起至少五年内，真实、完整保存操作记录……”

《网络借贷信息中介机构业务活动管理暂行办法》第二十三条规定：“网络借贷信息中介机构应当采取适当的方法和技术，记录并妥善保存网络借贷业务活动数据和资料，做好数据备份。保存期限应当符合法律法规及网络借贷有关监管规定的要求。借贷合同到期后应当至少保存 5 年。”

《医疗机构管理条例实施细则》第五十三条规定：“医疗机构的门诊病历的保存期不得少于十五年；住院病历的保存期不得少于三十年。”

我国住房和城乡建设部、国家发展和改革委员会、人力资源和社会保障部发布的《房地产经纪管理办法》第二十六条规定：“……房地产经纪机构应当保存房地产经纪服务合同，保存期不少于 5 年。”

《网络预约出租汽车经营服务管理暂行办法》第二十七条规定：“网约车平台公司应当遵守国家网络和信息安全有关规定，所采集的个人信息和生成的业务数据，应当在中国内地存储和使用，保存期限不少于 2 年，除法律法规另有规定外，上述信息和数据不得外流……"

我国交通运输部发布的《道路旅客运输及客运站管理规定》第六十七条第二款规定："实行实名制管理的客运班线开展定制客运的，班车客运经营者和网络平台应当落实实名制管理相关要求。网络平台应当采取安全保护措施，妥善保存采集的个人信息和生成的业务数据，保存期限应当不少于 3 年，并不得用于定制客运以外的业务。"

《旅行社条例实施细则》第五十条规定："旅行社应当妥善保存《条例》规定的招徕、组织、接待旅游者的各类合同及相关文件、资料，以备县级以上旅游行政管理部门核查。前款所称的合同及文件、资料的保存期，应当不少于两年。旅行社不得向其他经营者或者个人，泄露旅游者因签订旅游合同提供的个人信息；超过保存期限的旅游者个人信息资料，应当妥善销毁。"

国家市场监督管理总局发布的《网络餐饮服务食品安全监督管理办法》第十五条规定："网络餐饮服务第三方平台提供者和自建网站餐饮服务提供者应当履行记录义务，如实记录网络订餐的订单信息，包括食品的名称、下单时间、送餐人员、送达时间以及收货地址，信息保存时间不得少于 6 个月。"

国家互联网信息办公室发布的《互联网直播服务管理规定》第十六条规定："互联网直播服务提供者应当记录互联网直播服务使用者发布内容和日志信息，保存六十日……"

【适用指南】

企业在开展运营过程中，应当确定包含个人信息处理活动的业务范围，并根据调整该业务范围的法律、行政法规，以及为达成处理活动目的所需要的最短时间，确定相应个人信息的保存期限。由于前述法律、行政法规所确定的个人信息保存期限通常较长，因此，企业亦应当采取适当的技术措施，以确保数据安全。

【相关规定】

《中华人民共和国民法典》第一千零三十五条；《中华人民共和国网络安全法》第二十一条；《中华人民共和国电子商务法》第三十一条；《中华人民共和国反恐怖主义法》第三十二条；《中华人民共和国电子签名法》第二十四条；《中华人民共和国反洗钱法》第十九条；《中华人民共和国证

券投资基金法》第一百零二条；《中华人民共和国精神卫生法》第四十七条；《征信业管理条例》第十六条；《互联网信息服务管理办法》第十四条；《互联网上网服务营业场所管理条例》第二十三条；《金融机构客户身份识别和客户身份资料及交易记录保存管理办法》第二十九条；《会计档案管理办法》第十四条；《非银行支付机构网络支付业务管理办法》第十六条；《网络借贷信息中介机构业务活动管理暂行办法》第二十三条；《医疗机构管理条例实施细则》第五十三条；《房地产经纪管理办法》第二十六条；《网络预约出租汽车经营服务管理暂行办法》第二十七条；《道路旅客运输及客运站管理规定》第六十七条；《旅行社条例实施细则》第五十条；《网络餐饮服务食品安全监督管理办法》第十五条；《互联网直播服务管理规定》第十六条。

第二十条　【共同处理个人信息】 两个以上的个人信息处理者共同决定个人信息的处理目的和处理方式的，应当约定各自的权利和义务。但是，该约定不影响个人向其中任何一个个人信息处理者要求行使本法规定的权利。

个人信息处理者共同处理个人信息，侵害个人信息权益造成损害的，应当依法承担连带责任。

【条文主旨】

本条是关于个人信息处理者共同处理个人信息的规定。

【条文理解】

本条由两款内容构成，第一款规定了共同处理者内部的关系，即约定各自权利义务，但也明确此约定仅内部有效，不具有对外效力，故不影响个人向任一处理者行使权利。第二款规定了共同处理造成损害的对外担责形式，即承担连带责任。

一、共同处理

本条的重大影响是连带责任的确定，但核心是判断何为“共同处理”，不同于传统的共同侵权规则，“共同处理”这一场景具有特殊性。根据本条第一款的解释，“共同处理”即“共同决定个人信息的处理目的和处理方式”。第二十条和第二十一条均是规定两个及以上主体之间法律关系，区别在于主体地位不同，第二十条的多方主体是平等的“共同处理者”，第二十一条的多方主体是有监督关系的“委托人”和“受托人”。对比可以发现，第二十条规定情形的侧重点应该系“决定”二字，而非“共同”，即民事法律行为要求的“意思表示一致”，因此若要适用第二十条，仅达到个人信息处理者有“共同处理”个人信息的意思表示将无法区分与第二十一条的差异，还必须要有“决定”的意思表示。

二、连带责任

本条为个人信息保护法中唯一有“连带责任”字样的条款，在逻辑体系上，广义连带责任可分为狭义连带责任、不真正连带责任、补充连带责任等。[①] 本条中连带责任的构成要件包括：

（1）数量要求：2个以上个人信息处理者；

（2）行为要求：共同处理；

（3）危害结果：侵害个人信息权益且造成损害。

民法典中有关共同侵权承担连带责任的相关规定为第一千一百六十八条：二人以上共同实施侵权行为，造成他人损害的，应当承担连带责任。关于对共同实施的理解，按照通说和司法实践，其包括三层含义：

（1）共同故意侵害他人合法权益，不以侵权人的意思联络为必要；

（2）共同过失，指数个行为人共同从事某种行为，基于共同的疏忽大意，造成他人损害；

（3）故意行为与过失行为相结合。

从司法实践角度来看，连带责任的意义在于增加责任主体的数量，加强对受害人请求权的保护，由有清偿能力的侵权人先行赔偿，而后由其再向其他侵权人追偿，这样就能确保受害人最大限度获得赔偿。[②]

该条草案一审稿表述为“依法承担连带责任”，草案二审稿表述为“应当承担连带责任”，正式法条确定为“应当依法承担连带责任”，从“依法”到“应当”再到“应当依法”，表述逐渐趋于严谨。“应当依法”意味着该条款可以作为单独的请求权基础，体现了个人信息保护法的规范内容从需要参考民法典到直接作为规范基础适用的转变。在未来个人信息保护相关的诉讼中，也将优先适用个人信息保护法第二十条的规定，使得

---

① 张平华：《连带责任的弹性不足及其克服》，载《中国法学》2015年第5期。

② 中国审判理论研究会民事审判理论专业委员会编著：《民法典侵权责任编条文理解与司法适用》，法律出版社2020年版，第19~20页。

从严要求共同信息处理者成为常态。①

此外，相较于草案，本法在正式文本中，增加了“造成损害”的表述，是为忠实于侵权责任的构成要件，具有合理性。

个人信息保护法在共同处理场景下采取连带责任的规定，其核心目的是保障个人信息主体的权利，便利个人行使复制权等个人权利。连带责任的特点在于，一方面，连带责任是法定责任，不得改变。它不因共同行为人内部责任份额或内部约定而改变其连带责任性质。因此共同处理者之间的内部约定不影响连带责任的承担，也不影响个人行使权利的对象选择。另一方面，侵权连带责任的各连带责任人对内按份承担责任。共同加害人和共同危险行为人对外承担整体责任，不分份额，对内，应依其过错程度和行为的原因力不同，承担按份责任。当部分共同行为人承担了超出自己责任份额以外的责任后，有权向没有承担应承担的责任份额的其他连带责任人求偿。② 在共同处理场景下，个人信息保护法并未具体规定共同处理者内部连带责任如何分担，是否参照民法侵权连带责任的规定，承担按份责任，并享有内部求偿权。由于个人信息保护法并非民法典的下位法，故不能当然照搬民法规则，这也对实践造成了不确定性，具体的责任承担规则仍待相关法规司法解释等进行细化。

《信息安全技术 个人信息安全规范》第 9.6 条在此基础上，进一步规定了信息处理者有义务将共同信息处理者（第三方）“向个人信息主体明确告知”。

【适用指南】

本条规定对实务影响重大，例如以下实务中的典型场景：在数字化时代，企业日常管理中涉及许多员工个人信息的处理，越来越多的企业选择通过人力资源办公软件（包括办公线上系统在内）来达到辅助和优化人力资源日常管理的目的，而这些软件的所有权人在处理使用软件的员工的个人信息时，如果发生侵权行为，其与企业的关系如何定义？若适用个人信息保护法第二十条之规定，便是认为企业与人力资源办公软件所有权人之间系“共同决定”处理员工的个人信息。若适用个人信息保护法第二十一

① 熊定中、张宇涵：《个人信息保护法重大产业影响条款深度解析及条文对比解读》，载微信公众平台，https://mp.weixin.qq.com/s/NQeJwMIBxQ-B_JN2uAxd0g，最后访问时间：2021 年 10 月 7 日。

② 杨立新、赵玉编：《侵权责任法律师基础实务》，中国人民大学出版社 2014 年版，第 84~88 页。

条之规定，便是认为企业系委托人力资源办公软件所有权人处理员工的个人信息，并对其行为进行监督。由此可见，企业与软件所有权人之间的关系认定不同，产生的法律效果必定是截然不同的。

《信息安全技术 个人信息安全规范》第 9.6 条对“共同个人信息控制者”权责进行了规定，要求：

（1）当个人信息控制者与第三方为共同个人信息控制者时，个人信息控制者应通过合同等形式与第三方共同确定应满足的个人信息安全要求，以及在个人信息安全方面自身和第三方应分别承担的责任和义务，并向个人信息主体明确告知；

（2）如未向个人信息主体明确告知第三方身份，以及在个人信息安全方面自身和第三方应分别承担的责任和义务，个人信息控制者应承担因第三方引起的个人信息安全责任。

由此可见，第 9.6 条对共同个人信息控制者的要求更加详细，可执行性更高，可以作为个人信息处理者内部划分权利义务的参考。需要注意的是，《信息安全技术 个人信息安全规范》中使用的是“共同个人信息控制者”的表述，与 GDPR 中数据控制者（data controller）的表述类似，但个人信息保护法中的“处理者”实际法律地位类似于 GDPR 中的“控制者”，两者皆是决定个人信息处理的目的和方式，故此处虽然表述不一致，但实质要求是相关的。

从责任承担看，本条第二款对共同处理个人信息的处理者提出了严格的责任承担要求，即“依法承担连带责任”，这就意味着个人信息处理者在选择共同处理个人信息的其他处理者时，最好对其进行必要的尽调，了解其个人信息安全能力、制度制定与实施情况、是否存在侵犯个人信息权益的黑历史等。

对于通常作为个人信息处理者的企业来说，“连带责任”强调的是各方侵权人对受害人承担的责任。虽合同具有相对性，合同约定的内容无法对抗第三人，但一方侵权人若承担了全部的损害赔偿等侵权责任，仍有权根据合同向其他侵权人追偿。因此企业在与其他共同处理者签订民事合同时，应当特别注意信息泄露、丢失等责任承担条款的约定。

为应对个人信息保护法的新要求，一方面，企业需在从事业务过程中识别可能属于共同处理者的情形，进行合规准备。另一方面，基于降低风险考虑，由于第三方的责任内容不可控，承担连带责任会为企业带来诸多不确定的风险，故从法律责任隔离的角度而言，企业或可通过制度设计尽量避免与第三方成为共同个人信息处理者。

【相关规定】

《中华人民共和国民法典》第一千一百六十八条。

第二十一条　【委托处理个人信息】个人信息处理者委托处理个人信息的，应当与受托人约定委托处理的目的、期限、处理方式、个人信息的种类、保护措施以及双方的权利和义务等，并对受托人的个人信息处理活动进行监督。

受托人应当按照约定处理个人信息，不得超出约定的处理目的、处理方式等处理个人信息；委托合同不生效、无效、被撤销或者终止的，受托人应当将个人信息返还个人信息处理者或者予以删除，不得保留。

未经个人信息处理者同意，受托人不得转委托他人处理个人信息。

【条文主旨】

本条是关于委托处理情形下，个人信息处理者和受托人之间的权利义务关系的规定。

【条文理解】

此前，绝大多数涉及个人信息安全的法规或规范性文件都比较笼统，大多只是对于个人信息保护原则的强调，没有专门规定“委托处理”问题。而网络安全法第四十二条“未经被收集者同意，不得向他人提供个人信息”的表述进一步增加了该问题的不确定性。

国家推荐性标准 GB/T 35273-2017《信息安全技术 个人信息安全规范》，首次在全行业范围对“委托处理”行为进行明确规定并提出合规要求，其目的主要是对“委托处理”行为进行规范，同时间接也起到了确认“委托处理”行为法律地位的作用，但是该规范亦未明确规定“委托处理”是否需要个人另行授权。GB/T 35273-2020《信息安全技术 个人信息安全规范》指出：“个人信息控制者作出委托行为，不应超出已征得个人信息主体授权同意的范围或应遵守 5.6 所列情形”，但并未正面回答若超出范围后如何处理，以及是否需要专门授权的问题。

个人信息保护法第二十一条对“委托处理”情形明确了以下关键问题：

1. 法律认可“委托处理”情形的存在。

2. 当个人信息处理者委托受托人处理个人信息时，需要签订委托处理协议来约定双方的权利义务关系。

3. 委托人有监督受托人的义务，避免受托人超出协议约定处理数据或者违规转委托。

4. 受托人需严格在委托人（个人信息处理者）的委托范围内处理数据，不得再转委托。

5. 个人信息处理者委托受托人处理个人信息，此种委托行为无需取得用户的授权同意。

6. 在委托关系终止、解除或者无效后，受托人应当将个人信息返还给个人信息处理者或者予以删除，不得保留。

委托第三方处理个人信息是数字经济发展中一种普遍常见的业务活动，正式公布的个人信息保护法本条与草案二审稿相差不大，相较草案一审稿，草案二审稿对此处修改主要体现在三方面：一是将个人信息处理的期限纳入到委托方和受托方的约定内容中，即个人信息处理者应当明确受托方留存所委托个人信息的具体时间。二是将受托方返还或删除受托个人信息的合同触发条件表述与民法典规定（第五百零七条规定：“合同不生效、无效、被撤销或者终止的，不影响合同中有关解决争议方法的条款的效力”）保持一致。三是增加了受托方在返还或删除受托个人信息后，“不得保留”的规定，使本款更加完整。补充强调一点：对于受托方，即使将个人信息交由母公司、子公司等关联公司处理，也属于转委托，也需要获得委托方的同意方可转委托。

委托第三方进行个人信息处理从法律关系上界定属于委托合同的具体类型，委托事项为个人信息处理。① 根据我国民法典的规定，在委托代理法律关系中，委托代理人的权限来源于被代理人的委托。② 基于该等规定，处理个人信息的委托代理人无法脱离被代理人意志自主决定处理个人信息的目的与处理方式。

个人信息保护法第二十条共同个人信息处理者与第二十一条委托关系

① 张新宝、葛鑫：《个人信息保护法（专家建议稿）及立法理由书》，中国人民大学出版社 2021 年版，第 156~157 页。

② 《中华人民共和国民法典》第一百六十三条规定，代理包括委托代理和法定代理。委托代理人按照被代理人的委托行使代理权。法定代理人依照法律的规定行使代理权。

中的受托方的区别在于，受托方并非个人信息处理者，而应当在委托方的授权范围内进行个人信息处理。委托其他信息业者进行个人信息处理，应当属于特别委托而非概括委托，委托方应当向受托方明确所委托的个人信息处理事项范围，受托方仅可在授权范围内进行个人信息处理。委托方对受托方有监督义务，受托方的义务是按照委托方的指示进行个人信息处理，不得超过委托范围。委托个人信息处理是以对受托方业者的技术能力、数据安全能力等的信任为基础的。

此外，个人信息保护法第五十九条规定了受托人的个人信息保护义务，“接受委托处理个人信息的受托人，应当依照本法和有关法律、行政法规的规定，采取必要措施保障所处理的个人信息的安全，并协助个人信息处理者履行本法规定的义务”。根据该规定，受托人应同样遵循个人信息保护法第五章关于个人信息处理者的义务的规定。

个人信息保护法第二十一条并未要求在委托处理的情形下向个人告知受托方的信息，亦未特别规定该等委托处理需征得个人同意。《信息安全技术 个人信息安全规范》在第9.1条关于委托处理的规范中也没有此类要求。之所以需要讨论该等问题，是因为个人信息保护法第二十三条规定，“个人信息处理者向其他个人信息处理者提供其处理的个人信息的，应当向个人告知接收方的名称或者姓名、联系方式、处理目的、处理方式和个人信息的种类，并取得个人的单独同意……”网络安全法第四十二条也规定，“……未经被收集者同意，不得向他人提供个人信息……”由此一来，如果委托第三方处理数据被认定为包含向第三方“提供”数据的行为，则应当适用于前述披露受托人身份、委托事项以及征得个人同意的法律规定。但需注意，该等“提供”行为的本身，不应剥夺接收方处理该等个人信息的自由意志；而“提供”的对象（即“他人”）应当是“个人信息处理者”。因此，个人信息保护法第二十一条与第二十三条之间不应存在法律竞合的情况。

需注意，个人信息保护法的部分规定与现有的法律法规之间存在不同的设计，或可能有冲突情况。例如，在个人信息委托处理的场景下，受托人无法自主决定个人信息的处理目的与处理方式，显然不属于个人信息处理者，且通过反向解释个人信息保护法第二十一条第三款，发现只需要获取个人信息处理者的同意，受托人就能转委托他人处理个人信息。而民法典第一百六十九条所规定的转委托规则要求转委托需要取得被代理人的同意或者追认。换言之，个人信息保护法在个人信息委托处理场景下，将个人信息处理者界定为被代理人，这是否在一定程度上有损个人信息主体对于个人信息的自主控制权，仍有待进一步商榷。

【适用指南】

一、不能规避责任

“委托处理”法律关系的构建，对于受托人来说，可能带来两大益处，一方面，可能基于委托人的便利性和客户体验，无需获得用户单独同意；另一方面，自身作为受托人可能无需承担“共同处理”法律关系下的连带责任风险。为此，未来不排除存在通过构建“委托处理法律关系”来规避个人信息处理者义务和责任的趋势。

但不管是基于金融监管的“穿透原则”，还是《全国法院民商事审判工作会议纪要》[①] 与目前实务中法院对于“探索真实意思表示”[②] 的基本原理，仅仅通过协议文本或者通过协议抬头来规避共同处理的实质，是行不通，也是存在巨大法律风险的。

二、履行对受托方的监督义务

个人信息保护法第二十一条要求委托方对受托方进行监督，倘若由于故意或者重大过失导致其未能监督到位，可能存在被处罚及诉讼风险。但此条并未对具体的保护措施进行明确。而具体的落地措施则可参照《信息安全技术 个人信息安全规范》。

《信息安全技术 个人信息安全规范》第 9.1 条规定了个人信息处理者可采取的多种监督行为：

（1）通过合同方式规定受委托人的责任和义务，并对委托行为进行个人信息安全影响评估，确保受委托者达到相应的数据安全能力要求（即受托方拥有满足相应国家标准的适当的数据安全能力，拥有必要的管理和技术措施，能够防止个人信息的泄露、损毁、丢失和篡改）；

（2）对受委托者进行审计。

由于对个人信息的处理是处于动态之中的，这意味着个人信息处理者对受托方的监督也应为动态监督，仅在合同中要求受托方作出承诺难以保障委托行为的实质合规。个人信息处理者可以定时或不定时要求审查受托

---

① 《全国法院民商事审判工作会议纪要》（法〔2019〕254 号）规定：“通过穿透式审判思维，查明当事人的真实意思，探求真实法律关系。”

② 例如甲银行南昌分行、红鹭公司票据追索权纠纷二审民事判决书［（2017）最高法民终 41 号］、城市建设公司、华金公司确认合同无效纠纷二审民事判决书［（2020）最高法民终 682 号］中，最高人民法院对于商事活动中交易行为的定性，并不局限于交易当事人达成的协议或合同类文本，而是采用穿透式审查思维，拨开纷繁复杂的表层法律关系，考察各商事主体内心的真实意思。

方的个人信息处理记录、共同管理数据库权限、调整数据传输接口等方式进行相应管理，从而切实地履行己方的监督责任。个人信息保护法虽然并未明确受托方违法违约处理个人信息情况下的责任承担，但从加强约束和威慑的角度，委托方可以在合同文本中加重受托方违法违约处理个人信息的违约责任。

三、个人信息的返还或删除

个人信息保护法第二十一条要求，明确了委托进行信息处理的相关合同效力基础消灭后，受托人应当将个人信息返还个人信息处理者或者予以删除，不得保留。严格依照文义解释，可以发现，受托人也无法通过匿名化的技术措施将数据进行保留。此条明确要求删除的规定或许能成为第十九条适用的参考。第十九条中规定个人信息保护的最短时间，但并未明确若超期后是进行删除、匿名化处理还是合理转移。参考第二十一条的规定，当处理的合法性基础消灭后，原则上应当进行删除，不得以任何方式保留。

在实践操作中，合同履行完毕的信息返还或予以删除较为容易，而在合同履行过程中，个人信息主体撤回其授权同意而导致委托关系解除的情形则较为复杂。欧盟 GDPR 第十九条要求数据主体在撤回同意后，数据控制者有义务告知数据共享的第三方（无论其是数据控制者还是数据处理者）数据主体已撤回同意，并要求第三方删除数据主体的相应信息并停止进一步的处理。依据 GDPR 引言中的第六十六条的描述，第十九条的主要目的在于强化数据主体撤回权在信息网络时代的运用，保障其相应信息在网络上“彻底消失”，鉴于数据在网络上分发/共享后控制的难度，这一要求给网络信息处理者增加了极大的义务负担。

个人信息保护法与 GDPR 规定类似，即在个人信息主体撤回同意后，若无第十三条所规定的其他个人信息处理的合法性依据，个人信息处理者应告知受托方个人信息主体撤回授权这一事实，同步解除针对该撤回同意的个人信息主体的信息委托处理关系，要求受托方从各个处理系统（包括备份系统）中删除个人信息主体的相关信息，并保证其在技术上难以复原。若是受托方由于自身原因造成信息泄露或侵权的，则可能被侵权人会要求赔偿，也可能据此承担相应违约责任。

为保障个人信息保护法第二十一条的要求切实落地，委托方需建立一套应对个人信息主体撤回授权的处理机制，以有效规避由于第三方未及时删除个人信息而引起的处罚与纠纷。

【相关规定】

《中华人民共和国民法典》第一百六十九条、第五百零七条；《中华人民共和国网络安全法》第四十二条。

第二十二条　【转移个人信息】个人信息处理者因合并、分立、解散、被宣告破产等原因需要转移个人信息的，应当向个人告知接收方的名称或者姓名和联系方式。接收方应当继续履行个人信息处理者的义务。接收方变更原先的处理目的、处理方式的，应当依照本法规定重新取得个人同意。

【条文主旨】

本条是关于因合并、分立、解散、被宣告破产等原因需要转移个人信息情形下的要求的规定。

【条文理解】

一、“同意”的要求

对比本法草案一审稿与二审稿对告知同意的表述，可以发现二审稿中最后一句话将“向个人告知”这一表述删除。正式法条中保留了这一修改。基于此需要探讨，第二十二条中“重新取得个人同意”如何理解？

《信息安全技术 个人信息安全规范》第5.4条b）提出，“收集个人敏感信息前，应征得个人信息主体的明示同意，并应确保个人信息主体的明示同意是其在完全知情的基础上自主给出的、具体的、清晰明确的意愿表示。”该条款着重强调了个人信息主体的自主意愿表示。

欧盟GDPR以及《通用数据保护条例（GDPR）下的同意指南》中也指出，同意作为数据处理的合法基础的前提是，个人数据主体对自己的数据有实际的控制权并且有真正的选择（genuine choice）。

从上述两则规范中可以得出结论，同意的内涵是指个人信息主体在完全知情的基础上自主给出的、具体的、清晰明确的真正选择。本条规定与《信息安全技术 个人信息安全规范》第9.3条类似。在理解上，本条的适用范围仅限于以第十三条第一款第一项“取得个人的同意”为合法性基础的信息处理。

个人同意是处理个人信息的合法性基础之一，告知则是个人信息处理者必须要履行的义务之一，两者虽然在实践中的关联度很高，但在法律规定上视为两个有所区别的不同概念。草案二审稿和正式法条最后一句中删去“向个人告知”，主要是考虑到告知义务的履行同样存在例外情形，例如个人信息保护法第十八条规定：“个人信息处理者处理个人信息，有法律、行政法规规定应当保密或者不需要告知的情形的，可以不向个人告知前条第一款规定的事项。紧急情况下为保护自然人的生命健康和财产安全无法及时向个人告知的，个人信息处理者应当在紧急情况消除后及时告知。”可见，若只单独规定“向个人告知”可能会引起上下条文矛盾或比较烦琐的表述，因而将其删去。但需要注意的是，删去“向个人告知”并不会减少企业实际的合规义务，因为在实践如果要取得个人同意，必然需要进行充分的告知。

二、变更目的和使用方式需履行的义务

从接收方的义务看，应当继续履行个人信息处理者的义务，在变更处理目的和处理方式的情况下还需要重新向个人告知并取得同意。需要指出的是，本条的适用与本法第十三条也可能存在冲突。如果不是适用第十三条第一款第一项“取得个人的同意”而是适用第十三条第一款的其他项处理个人信息，比如“为履行法定职责或者法定义务所必需”而处理个人信息，按理是无需获得个人同意的，如果接收方基于履行法定职责或者法定义务所必需而变更处理目的和处理方式，从理解的角度，仍然无需获得个人的同意，而仅仅进行告知即可。但个人信息保护法第二十二条规定所有变更都需取得同意，仅规定了一项处理的合法性基础，与第十三条之间如何协调仍值得商榷。

“变更处理目的和处理方式后需履行一定义务”的要求体现了“目的专用原则”，目的专用原则（Purpose Limitation Principle）又被一些国内学者称为目的限制原则。

目的专用原则要求“数据只因特定、明确且合法的目的而收集，且随后不得以与该目的相矛盾的方式进行处理”。有学者指出，现有法律规定没有区分数据使用和处理中的目的变更和语境变更。[①] 所谓语境变更，是

---

① Bart Custers and Helena Ursic. “Big data and data reuse: a taxonomy of data reuse for balancing big data benefits and personal data protection.” International Data Privacy Law (2016): ipv028.

指后续处理过程中的数据使用，不仅包含超出了原定的目的范围，同时，还因为数据控制主体将数据转让给第三方，当第三方开始再利用这些数据时，数据的处理语境已经发生了变更，这就是个人信息保护法第二十二条中规定的“转移给接收方”的情景。语境变更区别于一般的目的变更的一个关键点就在于是否有流通给第三方的环节介入。

个人信息保护法也注意到这一情况，故而要求在“转移给接收方”这种语境变更的情况下，一方面，原先的个人信息处理者要告知个人信息主体接收方的信息；另一方面，若接收方变更了目的，则需重新获取个人信息主体的同意。

【适用指南】

一、转移情形下的义务

本法草案二审稿中“需要转移个人信息的”情形仅列明“合并、分立等”，但正式法条中补充了“解散、被宣告破产”。此条与《信息安全技术　个人信息安全规范》第9.3条相类似，个人信息保护法也提出了合并、分立等需要转移个人信息情形下个人信息处理者和接收方的义务。

本条是关于个人信息承继的规范。公司在开设之后可能面临被兼并、收购、分立、解散和被宣告破产等情形，因此个人信息保护法规定了公司因合并、分立等原因需要转移个人信息的相应规范。首先需要明确的是，本条并非规定的是将个人信息转移给第三人，仅是个人信息承继的一种规范。根据法条文义解释，当公司出现合并、分立等需要转移个人信息的，合并和分立后的公司只需要履行通知义务（向个人告知接收方的名称或者姓名和联系方式）即可，而无需另行获得相应授权。只有当“接收方变更原先的处理目的、处理方式的”，才会需要向个人“取得同意”。

二、告知接收方信息的义务

本法草案一审稿和二审稿的表述皆是“接收方的身份、联系方式”，但接收方的“身份”需要具体到何种程度并未说明，故而正式法条改为“接收方的名称或者姓名和联系方式”，规定更为明晰。“提供接收方信息”这一要求在个人信息保护法第二十三条中也有体现：“个人信息处理者向其他个人信息处理者提供其处理的个人信息的，应当向个人告知接收方的名称或者姓名、联系方式、处理目的、处理方式和个人信息的种类，并取得个人的单独同意。接收方应当在上述处理目的、处理方式和个人信息的种类等范围内处理个人信息。接收方变更原先的处理目的、处理方式的，应当依照本法规定重新取得个人同意。”对比可发现第二十三条关于“提供接收方信息”的内容更多，还包括“处理目的、处理方式、个人信息的种类”。

“提供接收方信息”这一要求与此前对SDK①的监管要求相一致。根据《网络安全标准实践指南—移动互联网应用程序（App）使用软件开发工具包（SDK）安全指引》的要求，在App嵌入相关SDK时，需要向用户告知所接入的涉及个人信息收集的SDK的名称，SDK收集的个人信息类型、目的和方式，申请的敏感权限、申请目的等，并征得用户同意。若SDK需向用户单独告知收集使用个人信息的行为，App需为其中无单独页面的SDK提供向用户告知的便捷渠道。②

较之个人信息保护法第二十三条和《网络安全标准实践指南—移动互联网应用程序（App）使用软件开发工具包（SDK）安全指引》的要求，个人信息保护法第二十二条“提供接收方信息”的要求最低，提供的信息最少，且无需再次获得个人信息主体的授权同意。

三、接收方变更处理目的和方式需履行的义务

变更涉及多种情况，如变更法律主体，变更隐私政策，变更授权目的，或者不再处理个人信息。不同变更情形企业所需履行的具体义务也有所差别：

（1）若仅变更法律主体，此时可以通过公告等方式告知个人信息主体；

（2）若需改变隐私政策中列明的个人信息处理目的、方式和范围，则需重新取得个人信息主体的明确同意，比如某App要把相关数据用于其他用户并未授权的目的，与其他业务相融合，此时需要弹出隐私政策，重新取得用户授权；

（3）若业务直接停止，此时不会有接收方，则需要提前发布公告，给个人信息主体留出充足时间处理其个人信息。

【相关规定】

《中华人民共和国个人信息保护法》第十三条、第二十二条。

---

① SDK，即Software Development Kit，中文译为“软件开发工具包”，一般指软件工程师为特定的软件包、软件框架、硬件平台、操作系统等建立应用软件时的开发工具的集合。

② 《网络安全标准实践指南—移动互联网应用程序（App）使用软件开发工具包（SDK）安全指引》，载全国信息安全标准化技术委员会秘书处网站，https：//www. tc260. org. cn/front/postDetail. html？id=20201126161240，最后访问时间：2021年10月6日。

第二十三条　【提供个人信息的单独同意与重新同意】 个人信息处理者向其他个人信息处理者提供其处理的个人信息的，应当向个人告知接收方的名称或者姓名、联系方式、处理目的、处理方式和个人信息的种类，并取得个人的单独同意。接收方应当在上述处理目的、处理方式和个人信息的种类等范围内处理个人信息。接收方变更原先的处理目的、处理方式的，应当依照本法规定重新取得个人同意。

【条文主旨】

本条是关于向其他个人信息处理者提供信息的要求的规定。

【条文理解】

本条与第二十二条规定结构类似，第二十二条是规定个人信息处理者转移个人信息的情形，本条涉及个人信息处理者向其他个人信息处理者提供个人信息的情形。主要涉及三方主体的权利义务关系：个人信息主体、原始个人信息处理者、接收方。

本条关于"取得同意"的义务与网络安全法的规定类似，网络安全法第四十二条第一款规定："网络运营者不得泄露、篡改、毁损其收集的个人信息；未经被收集者同意，不得向他人提供个人信息。但是，经过处理无法识别特定个人且不能复原的除外"，采取反向规定的方式，即若是取得被收集者同意，即可向他人提供个人信息，这与个人信息保护法第二十三条"并取得个人的单独同意"一致，仅是网络安全法采取反向规定，而个人信息保护法采取正向规定，并明确是"单独同意"。

民法典第一千零三十八条第一款也有相关规定，"信息处理者不得泄露或者篡改其收集、存储的个人信息；未经自然人同意，不得向他人非法提供其个人信息，但是经过加工无法识别特定个人且不能复原的除外"。可以发现，民法典的规定与网络安全法的表述类似，区别在于民法典要求"不得向他人非法提供其个人信息"，强调了"非法"，在个人同意条件上还要求符合法律规定。

《信息安全技术 个人信息安全规范》第 9.2 条有相似规定，"……向个人信息主体告知共享、转让个人信息的目的、数据接收方的类型以及可能产生的后果，并事先征得个人信息主体的授权同意。共享、转让经去标识化处理的个人信息，且确保数据接收方无法重新识别或者关联个人信息主体的除外……”对比可以发现，个人信息保护法中规定为“向其他个人信息处理者提供……”，而《信息安全技术 个人信息安全规范》采取的是“共享、转让”的表述，对比概念关系，“提供”概括性更强，更为周延。

本条与第二十条至第二十二条的关系可参见日本《个人信息保护法修正案》第二十三条的规定。日本《个人信息保护法修正案》第二十三条第二款为“个人信息处理业者向第三方提供个人信息”的相关规定，第三款明确受托人、企业合并继承、共同信息处理者不属于该条所述的“第三方”。

“告知接收方信息”的要求在SDK的治理中也有类似规定，根据《网络安全标准实践指南—移动互联网应用程序（App）使用软件开发工具包（SDK）安全指引》的要求，在App嵌入相关SDK时，需要向用户告知所接入的涉及个人信息收集的SDK的名称，SDK收集的个人信息类型、目的和方式，申请的敏感权限、申请目的等，并征得用户同意。SDK作为典型的提供服务的第三方，因存在大量的恶意行为、违法违规收集使用个人信息等问题，而被强制要求披露名称及处理的个人信息类型、目的和方式。个人信息保护法第二十三条中描述的向第三方提供个人信息的行为，其对个人信息主体的安全影响与SDK相类似。

此外，体系性理解个人信息保护法第二十条至第二十三条，可以发现，虽然相比于GDPR所规定的数据控制者（Data Controller）和数据处理者（Data Processor），个人信息保护法仅用“个人信息处理者”一个概念表述，从比较法角度存在差异理解问题，但个人信息保护法通过委托处理（第二十一条）和转移处理（第二十三条）两种方式的规定，实际上充分考虑了以“数据控制者”和“数据处理者”为理解背景的场景适用。从周延性的角度来说，并无实质不同。

【适用指南】

“第三方”目前并不是十分准确的法律概念，民法典中使用“第三人”的概念（未出现“第三方”），而且通常是指与双方当事人之间的诉讼标的有独立请求权或利害关系的他人。因此，草案二审稿将“第三方”修改为外延更大的“他人”概念，正式法律进一步修改为“其他个人信息处理者”，概念更为周延，也与民法典保持一致，将接收个人信息的他人明确为“接收方”概念，也更通俗易懂。

在向他人提供其处理的数据时，为了在最大程度上减少合规风险，需要将数据接收方的相关信息告知个人用户。而当前很多企业没有认识到将数据接收方披露的重要性，例如某啤酒厂商在其小程序的活动规则中有明确提到其收集的个人数据将会涉及第三方传输，但是并没有将接收方是谁披露出来，也没有提供联系方式，会产生较大的合规风险。

因此，企业在合规过程中需注意：

（1）除非属于个人信息保护法第十三条同意例外的事项，否则个人信息的共享需要取得个人的单独同意，例如 App 中小程序要获取用户账号信息时，应当通过弹窗授权的方式获取；

（2）个人信息的提供需要与接收方之间签署相关协议，约定权利义务关系，符合法律要求；

（3）接收方如果将相关个人信息用于用户没有单独同意的事项，则需要重新取得用户的授权同意；

（4）如果实践中既需要共享用户个人信息，又难以取得用户单独同意的，可以对相关个人信息进行无法识别个人且不能复原的匿名化技术处理。

在实践中禁止非法提供个人信息，例如“××堂非法提供个人信息案”①。2019 年 2 月 19 日，临沂市中级人民法院对该案作出二审判决，一审中全部 21 名被告终审判决有罪，刑期从十个月到四年六个月不等，且均并处罚金。该案被告人数之所以高达 21 人，是因为被告人既包括信息出售方、也包括信息购买方；既包括数据公司的负责高管，也包括了直接参与信息处理、交易的销售、技术等岗位员工。其中 6 名被告为××堂公司员工。××堂成立于 2011 年，其自称是一家专注于线下数据的互联网综合服务公司。

法院查明，××堂的营销产品线在运营时，由资源合作部购入数据，该案某被告之一所在的资源平台部负责接收数据，并将数据放入公司集群。另一被告所在的技术组根据产品组要求，将集群上的数据根据用户兴趣、爱好等分别打上不同标签，之后依据客户需求向其传输数据。

根据刑法第二百五十三条之一，违反国家有关规定，向他人出售或者提供公民个人信息，情节严重的，处三年以下有期徒刑或者拘役。该罪最高刑罚为七年。按照《最高人民法院、最高人民检察院关于办理侵犯公民个人信息刑事案件适用法律若干问题的解释》，非法获取、出售

① 案号：（2018）鲁 13 刑终 549 号。

公民行踪轨迹信息、通信内容、征信信息、财产信息 50 条以上的；住宿信息、通信记录、健康生理信息、交易信息等其他可能影响人身、财产安全的公民个人信息 500 条以上的；其他公民个人信息 5000 条以上的；违法所得 5000 元以上的，构成“情节严重”标准。此外，利用非法购买、收受的公民个人信息合法经营获利 5 万元以上的，也构成入罪的“情节严重”标准。

本案清晰地解答了在“侵犯公民个人信息罪”认定中，公司内部不同级别和岗位员工责任的认定问题，即在公司上、下级员工共同参与信息交易，且信息收集、处理、交易各环节由不同岗位员工分别完成的情况下，不同职级被告人的犯罪地位、作用如何认定，上级员工能否以没有直接实施具体交易行为为由减轻处罚，下级员工能否以被动执行公司职务为由免除刑责，技术岗位员工能否以仅负责技术问题未参与业务为由免除刑责？

本案的两审法院在判决中回答了以上问题，即被告人在企业中的职级以及具体分管的业务，直接决定了法院如何认定其在犯罪行为中所实际发挥的作用，即使存在高管被告人向下级授权、其并不具体实施犯罪行为的情况，此时法院依然会认为高管被告人对相关犯罪事实“应当知道”，因而并不能免除其所应当承担的主管责任；侵犯公民个人信息罪属于故意犯罪，若法院基于在案证据认定被告人知道或应当知道其所从事的技术工作属于犯罪行为的一部分，那中立性的技术工作便同时成为主犯犯罪的帮助行为，这种情况下，技术岗位员工当然应负刑事责任。

【相关规定】

《中华人民共和国网络安全法》第四十二条；《中华人民共和国民法典》第一千零三十八条；《中华人民共和国刑法》第二百五十三条之一。

第二十四条　【自动化决策】个人信息处理者利用个人信息进行自动化决策，应当保证决策的透明度和结果公平、公正，不得对个人在交易价格等交易条件上实行不合理的差别待遇。

通过自动化决策方式向个人进行信息推送、商业营销，应当同时提供不针对其个人特征的选项，或者向个人提供便捷的拒绝方式。

通过自动化决策方式作出对个人权益有重大影响的决定，个人有权要求个人信息处理者予以说明，并有权拒绝个人信息处理者仅通过自动化决策的方式作出决定。

【条文主旨】

本条是关于利用个人信息进行自动化决策的规定。

【条文理解】

个人信息保护法吸纳了电子商务法第十八条和《信息安全技术 个人信息安全规范》第 7.5 条关于定向推送和个性化展示的规定，在第二十四条新增了对自动化决策的规定，在一定程度上保障了个人信息主体的选择权、知情权和决定权，并针对公众热议的“大数据杀熟”问题进行回应。

第一款要求自动化决策的过程透明、结果公平。

第二款中通过自动化决策方式进行商业营销、信息推送的行为在电子商务法第十八条、《App 违法违规收集使用个人信息行为认定方法》第三点中均有类似规定。此前在《信息安全技术 个人信息安全规范》第 7.5 条中，也对向个人信息主体提供电子商务服务或推送新闻信息服务中使用个性化展示的行为进行了约束，但对提供电子商务服务的个人信息控制者的要求与提供推送新闻信息服务的个人信息控制者的要求不同。推送新闻信息服务的个人信息控制者不仅需要同时向消费者提供不针对其个人特征的选项，还应当向个人信息主体提供简单直观的退出或关闭个性化展示模式的选项。个人信息保护法草案二审稿的修订，将个人信息主体的退出权利拓展到了商业营销中，是立法实践中的进步。

第三款“个人有权要求个人信息处理者予以说明”是否规定了算法解释权存在争议。法国 1972 年《关于信息技术、数据文件和公民自由的信息自由法案》、1978 年《数据保护法》，经济合作与发展组织《隐私保护与个人数据跨国流通指南》第十二条和第十三条，欧盟 1995 年《数据保护指令》第十二条均规定了算法解释权。GDPR 第十三条第二款第（f）项和第十四条第二款第（g）项也规定，数据主体有权了解自动化决策涉及逻辑的有意义信息和该处理对数据的设想后果和重要性。在我国，有学者认为，算法解释权已成为学界共识并在多国实践中展开。[①] 也有学者认为，本条规定是在相对人遭受重大损害时，算法使用人应承担的重要信息说明义务，属于相对人知情权的范畴。[②]

第三款后半段明确了信息主体拥有反自动化决策权。GDPR 中的第二十二条第一款规定了信息主体对自动化决策的拒绝权，但第二款同时列出了几种除外情况：“（1）自动化决策的决定是缔结、履行个人数据主体与数据控制者之间的合同所必需的；（2）欧盟或成员国法律授权数据处理者所作的，并且该等法律也同时提供了保护个人数据主体权利、自由及合法权益的适宜措施；（3）个人数据主体已给予了明示同意。”

虽然在除外情况的（1）、（3）两种情形中，个人数据主体也至少有权表达反对意见并要求数据控制者进行人工干预，但情形（2）赋予欧盟及其成员国通过其他法律约束个人信息主体该项权利的权力。GDPR 第二十条第二款规定，在基于合同、法律或同意的例外情形下，信息主体不享有拒绝权但享有第三款赋予的异议权。

个人信息保护法第二十四条虽然强调了利用个人信息进行自动化决策，应当保证决策的透明度，但该透明度具体在实践中该如何体现，暂未有详细的说明。参考《信息安全技术 个人信息安全规范》第 7.5 条第 d）项的要求，“在向个人信息主体提供业务功能的过程中使用个性化展示的，宜建立个人信息主体对个性化展示所依赖的个人信息（如标签、画像维度等）的自主控制机制，保障个人信息主体调控个性化展示相关性程度的能力”。给予个人信息主体调控个性化展示相关性程度的能力不失为展现决策透明度的一种表现。

个人信息保护法一审稿第二十五条第一款允许个人信息主体在其“认为自动化决策对其权益造成重大影响”时，要求个人信息处理者予以说明和拒绝个人信息处理者仅以自动化决策的方式作出决定，这可能导致个人信息主体随意向企业提出说明请求，大大增加企业应对个人信息主体行权的负担。草案二审稿第二十五条第三款删去了“个人认为”的主观前提，将重大影响的判断由主观标准调整为客观标准，降低了个人信息主体滥用权利的可能性。

对通过自动化决策方式进行商业营销、信息推送的，除了一审稿已规

---

① 张凌寒：《商业自动化决策算法解释权的功能定位与实现路径》，载《苏州大学学报（哲学社会科学版）》2020 年第 2 期。

② 贾章范：《论算法解释权不是一项法律权利——兼评〈个人信息保护法（草案）〉第二十五条》，载《电子知识产权》2020 年第 12 期。

定的、通常适用于App场景下的“提供不针对个人特征的选项”之外，草案二审稿增加了“向个人提供拒绝的方式”这一选项，为个人信息主体提供了更多的选择。

【适用指南】

近年来，一些商家通过收集、分析个人信息并进行“大数据杀熟”的行为，受到社会各界诟病。个人信息保护法对“大数据杀熟”等问题作出规制，其充分赋予个人自主选择是否接受自动化决策的权利。[①]

与此同时，2021年8月17日，市场监管总局还起草了《禁止网络不正当竞争行为规定（公开征求意见稿）》，其中明确了：利用数据、算法等技术手段，通过收集、分析交易相对方的交易信息、浏览内容及次数、交易时使用的终端设备的品牌及价值等方式，对交易条件相同的交易相对方不合理地提供不同的交易信息，侵害交易相对方的知情权、选择权、公平交易权等，扰乱市场公平交易秩序，实施“大数据杀熟”的行为，均会受到《反不正当竞争法》的限制。[②]

但需要注意的是，数据和技术一样，本身具有中立性，将算法分析可能导致的价格歧视归咎于数据处理有“原罪”，因而要求限制数据的收集和使用是非理性的。其实，“大数据杀熟”问题和数据的收集无关，关键在于所收集数据的使用是否合法正当。事实上，无论是个人信息保护法抑或2021年2月7日颁布的《国务院反垄断委员会关于平台经济领域的反垄断指南》，其规制对象皆仅为无合理理由的基于价格的差别化待遇，由此，“差异化定价”合规与否应依业务场景判断，不宜一律打上“大数据杀熟”的标签，而其判断的关键在于是否会侵犯消费者权益，有损消费者福利。随着数字技术的普及，经营者能够通过监视个人的在线行为来收集有关消费者的详细信息。这也导致反垄断法在规制个性化定价算法的标准上与规制传统价格歧视行为时有所不同，需要在适用法律时给予高度关注。[③] 但差异化定价背后的原因很复杂，因为大数据的算法模型是否会导致歧视的

---

① 赵晨熙：《个人信息保护法草案三审稿提请审议 对大数据杀熟等作出针对性规范》，载中国人大网，http://www.npc.gov.cn/npc/c30834/202108/4434d8e936ef467a99912513ccfbc3e5.shtml，最后访问时间：2021年9月15日。

② 《〈禁止网络不正当竞争行为规定〉公开征求意见》，载市场监管总局网，http://www.samr.gov.cn/hd/zjdc/202108/t20210817_333683.html，最后访问时间：2021年9月15日。

③ 周围：《人工智能时代个性化定价算法的反垄断法规制》，载《社会科学文摘》2021年第2期。

产生取决于数据数量和质量。差异化定价法律规制的真正难题在于如何协调经营者的商业自由（包含定价自由）与交易公平（尤其是消费者的交易公平）。例如定价算法解释具体规制规则的设定，需要综合考虑自动化决策场景中的“算法可解释性”与“决策真实性”之关联，以及企业商业秘密保护的需求。[①]

近期，杭州互联网法院对一起涉及算法自动化决策的司法审查案件作出判决。[②] 在该案中，被告所运营的网站平台以大数据排查的方式认定原告账户存在“流量异常”，冻结其佣金 17 万元。原告则以协议条款不符合公平规定、平台未披露判定流量异常证据等为由，要求平台解除对自身账户的冻结。法院认为，平台利用算法进行自治具有正当性，用户也有权对自动化决策提出怀疑和申诉，而司法机构不能仅凭大数据专业分析报告进行司法审查。目前该判决已生效，这意味着平台根据算法进行自动化决策有了更权威的标准。

此条可能会在今后的实务应用中与相关 AI 算法的监管结合比较紧密。

从自动化决策的过程和结果要求看，与 GDPR 第二十二条相类似，个人信息安全法强调自动化决策的透明和处理结果的公平合理，并为个人提供了救济途径。举例来说，在金融借贷场景下，如果依据数据模型自动决定个人贷款额度的，个人可以要求个人信息处理者作出说明并有权拒绝个人信息处理者仅以数据模型自动决策的方式作出决定，相对应地，在个人依据本条提出权利主张的情况下，个人信息处理者可能需要对个人的贷款额度进行人工复核。

总结而言，企业在合规中需注意：

（1）实践中涉及个性化推荐（如个性化广告投放等）的，应当设置一键退出个性化推荐的选项；

（2）个性化推荐以外的算法自动化决策，比如利用算法来判断是否具有贷款资格，是否具有购房资格的，需要保留人工客服通道，允许用户对算法提出挑战，进行人工复核；

（3）如果利用算法进行自动化决策涉及收集使用个人信息的，应当通过隐私政策或用户协议等方式明确告知个人信息主体。

---

① 许可、朱悦：《算法解释权：科技与法律的双重视角》，载《苏州大学学报（社会科学版）》2020 年第 2 期。

② 张雅婷、周怀阳：《平台用算法进行自动化决策如何保证合规？杭州互联网法院这样判》，载 21 世纪经济报道，https：//www. 163. com/dy/article/GJQ9QGRS05199NPP. html，最后访问时间：2021 年 9 月 15 日。

【相关规定】

《中华人民共和国电子商务法》第十八条；《App 违法违规收集使用个人信息行为认定方法》；《国务院反垄断委员会关于平台经济领域的反垄断指南》。

第二十五条　【个人信息公开】个人信息处理者不得公开其处理的个人信息，取得个人单独同意的除外。

【条文主旨】

本条是关于个人信息公开的原则要求和例外情形的规定。

【条文理解】

本条规定个人信息“以不公开为原则，以公开为例外”。

民法典第一百一十一条明确规定“不得非法买卖、提供或者公开他人个人信息”；《信息安全技术 个人信息安全规范》第 9.4 条规定了“个人信息原则上不应公开披露”，以及“个人信息控制者经法律授权或具备合理事由确需公开披露时”应符合的具体要求。

对比个人信息保护法草案二审稿与一审稿对第二十六条（即正式法条中第二十五条）的表述，可以看到二审稿删去了“法律、行政法规另有规定的除外”这一表述。正式法条与二审稿保持一致，删去的原因或许是避免表述的冗余。个人信息保护法第十三条已对个人信息处理者处理个人信息的合法性基础进行了列举，囊括了“（三）为履行法定职责或者法定义务所必需”；及“（七）法律、行政法规规定的其他情形”。

鉴于个人信息保护法第四条第二款规定了“个人信息的处理包括个人信息的收集、存储、使用、加工、传输、提供、公开、删除等”。因而“公开”作为个人信息处理的一种方式，其合法性基础也为第十三条所涵盖。故第二十五条着重强调的是在处理个人信息的合法性基础是个人的同意时，针对个人信息处理者“公开”这一行为，对其获取个人的“同意”是否有特殊要求。

此外，关于个人信息公开的规定还体现在个人信息保护法第二十七条，即“个人信息处理者可以在合理的范围内处理个人自行公开或者其他已经合法公开的个人信息；个人明确拒绝的除外。个人信息处理者处理已公开的个人信息，对个人权益有重大影响的，应当依照本法规定取得个人同意”。

【适用指南】

当前，出于政府信息公开、司法透明、建设社会信用体系等诸多目的，多个政府机关通过其主办的网站（如国家企业信用信息公示系统、信用中国网、中国裁判文书网、中国执行信息公开网等）经常性地发布一些可能含有公民个人信息的内容，这些网站已然成为我们查询、了解市场主体信用情况的重要途径，政府也成了大量信息的原始采集者。此种公开目的是基于履行法定职责。

实践中泄露出来公开出售的信息，包括公民信息，银行、证券等金融机构的客户信息，各大电信运营商的机主以及互联网、快递、酒店、房地产、航空、医院、学校等各行各业的客户、用户信息。[①]

因此，针对此种非法公开个人信息的行为，个人信息保护法予以严厉规制，其要求除非取得单独同意，否则不得公开处理个人信息。

单独同意是指个人信息处理者要针对特定的数据处理活动征得个人的同意，且不能与其他的征得同意活动捆绑在一起，但其仍旧属于个人同意的范畴，仍可以适用于个人信息保护法第十三条最后一款规定。因此本法草案二审稿将“法律、行政法规另有规定的除外”删去，并不意味着企业在公开披露个人信息时必须取得个人单独同意。企业仍可以援引本法第十三条第一款第二项至第七项规定的合法性基础，而无需取得个人同意。

从原则要求看，以不公开为原则，因为一般来说，公开个人信息可能会加大个人信息权益受侵犯的风险；从例外情形看，取得个人单独同意或者法律、行政法规另有规定的情况下可以公开个人信息。对于取得个人同意公开个人信息的情况下，需要遵循个人信息保护法的一般要求，即向个人告知并确有必要公开。

实践中，经常发生个人同意进行的个人信息处理活动，但在个人信息处理期间发现个人信息处理者存在“过度处理”其个人信息的行为，该个

---

① 参见曹梦阳：《“暗网不暗”，数十亿条个人信息明码标价，售卖猖獗》，载微信公众平台，https：//mp. weixin. qq. com/s/8SFcRKLdzrcW83LSKRH8NQ，最后访问时间：2021 年 9 月 15 日。

人想撤回其之前的同意，但在网络平台的环境下，个人撤回其同意的行为必须得到个人信息处理者的配合，否则个人无法实现所谓“有权撤回其同意”之目的。个人信息保护法确立的未经个人单独同意不得公开个人信息，以及“个人信息处理者应当提供便捷的撤回同意的方式”的个人信息处理规则，遵循了“以人民为中心”的理念，体现了数据私权至上的个人信息处理规则。

若是未经本人允许或授权擅自将其个人信息在网络上进行公开，侵害了公民的个人信息，应承担侵权责任。例如，王某某向济宁市任城区人民法院起诉称：2020 年 9 月 4 日，被告王某甲、王某乙未经原告王某某同意将含有原告王某某身份信息（姓名、身份证号码、出生日期、家庭住址）的济宁市任城区人民法院（2020）鲁 0811 民初 8423 号民事调解书通过网络发布，严重侵犯王某某个人隐私。2021 年 1 月 19 日，公安机关对二被告作出罚款 500 元的行政处罚决定。为维护原告的合法权益，根据民法典的相关规定，诉请：判令二被告以书面方式向原告赔礼道歉，并将其书写的赔礼道歉信在其全部社交圈（即在被告微信圈或报纸）中公开发布，消除影响，恢复名誉；判决二被告向原告支付经济赔偿金 3 万元；诉讼费等费用由被告承担。

被告王某甲、王某乙辩称：1. 本案为隐私权、个人信息保护纠纷，并未对原告的名誉权产生影响。2. 原告要求被告在其“全部社交圈中公开发布”的诉求也是一种不明确的诉讼请求。被告将未打马赛克的调解文书发布系失误操作，发现后立即删除了相关原始载体的照片，主动停止了侵权行为，且原始载体为济宁市任城区人民法院为原被告双方制作的调解书，显示的内容是原被告双方在真实意思表示下对其权利义务的处分，原始载体中的内容并未侵犯原告的名誉权，也未对原告造成任何的经济影响、精神影响。3. 在认定人格侵权责任应考虑的主要因素中，应当考虑行为人和受害人的职业、影响范围、过错程度，以及行为的目的、方式、后果等因素。综上，原告的诉求不应得到法院的支持，请求法院依法判决驳回原告的诉讼请求。

济宁市任城区人民法院判决：一、被告王某甲、王某乙于判决生效之日起十日内在其发布（2020）鲁 0811 民初 8423 号民事调解书的两个贴吧所辐射到的网络影响范围内公开向原告王某某赔礼道歉；二、驳回原告王某某的其他诉讼请求。判决后双方当事人均未提出上诉。①

① 参见于发春：《利用网络公开个人信息的责任认定》，载微信公众平台，https://mp.weixin.qq.com/s/VqqQZS4Hv3kETqgt70UJcQ，最后访问时间：2021 年 11 月 8 日。

民法典将个人信息作为人格权范围内的一项重要民事权益予以保护，说明对个人信息的保护可以采取人格权的保护方法，民法典第一千一百六十五条第一款是个人信息遭受侵害的被侵权人的请求权基础，即在归责原则上均为一般过错责任。本案中，被告王某甲、王某乙将含有原告王某某姓名、身份证号码、出生日期、家庭住址等个人信息的民事调解书通过某网络平台发布，未经作为个人信息主体的王某某同意，王某甲、王某乙对发布王某某个人信息的行为存在主观过错，且该行为对王某某的生活安宁造成滋扰。故王某甲、王某乙的上述行为构成对王某某合法权益的侵害，应承担侵权责任。

个人信息保护法颁布后，也可以成为个人信息主体寻求救济的新依据，具体适用注意点仍待未来司法判例进行阐释。

总结而言，企业在合规时需注意：

（1）公开个人信息前，必须取得个人的单独同意；

（2）如果依据法律进行公开的，则不需要单独同意，例如公开违法犯罪人员个人信息的。

【相关规定】

《中华人民共和国民法典》第一百一十一条、第一千一百六十五条。

第二十六条　【公共场所图像采集与个人身份识别】 在公共场所安装图像采集、个人身份识别设备，应当为维护公共安全所必需，遵守国家有关规定，并设置显著的提示标识。所收集的个人图像、身份识别信息只能用于维护公共安全的目的，不得用于其他目的；取得个人单独同意的除外。

【条文主旨】

本条是关于公共场所安装图像采集、个人身份识别设备的规定。

【条文理解】

本条未将安装图像采集的主体限定为国家机关，即信息处理者涵盖一般主体。

在信息时代，人们在享受科技带来的便利的同时，也面临人脸数据等公民个人信息被滥用的焦虑和困扰。与之相伴的是公众对强化人脸信息保护的呼声渐高，期待搭建更完善的个人信息保护体系。2021 年 7 月，《最高人民法院关于审理使用人脸识别技术处理个人信息相关民事案件适用法律若干问题的规定》公布，针对实践中反映的突出问题，对人脸识别技术的应用从法律层面进行规制。刚刚出台的个人信息保护法，也设立专章对敏感个人信息的处理原则进行规范。保护公民个人信息的法律网正在逐渐织密。

个人信息保护法第二十六条要求，在公共场所安装人脸识别设备的，应当为维护公共安全所必需，所收集的个人图像、个人身份特征信息也只能用于维护公共安全的目的，不得用于其他目的，除非取得了个人的单独同意。

在实践中，“公共安全”这一概念的含义并不十分明确。“维护公共安全”这一认定谁有权作出？是否需要批准程序？谁可以安装图像采集和个人身份识别设备？即使是出于维护公共安全的目的，如何防止信息被过度收集？这些问题都亟待配套规则予以细化。

同时，虽然经过个人单独同意，个人信息处理者可以公开或向他人提供所收集的个人图像及个人身份信息，但实践中个人信息处理者该以何种方式获得个人信息主体的单独同意？该问题也有待根据实践经验进一步探讨。

《最高人民法院关于审理使用人脸识别技术处理个人信息相关民事案件适用法律若干问题的规定》第五条前三项规定了应对突发公共卫生事件、维护公共安全、为公共利益实施新闻报道、舆论监督等行为处理人脸信息的合法性，第四项规定了基于“同意”的合法性基础。

【适用指南】

实践中已经存在公共场所安装图像采集、个人身份识别设备的情况，比如商场安装人脸识别摄像头，用于统计人流量和识别重要客户等。根据个人信息保护法的规定，前述场景下很难满足“维护公共安全所必需”的要求，“法律、行政法规另有规定”基本也难以适用，而“取得个人单独同意”同样存在很大难度。

值得注意的是，针对举证难的问题，《最高人民法院关于审理使用人脸识别技术处理个人信息相关民事案件适用法律若干问题的规定》对举证责任进行了更合理的分配。在民事领域，“谁主张，谁举证”是一般情况下的举证规则。该规定充分考虑双方当事人的经济实力不对等、专业信息不对称等因素，在举证责任分配上给信息处理者更多的举证责任。针对一些 App 通过强制捆绑等不合理方式索取人脸信息等公民个人信息的问题，该规定和个人信息保护法都明确了“单独同意规则”，即 App 如果想要处理人脸信息等敏感信息，需要单独征得用户的同意。

为确保制度落地，个人信息保护法还专门设立公益诉讼条款，明确将个人信息保护纳入检察公益诉讼法定领域。对此，2021 年 8 月 21 日，最高人民检察院下发《关于贯彻执行个人信息保护法推进个人信息保护公益诉讼检察工作的通知》，要求各级检察机关深刻领会个人信息保护法设置公益诉讼条款的重要意义，进一步增强检察履职的责任感和紧迫感，切实加大办案力度，推动公益诉讼条款落地落实。①

2021 年的“3·15”晚会上，部分企业违法采集人脸数据事件被曝光引起社会关注。得知情况后，广东省检察院立即梳理相关线索，鼓励其他地市检察机关搜索本地媒体曝光的违法采集人脸数据的新闻线索，全省检察机关对部分辖区住宅小区、房地产售楼部、商场、培训机构等安装人脸识别系统的场景深入摸排。截至 7 月，全省共排查线索 317 条，惠州、江门、佛山、肇庆、广州、珠海、韶关、揭阳 8 个地市检察机关启动行政公益诉讼程序，立案 249 件，办理诉前程序案件 34 件。②

之前，由上海市奉贤区检察院办理的一起侵犯公民个人信息刑事附带民事公益诉讼案公开宣判，庭审现场全程网络直播引起公众关注。该案中，2020 年 6 月至 9 月，上海某网络科技公司程序员李某制作了一款能够非法窃取手机相册照片的“黑客软件”，将其伪装成“颜值检测”软件，在某网站发布，提供免费下载。用户安装该软件后，未经授权，软件就能窃取用户手机相册照片并自动上传存储至服务器后台。经查，该软件共窃取照片 1751 张，其中部分照片含有人脸信息、自然人姓名、身份证号码、住址等 100 余条公民个人信息。此外，李某还从非法渠道购买含有 QQ 账号、车房借贷等重要信息的“资料库”。出于炫耀，他将这些信息资料免费分享到某 QQ 群并提供下载。经鉴定，该资料库包含公民个人信息共计 8100 万余条。

2021 年 8 月，奉贤区检察院以李某涉嫌侵犯公民个人信息罪向该区法院提起公诉，并提起刑事附带民事公益诉讼。检察官认为，被告人李某违反国家有关规定，非法获取并向他人提供公民个人信息，涉嫌侵犯公民个人信息罪。李某的行为同时侵犯了不特定多数人的个人隐私及个人信息安全，损害了社会公共利益，请求法院判令李某在国家级新闻媒体上公开赔

① 《最高检推进个人信息保护公益诉讼检察工作》，载《人民日报》2021 年 8 月 26 日。
② 《人脸识别时代，该如何说“不”》，载《检察日报》2021 年 9 月 13 日。

礼道歉，下架并删除“颜值检测”软件及相关代码，删除存储的公民个人信息并注销侵权所用 QQ 号。

2021 年 8 月 23 日，奉贤区法院对该案公开审理，当庭作出一审判决，以侵犯公民个人信息罪判处李某有期徒刑三年，缓刑三年，并处罚金 1 万元，同时支持检察机关全部公益诉讼请求。①

2021 年 9 月 1 日，江苏省市场监管局公布三起非法采集消费者人脸信息典型案例，分别为××掌公司销售×××会员识别分析仪及人脸识别服务、×樾公司楼盘售楼处采购安装具有人脸识别功能的摄像设备、×谦公司楼盘售楼处及洽谈区域安装人脸信息抓拍摄像机。以上案例均涉及非法采集消费者人脸信息行为。相关部门提醒，企业确需收集、使用个人信息，应当同时遵循合法、正当、必要原则，明示收集、使用信息的目的、方式和范围，并经消费者同意。消费者如发现自身权益受到侵犯，可及时拨打 12315 服务热线进行维权。②

总结而言，企业在合规时需注意：

1. 基于安防监控等公共目的收集的视频图像，不得用于非安防监控目的。

2. 要使用人脸信息用于非公共安全目的的，应当取得用户的单独同意，属于个人信息保护法第十三条规定的同意例外情形除外。

【相关规定】

《最高人民法院关于审理使用人脸识别技术处理个人信息相关民事案件适用法律若干问题的规定》。

第二十七条　【已公开个人信息的处理】个人信息处理者可以在合理的范围内处理个人自行公开或者其他已经合法公开的个人信息；个人明确拒绝的除外。个人信息处理者处理已公开的个人信息，对个人权益有重大影响的，应当依照本法规定取得个人同意。

---

①《人脸识别时代，该如何说“不”》，载《检察日报》2021 年 9 月 13 日。

②《公布三起非法采集消费者人脸信息典型案例，保障消费者权益》，载人民网，http：//js. people. com. cn/n2/2021/0901/c360303-34894203. html，最后访问时间：2021 年 9 月 15 日。

【条文主旨】

本条是关于处理已公开个人信息的要求的规定。

【条文理解】

民法典第一千零三十六条第一款规定："处理个人信息，有下列情形之一的，行为人不承担民事责任：……（二）合理处理该自然人自行公开的或者其他已经合法公开的信息，但是该自然人明确拒绝或者处理该信息侵害其重大利益的除外"。

GDPR 第九条第一款规定禁止处理特殊种类的个人数据，第二款第（e）项规定，对于被数据主体明确公开的个人数据除外。

个人信息保护法第二十七条规定，当处理已公开的个人信息对个人权益有重大影响时，才需取得个人同意。若个人信息主体将其个人信息公开在某个人信息处理者 A 控制的商业运营网站/平台上时，另一个人信息处理者 B 在获取该部分公开的个人信息时，是否需要取得个人信息处理者 A 的同意？本条的规定意味着个人信息处理者 B 在处理用户公开在个人信息处理者 A 的平台上的内容时，只要符合用户公开信息时的目的，在合理范围内使用，即不再需要 A 的授权。

【适用指南】

网络爬虫技术是采集大数据的主要方式之一，也是重要的大数据信息来源。但基于商业利益等因素的考量，部分网站会选择通过制定和公布机器人协议（Robots 协议）或通过设置技术性障碍或通过平台服务协议等方式来限制或禁止外部爬虫访问特定的数据信息。若被爬取数据的网站并未开放或授权数据采集，以爬虫方式收集数据信息的行为可能会违反机器人协议，构成侵权、侵犯商业秘密或者不正当竞争；即使无 Robots 协议[①]，根据爬取行为的严重性不同，也可能构成不同的侵权、违法甚至犯罪行为。

根据爬取行为的严重性不同，可能构成不同的侵权、违法甚至犯罪行为，见下表：

---

① Robots 协议，也称爬虫协议、爬虫规则、机器人协议，是网站国际互联网界通行的道德规范。通过 Robots 协议，被爬取数据的网站能够告诉数据爬取方可以爬取的数据种类和范围等。

行为	法律规范	合规风险
违反 Robots 协议	反不正当竞争法 网络安全法 刑法	可能构成不正当竞争，还需要根据后续利用具体判定。
未经授权侵入政府内网或后台服务器（包括窃取账号登录）	刑法 网络安全法	可能构成非法侵入计算机信息系统罪或者行政违法。
破解或规避技术保护措施，未经授权或超越授权获取数据，违规使用他人内网账号、密码登录获取数据	刑法	可能构成非法获取计算机信息系统数据罪。
爬取的信息是个人相关信息，未经个人授权收集个人信息或者超范围过度收集个人信息	刑法 网络安全法 个人信息保护法	可能构成侵犯公民个人信息罪或者行政违法。
有意规避或破坏技术措施，获取他人采取保密措施的技术信息	反不正当竞争法 刑法	可能构成侵犯商业秘密罪或不正当竞争。
突破权利人在版权作品上设置的技术保护措施爬取信息	著作权法 刑法	可能构成著作权侵权。
因爬虫行为导致对方网站无法正常访问	民法典 刑法	可能需要承担民事侵权责任，情况严重的有刑事入罪风险。

在个人信息保护法出台前，就 B 对用户授权 A 公开的数据的爬取/收集这一行为，我国的司法判例主要倾向于仍然需要获得 A 的授权，如甲公司诉乙公司不正竞争一案[①]中，法院审理后认为，乙公司通过搜索技术从甲公司等网站获取信息，并将搜索引擎抓取的信息直接提供给网络用户，其和甲公司一样都向网络用户提供商户信息和点评信息，乙公司不仅是搜

① 案号：(2016) 沪 73 民终 242 号。

索服务提供商，还是内容提供商。乙公司通过××地图和××知道与甲公司争夺网络用户，可以认定乙公司与×涛公司（即甲公司的运营方）存在竞争关系。乙公司的搜索引擎抓取涉案信息不违反 Robots 协议，但这并不意味着乙公司可以任意使用上述信息，乙公司应当本着诚实信用的原则和公认的商业道德，合理控制来源于其他网站信息的使用范围和方式，否则其完全可以凭借技术优势和市场地位，以极低的成本攫取其他网站的成果，达到排挤竞争对手的目的。

个人信息保护法出台后，宣判了一起著名的“数据爬虫案”，即“丙公司与丁公司数据爬虫案”，2017 年，丙公司认为丁公司在其网站的 Robots. txt 文件中，仅针对丁公司软件进行限制，阻止丁公司软件的网络机器人抓取丁公司平台中对公众和其他所有网络机器人完全公开并可以自由访问的网站内容，这项行为违反了互联网行业公认的商业道德，构成不正当竞争。这成为本案的导火索，丙公司据此提起对丁公司的不正当竞争之诉。本案于 2021 年 10 月 8 日发布终审判决。

本案一审法院认为，丁公司对丙公司设置唯一黑名单的行为影响丁公司软件的使用，破坏公平竞争秩序，也违背开放信息的原则，违反行业公认的商业道德，构成不正当竞争。

二审法院认为，通过 Robots 协议对网络机器人进行限制并不当然违背互联网行业的商业道德；非搜索引擎场景应用与搜索引擎不同，因此在对非搜索引擎网络机器人通过 Robots 协议进行限制时，不宜当然地借用对于搜索引擎进行限制的规则；《互联网搜索引擎服务自律公约》仅可作为搜索引擎服务行业的商业道德，而不能成为互联网行业通行的商业道德；Robots 协议的合法性，应结合协议设置方与被限制方所处的经营领域和经营内容、被限制的网络机器人应用场景、协议的设置对其他经营者、消费者以及竞争秩序的影响等多种因素进行综合判断。

本案最终认定丁公司系在行使其自主经营权，设置 Robots 协议限制抓取并非不正当竞争。

法律通常需要在公利和私利之间找到最佳平衡点，促成社会与个人的共同发展。诚如“丙公司与丁公司数据爬虫案”的二审判决书所述：“在判断 Robots 协议对于网络机器人限制行为的正当性时，其核心在于保护网站经营者的自主经营权与维护其他经营者利益、维护消费者利益、维护竞争秩序之间的平衡。”①

---

① 案号：（2021）京民终 281 号。

但是在2021年的戊公司爬虫案中，戊公司的入罪原因，既不是在数据收集环节未经社保、公积金、运营商等平台授权爬取个人信息，也不是在数据提供环节向下游暴力催收公司提供数据服务，而是在未经用户授权的情况下非法留存数据而被判处刑罚。

2019年9月，戊公司被杭州警方调查。2020年9月10日，杭州市西湖区人民检察院以戊公司、周某、袁某犯侵犯公民个人信息罪，向西湖区人民法院提起公诉。

法院查明，2016年年初，被告单位戊公司由周某等人出资成立，被告人周某系戊公司法定代表人、总经理，负责公司整体运营，被告人袁某系戊公司技术总监，技术负责人，负责相关程序设计。戊公司主要与各网络贷款公司、小型银行进行合作，为网络贷款公司、银行提供需要贷款的用户的个人信息及多维度信用数据，其方式是戊公司将其开发的前端插件嵌入网贷平台中，在网贷平台用户使用网贷平台的App借款时，贷款用户需要在戊公司提供的前端插件上，输入其通讯运营商、社保、公积金、淘宝、京东、学信网、征信中心等网站的账号、密码，经过贷款用户授权后，戊公司的爬虫程序代替贷款用户登录上述网站，进入其个人账户，利用各类爬虫技术，爬取（复制）上述企、事业单位网站上贷款用户本人账户内的通话记录、社保、公积金等各类数据，并按与用户的约定提供给网贷平台用于判断用户的资信情况，并从网贷平台获取每笔0.1元至0.3元不等的费用。其间，戊公司在和个人贷款用户签订的《数据采集服务协议》中明确告知贷款用户“不会保存用户账号密码，仅在用户每次单独授权的情况下采集信息”，但未经用户许可仍采用技术手段长期保存用户各类账号和密码在自己租用的某服务器上。被告人周某知道公司存在保存用户账户密码的行为，未尽管理职责；被告人袁某负责编写具有保存用户账户密码功能的网关程序。截至2019年9月案发时，对戊公司租用的某服务器进行勘验检查，发现以明文形式非法保存的个人贷款用户各类账号和密码条数多达21241504条。其中大部分账号密码无法二次使用，仅有邮箱等部分账号密码存在未经用户授权被戊公司二次使用的情况。

法院认为，被告单位戊公司以其他方法非法获取公民个人信息，情节特别严重，其行为已构成侵犯公民个人信息罪。被告人周某、袁某分别系对被告单位戊公司侵犯公民个人信息行为直接负责的主管人员和其他直接责任人员，其行为均已构成侵犯公民个人信息罪。①

① 案号：（2020）浙0106刑初437号。

透过此案可以发现，用户在账号内的信息，虽存储在第三方平台账户内，但经过用户单方授权许可，法院并未以此认定戊公司还需经过用户和第三方平台双重授权才能获取数据。这说明杭州市西湖区法院倾向于认同，用户存储在第三方平台账户内的信息，凭借用户单方授权即可，无需平台再次授权。

在民法典第一千零三十六条第一款第二项的基础上，个人信息保护法对于处理已公开的个人信息提出了更严格的要求。举例来说，A 想要出售房子，自行在网络上发布了房子的信息和自己的联系方式。某汽车销售商 B 看到了 A 的联系方式，与 A 进行联系，但是是为了销售汽车而不是为了购买房子。在该例子中，汽车销售商的个人信息处理行为就很难被论证为是在 A 公开信息用途相关的合理范围内进行的处理。

总结而言，企业合规时需注意：

1. 公开的个人信息可在合理范围内使用。例如采集公众人物的人脸图片，用于舆情分析和处置；采集公开的中介电话，用于制作中介通讯录。但是，如果用户明确提出拒绝使用的，应当不得使用或接到通知后立即删除。

2. 公开的个人信息不得用于对用户权益有重大影响的用途。例如，将网上公开的明星照片用于业务的商业宣传，该使用可能会侵犯明星的肖像权。

【相关规定】

《中华人民共和国民法典》第一千零三十六条。

第二节　敏感个人信息的处理规则

第二十八条　【敏感个人信息的定义及处理】 敏感个人信息是一旦泄露或者非法使用，容易导致自然人的人格尊严受到侵害或者人身、财产安全受到危害的个人信息，包括生物识别、宗教信仰、特定身份、医疗健康、金融账户、行踪轨迹等信息，以及不满十四周岁未成年人的个人信息。

只有在具有特定的目的和充分的必要性，并采取严格保护措施的情形下，个人信息处理者方可处理敏感个人信息。

【条文主旨】

本条是关于敏感个人信息的定义及处理的规定。

【条文理解】

本条作为个人信息保护法第二章第二节“敏感个人信息的处理规则”首个条款，对敏感个人信息定义以及敏感个人信息处理的前提予以阐述。在对敏感个人信息的界定上，通过“概括+列举”的方法明确敏感个人信息是一旦泄露或者非法使用，容易导致自然人的人格尊严受到侵害或者人身、财产安全受到危害的个人信息，同时列举了属于该范围的敏感个人信息，如生物识别、宗教信仰、特定身份、医疗健康、金融账户、行踪轨迹等信息，以及不满十四周岁未成年人的个人信息。“概括+列举”方法的使用能最大程度地确定敏感个人信息的范围，与一般个人信息划分界限。

一方面，本条文在对“敏感个人信息”概念的解释上，明确了客观侵害行为的类型，确认了可能受到侵害的客体种类。通过对条文的理解，只要符合行为要件和客体要件，便可对敏感个人信息予以界定。易言之，只要行为要件存在“泄露”或“非法使用”两种情况之一，危害到人格尊严或人身、财产安全两种客体之一，即属于本条所规定的敏感个人信息。从行为要件层面上看，侵害行为包括“泄露”和“非法使用”：“泄露”是指个人信息一旦被泄露，将导致个人信息的主体及收集、使用个人信息的组织和机构丧失对个人信息的控制能力，造成个人信息扩散范围和用途的不可控；“非法使用”应指的是敏感个人信息被用于非法途径，如信息主体的身份证复印件被他人用于违法活动。从客体层面上看，敏感个人信息主要涉及自然人的人格尊严或者人身、财产安全两大方面。“人格尊严”主要是因为敏感个人信息所记录的并非简单的文字描述，更多的是文本背后所承载的人格权益和价值；“人身、财产安全”则是考虑某些敏感个人信息与自然人的生命财产安全息息相关，一旦被侵害，极容易导致自然人“人财两空”，典型如金融账户、医疗健康等信息。

另一方面，本条还通过“列举式”的方法对属于敏感个人信息范畴的信息予以明确，但不管是生物识别信息抑或是医疗健康信息，此类信息更多的是对于客体的具象化。换言之，条文中所列举的生物识别等信息均涉及自然人的人格尊严或人身、财产安全，对自然人具有十分重要的意义。但是值得我们注意的是，本条同时还将“不满十四周岁未成年人的个人信息”纳入敏感个人信息的范围，此种做法主要是考虑到不满十四周岁未成年人作为无民事行为能力人或限制民事行为能力人，无法对个人信息的处理予以准确、清晰的回应，因此需要对其个人信息予以特殊的保护。

本条第二款规定了处理敏感个人信息的前提要件，包括目的、必要性以及保护措施三大层面。首先，从目的层面上看，法律明确规定处理敏感个人信息应坚持“目的特定”，意味着敏感个人信息处理者在处理个人信息的过程中，不能随意扩大或超出原有目的范围，如果目的发生变化，应根据本法第十四条规定重新获取信息主体的同意。其次，从必要性的层面上看，法律要求处理敏感个人信息必须具备“充分的必要性”，对敏感个人信息处理的必要性提出了程度上的要求。个人信息保护法并未就“充分的必要性”予以进一步解释，但从保护敏感个人信息的角度出发，“充分的必要性”应该体现在敏感个人信息处理活动的全过程，包括收集、处理以及存储等环节中，[①] 避免敏感个人信息被滥用。最后，从保护措施层面上看，法律要求采取严格的保护措施，在敏感个人信息处理的各个环节中，采取安全、可靠的保护手段，保护敏感个人信息不被泄露、非法使用。此外，以上三者并非“或者”的关系，而是并列关系，即只有三者具备的情况下，敏感个人信息才能被处理。

【适用指南】

本条对敏感个人信息的范围予以界定，同时还规定了处理敏感个人信息的前提条件，要求个人信息处理者“只有在具有特定的目的和充分的必要性，并采取严格保护措施的情形下”才能处理敏感个人信息。因此，本条从适用的角度而言，主要可以分为敏感个人信息的识别判断标准和处理敏感个人信息的前提条件两部分，具体如下：

对于敏感个人信息的识别判断标准，学界一直有不同观点。在本条规定出台之前，有学者认为敏感个人信息中的“敏感”应以个人的主观反应为标准[②]，而有些学者则主张以客观权益侵害风险为标准[③]，双方各执一词。本次个人信息保护法对敏感个人信息规定了清晰的识别判断标准，通过采取“行为要件+客体要件”的模式判断相关信息是否属于敏感个人信息。以行为要件为基准，对此判断方法描述如下：一是如果某信息因其

---

① 参见程啸：《我国个人信息保护法的基本原则》，载《国家检察官学院学报》2021年第5期。

② 参见吴标兵、许和隆：《个人信息的边界、敏感度与中心度研究——基于专家和公众认知的数据分析》，载《南京邮电大学学报（社会科学版）》2018年第5期。

③ 参见胡文涛：《我国个人敏感信息界定之构想》，载《中国法学》2018年第5期。

“泄露”行为，使得自然人人格尊严或者人身、财产安全受损，那么该信息属于敏感个人信息；二是如果某信息因其“非法使用”行为，使得上述客体遭受损害，那么该信息属于敏感个人信息。此外，还需要注意例外情况，即“不满十四周岁未成年人的个人信息”同样属于敏感个人信息。

对于处理敏感个人信息的前提条件，本条规定处理敏感个人信息必须具备特定的目的、充分的必要性，并采取严格保护措施三种条件，对敏感个人信息的处理采取特殊的规则。因此，要求个人信息处理者应对自身业务可能涉及的敏感个人信息认真梳理识别，同时经过内部充分论证，确定处理敏感个人信息的特定目的以及处理个人信息的充分必要性，并对敏感个人信息的处理做好相关的严格保护措施，构建敏感个人信息处理的内部评估以及制度保障机制，确保个人信息合规有序处理，保障公民个人信息合法权益。

【相关规定】

《中华人民共和国宪法》第三十八条。

第二十九条　【敏感个人信息的单独同意】处理敏感个人信息应当取得个人的单独同意；法律、行政法规规定处理敏感个人信息应当取得书面同意的，从其规定。

【条文主旨】

本条是关于敏感个人信息单独同意条款的规定。

【条文理解】

本条规定了敏感个人信息的处理规则，要求处理敏感个人信息应当取得个人的单独同意；对于法律、行政法规规定的特殊情况，还规定应当取得书面同意，即对其取得同意的形式提出了要求。本次个人信息保护法将个人信息的类型区分为一般个人信息和敏感个人信息，同时还设专节对敏感个人信息的处理规则予以规定，其主要原因在于敏感个人信息本身的特殊性和重要性。首先，根据个人信息保护法第二十八条规定“敏感个人信息是一旦泄露或者非法使用，容易导致自然人的人格尊严受到侵害或者人身、财产安全受到危害的个人信息，包括生物识别、宗教信仰、特定身份、医疗健康、金融账户、行踪轨迹等信息，以及不满十四周岁未成年人的个人信息”，相较于一般个人信息，敏感个人信息承载了更为紧密的人格尊严和人身财产安全利益，其重要性程度更高。如果敏感个人信息的处理规则采取“普通同意”模式，则个人信息处理者可以轻而易举地获取敏感个人信息，敏感个人信息所承载的人格利益和人身、财产安全利益则无法被有针对性地保护。其次，从权利救济的角度上看，“普通同意”的责任规则保护模式无法保护信息主体免受不法侵害。在实践中，“普通同意”模式常常会因为结构性问题和信息主体的认知问题而陷入“同意”困境。[①]最后，信息技术的飞快发展意味着信息传播愈发迅速，在这种环境下敏感个人信息如果被“泄露”或“非法使用”，那么对于信息主体的权益无疑是巨大的损害，而这种损害是难以恢复的。[②] 因此，对敏感个人信息区分不同的处理规则，要求其取得个人的单独同意，有利于更好地规范个人信息处理活动，保障个人信息的合法权益。

与此同时，在对处理敏感个人信息应当取得个人单独同意的原因予以解释后，还须明确“单独同意”在处理敏感个人信息中的具体要点。在个人信息保护法中，需要“单独同意”的情形包括：（1）向第三方提供个人信息（第二十三条）；（2）公开个人信息（第二十五条）；（3）在公共场所安装图像采集、个人身份识别设备，用于维护公共安全之外的其他目的（第二十六条）；（4）处理敏感个人信息（第二十九条）；（5）个人信息跨境传输（第三十九条），其具体要求包括三方面：一是个人信息处理者须全面履行告知义务，确保信息主体的同意是建立在其充分知情的基础上，对于个人信息处理者的告知义务详见个人信息保护法第三十条的解读；二是单独同意的作出必须是信息主体针对某类特定的个人信息所作出的独立、明确的意思表示，避免信息主体的敏感个人信息未在充分知情的情况下被处理，体现信息主体对敏感个人信息的自决权利；三是敏感个人信息的同意必须是根据敏感个人信息处理的特定目的而作出的特定同意，即处理目的和同意内容是一一对应关系。敏感个人信息处理者必须具备“特定目的”才能处理敏感个人信息，而信息主体也正是基于此特定目的作出判断，最终确认是否同意个人信息处理者处理敏感个人信息。因此，如果此

① 参见吕炳斌：《个人信息保护的“同意”困境及其出路》，载《法商研究》2021 年第 2 期。

② 参见汤敏：《论同意在个人信息处理中的作用——基于个人敏感信息和个人一般信息二维视角》，载《天府新论》2018 年第 2 期。

时敏感个人信息处理者任意变更或超出原本特定目的范围，则应重新获取信息主体的“单独同意”。

另外，本条也规定了书面同意的情形，要求“法律、行政法规规定处理敏感个人信息应当取得书面同意的，从其规定”。对于“书面同意”的规定，有学者在个人信息保护法草案出台时，便认为“仅在此处强调同意的要式并无必要”，建议予以删除。[①] 本次个人信息保护法仍规定了“书面同意”的要求，但是尚未明确须取得“书面同意”的具体情形，对该条文的适用还需结合相关法律、行政法规的要求。

【适用指南】

根据本条规定，处理敏感个人信息应当取得个人的单独同意，同时结合个人信息保护法第四条第二款规定“个人信息的处理包括个人信息的收集、存储、使用、加工、传输、提供、公开、删除等”。因此，个人信息处理者在处理敏感个人信息时应做到：一方面，在对个人信息处理的全过程中，尊重信息主体的合法权益，充分履行告知义务，获取信息主体的“单独同意”；另一方面，对于“单独同意”的规定应具体落实到各个业务场景中，构建一套符合法律规定、可行性高的业务方案，在保障个人信息合法权益的基础上推动个人信息的流通使用。

另外，本条在适用上还存在一个问题，即本条所规定的“单独同意”能否被个人信息保护法第十三条所规定的事项所豁免。根据个人信息保护法第十三条的规定，有第十三条中第二项至第七项规定情形的，不需取得个人同意。此时，对敏感个人信息的处理如果涉及第十三条第二项至第七项规定情形的，那么“单独同意”是否能被豁免？值得注意的是，首先，“单独同意”作为法律规定的处理敏感个人信息的特殊措施之一，不同于一般个人信息处理的“同意”，如果“单独同意”能被个人信息保护法第十三条规定的事项所豁免，那么法律便不需对“同意”和“单独同意”相关字眼予以区分。其次，根据个人信息保护法第十三条第二款规定的“依照本法其他有关规定，处理个人信息应当取得个人同意，但是有前款第二项至第七项规定情形的，不需取得个人同意”，其明确指出如存在相关豁免情形，不需要取得个人“同意”。从文义解释的角度出发，此时的“同意”应指的是一般个人信息处理中的“同意”，区别于敏感个人信息的

---

① 参见韩旭至：《个人信息保护中告知同意的困境与出路——兼论〈个人信息保护法（草案）〉相关条款》，载《经贸法律评论》2021 年第 1 期。

"单独同意"。再次，我们可从《最高人民法院关于审理使用人脸识别技术处理个人信息相关民事案件适用法律若干问题的规定》中得到启示。根据该规定第二条规定"信息处理者处理人脸信息有下列情形之一的，人民法院应当认定属于侵害自然人人格权益的行为：……（三）基于个人同意处理人脸信息的，未征得自然人或者其监护人的单独同意，或者未按照法律、行政法规的规定征得自然人或者其监护人的书面同意……"此处将"基于个人同意处理人脸信息的"与"单独同意"区分开来，体现了对敏感个人信息的特别保护。最后，假设"单独同意"能被个人信息保护法十三条规定的情形豁免，可能存在相关不合理之处。如满足豁免情形中的"为订立、履行个人作为一方当事人的合同所必需"则无须取得个人同意，但是敏感个人信息作为与信息主体切身利益相关的信息，是否能因订立、履行合同所必需而被处理，值得我们进一步思考。

【相关规定】

《中华人民共和国个人信息保护法》第四条、第十三条、第二十八条；《最高人民法院关于审理使用人脸识别技术处理个人信息相关民事案件适用法律若干问题的规定》第二条。

第三十条　【处理敏感个人信息的告知义务】 个人信息处理者处理敏感个人信息的，除本法第十七条第一款规定的事项外，还应当向个人告知处理敏感个人信息的必要性以及对个人权益的影响；依照本法规定可以不向个人告知的除外。

【条文主旨】

本条是关于个人信息处理者处理敏感个人信息时应履行的告知义务的规定。

【条文理解】

本条规定了个人信息处理者处理敏感个人信息时，应全面充分履行告知义务，尊重信息主体的知情权；同时，本条也规定了告知义务的除外情形，即依照本法规定可以不向个人告知的除外。对于处理敏感个人信息时，应充分履行告知义务，这既是对信息主体知情权的尊重，同样也是有序进行个人信息处理活动的应有之义。对于处理敏感个人信息应履行的告知义务包括：一方面，需依照个人信息保护法第十七条第一款规定“……在处理个人信息前，应当以显著方式、清晰易懂的语言真实、准确、完整地向个人告知下列事项：（一）个人信息处理者的名称或者姓名和联系方式；（二）个人信息的处理目的、处理方式，处理的个人信息种类、保存期限；（三）个人行使本法规定权利的方式和程序；（四）法律、行政法规规定应当告知的其他事项”。另一方面，还应当向个人告知处理敏感个人信息的必要性以及对个人权益的影响，其中“必要性”以及“对个人权益的影响”是敏感个人信息处理的增强规定，对于二者需进一步探究，以此厘清法律要求。

一是对于告知处理敏感个人信息的“必要性”。根据个人信息保护法第二十八条规定，个人信息处理者处理敏感个人信息必须具备“充分的必要性”，依照上文的论述，此处的必要性包括处理敏感个人信息全流程的必要性。这便意味着个人信息处理者应当向个人告知处理敏感个人信息全流程的必要性，包括信息的收集、处理、存储等各个环节。二是对个人权益的影响。从文义解释的角度入手，对个人权益的影响即处理敏感个人信息可能会给信息主体带来的利与弊，包括但不限于处理敏感个人信息会给个人的人格尊严以及人身、财产安全带来一定影响。对个人权益影响的告知有利于使信息主体更加清楚地了解敏感个人信息处理的情况，协助其作出决定。

另外，本条还规定了告知义务的除外情形，主要包括：法律、行政法规规定应当保密或者不需要告知的情形、紧急情况无法及时告知的或者告知将妨碍国家机关履行法定职责等情况。除了以上几种情况外，个人信息处理者在处理敏感个人信息时应当充分履行告知义务，保障信息主体合法权益。

【适用指南】

本条主要规定了处理敏感个人信息时应履行的告知义务。在适用上，首先，个人信息处理者除了依法可不履行告知义务的情况外，还应当以显著方式、清晰易懂的语言真实、准确、完整地告知第十七条第一款规定的事项；其次，还应当告知处理敏感个人信息的必要性和对个人权益的影响。一方面，虽然目前对于“充分的必要性”还未有明确定义，但可根据实践中的相关文件对个人信息处理者的业务予以规范。如《App 违法违规收集使用个人信息行为认定方法》第四条规定，个人信息处理者可能需要告知的内容还包括处理敏感个人信息与所开展业务的关联程度、信息收集的范围、信息收集的频率以及开通信息处理的权限范围等，对收集敏感个人信息的必要性予以告知。另一方面，个人处理者还应如实告知该处理活动可能给信息主体个人权益带来的影响，包括有利影响和不利影响。其中不利影响应包括个人信息处理活动可能给信息主体带来的人格尊严或者人身、财产安全方面的影响。总而言之，个人信息处理者需根据自己的业务活动特点，根据不同场景制定对应的方案，以确保合法合规履行自己的义务。

【相关规定】

《中华人民共和国民法典》第一千零三十五条；《中华人民共和国网络安全法》第四十一条；《中华人民共和国个人信息保护法》第五条、第二十八条；《App 违法违规收集使用个人信息行为认定方法》第四条。

第三十一条　【不满十四周岁未成年人个人信息处理】 个人信息处理者处理不满十四周岁未成年人个人信息的，应当取得未成年人的父母或者其他监护人的同意。

个人信息处理者处理不满十四周岁未成年人个人信息的，应当制定专门的个人信息处理规则。

【条文主旨】

本条是关于处理不满十四周岁未成年人个人信息的规定。

【条文理解】

本条规定了个人信息处理者处理不满十四周岁未成年人个人信息的，应当取得未成年人的父母或者其他监护人的同意，同时还应当制定专门的个人信息处理规则。在本次个人信息保护法出台之前，保护未成年人个人信息一直是实务中的热点问题。我国宪法第四十九条第一款明确规定“……儿童受国家的保护”；民法典第一千零三十五条第一款第一项强调，未成年人的信息处理要得到其监护人的同意；另外，2019 年所发布的《儿童个人信息网络保护规定》就儿童的个人信息保护予以专门立法；此后的未成年人保护法第七十二条第一款也明确规定“信息处理者通过网络处理未成年人个人信息的，应当遵循合法、正当和必要的原则。处理不满十四周岁未成年人个人信息的，应当征得未成年人的父母或者其他监护人同意，但法律、行政法规另有规定的除外”。不同于以往立法的是，此次个人信息保护法加强了对不满十四周岁的未成年人个人信息的保护，通过将不满十四周岁未成年人的个人信息定义为敏感个人信息，采取不同于一般个人信息的处理规则，即要求只有在具有特定的目的和充分的必要性，并采取严格保护措施的情形下，个人信息处理者方可处理敏感个人信息。

对未成年人个人信息予以保护的主要原因：一是目前未成年人网民成为我国网民总人数中的重要组成部分。根据 2021 年 2 月 3 日共青团中央维护青少年权益部、中国互联网络信息中心发布的《2020 年全国未成年人互联网使用情况研究报告》显示，截至 2020 年，城镇未成年人互联网普及率达到 95.0%，农村为 94.7%，[①] 这意味着未成年人个人信息在网络暴露的情况更加普遍。二是根据民法典规定，不满十四周岁的未成年人属于无民事行为能力人或者限制行为能力人，其对于个人信息处理的知情同意能力较弱，很难就个人信息的处理对个人信息权益产生的影响进行判断，因此需要得到其监护人的同意，以保护这些未成年人。三是本次个人信息保护法第三十一条是对我国宪法中保护未成年人立法精神的贯彻，个人信息保护领域必须重视儿童个人信息合法权益的保护，同样也是回应了民法典及未成年人保护法的立法规定，与其保持一致。

另外，本条还规定了个人信息处理者处理不满十四周岁未成年人个人信息的，应当制定专门的个人信息处理规则。有学者指出，这一规定主要是为了强化对未成年人的保护，以贯彻我国未成年人保护法等确立的未成年人利益最大化原则，与个人信息保护法第二十八条的规定保持了协调。[②] 毫无疑问的是，不满十四周岁的未成年人的个人信息作为敏感个人信息，理应对其采取特殊的保护措施，以切实保障未成年人的合法权益。但需要

---

① 参见共青团中央维护青少年权益部、中国互联网络信息中心：《2020 年全国未成年人互联网使用情况研究报告》，载中青在线网，http://news.cyol.com/gb/articles/2021-07/20/content_q9WB7updJ.html，最后访问时间：2021 年 11 月 7 日。

② 参见李楠楠、黄玉琦、何淼：《“个人信息保护法”系列解读——升级保护未成年人个人信息，给家长吃上“定心丸”》，载全国人大网，http://www.npc.gov.cn/npc/c30834/202108/93aa0954701e422da47d61b993619408.shtml，最后访问时间：2021 年 10 月 11 日。

注意的是，此条规定中并没有就专门的个人信息处理规则的设立标准、设立方式等具体问题展开说明，后续还需要予以明确指引。

【适用指南】

本条的适用对象为个人信息处理者，但对于不满十四周岁未成年人个人信息的保护除了规范个人信息处理者的行为之外，还需要社会合力，共同营造良好的保护未成年人的网络环境。

对于个人信息处理者来说，应做到如下几点：一是严格遵守个人信息保护法规定，在个人信息处理的全过程，坚持合法、正当、必要原则，获取不满十四周岁未成年人监护人的同意，采取合法正当的处理方式，将对未成年人个人信息的处理限制到最小的范围内，减少对未成年人的影响。二是在处理不满十四周岁未成年人的个人信息时，应严格设定信息的访问权限，控制信息的分享范围，防止信息泄露。三是对于不满十四周岁未成年人个人信息的处理设立专门的个人信息处理规则，在业务活动中制定专门的用户协议，安排专人负责信息的处理事项，确保未成年人个人信息得到妥当保护。

另外，对于不满十四周岁未成年人个人信息的保护还需社会的共同合力，一方面需要尽快出台行业规范、行业准则，为实践中个人信息的处理提供明确指引；另一方面不满十四周岁未成年人的父母或者监护人应加强对未成年人个人信息保护的意识教育，履行为未成年人提供生活、健康、安全等方面的保障的义务，从而更好地实现未成年人的个人信息保护。

【相关规定】

《中华人民共和国个人信息保护法》第二十八条；《中华人民共和国宪法》第四十九条；《中华人民共和国民法典》第一千零三十五条；《中华人民共和国未成年人保护法》第七十二条；《儿童个人信息网络保护规定》。

第三十二条　【敏感个人信息处理的兜底条款】法律、行政法规对处理敏感个人信息规定应当取得相关行政许可或者作出其他限制的，从其规定。

【条文主旨】

本条是关于敏感个人信息处理兜底条款的规定。

【条文理解】

本条规定了敏感个人信息处理的兜底性内容，法律、行政法规对处理敏感个人信息规定应当取得相关行政许可或者作出其他限制的，从其规定。本条作为兜底条款，为后续立法留下空间。随着科学技术的迅速发展，新的使用敏感个人信息的技术不断出现，此条可对本法出台之后出现的新情况予以规制。其中，本条规定允许行政主体设置相关行政许可或其他限制规定，限制敏感个人信息的处理，这意味着行政主体可以作为“规制者”，提前介入个人信息处理活动。[①] 在数字经济时代，个人信息的流通频率加快，信息暴露的可能性愈来愈高。敏感个人信息作为个人信息中最有价值的部分，应重视并加强保护工作，保障个人信息主体合法权益。通过规定敏感个人信息处理的兜底条款，及时应对可能存在的新变化、新挑战，是有效保护个人信息合法权益，确保社会长治久安的应有之策。

【适用指南】

从法律适用的角度看，本条并未给予实践明确的指引。个人信息处理者处理敏感个人信息时，一方面，应严格遵守个人信息保护法第二十八条至第三十一条的规定，积极履行相关义务，依法合规开展业务活动；另一方面，个人信息处理者也应及时跟进敏感个人信息的相关立法动态，熟悉掌握特殊类型敏感个人信息的专门文件，法律、行政法规对处理敏感个人信息规定应当取得相关行政许可或者作出其他限制的，从其规定。

【相关规定】

《中华人民共和国个人信息保护法》第二十八条至第三十一条；《最高人民法院关于审理使用人脸识别技术处理个人信息相关民事案件适用法律若干问题的规定》第十条。

---

① 参见蒋红珍：《〈个人信息保护法〉中的行政监管》，载《中国法律评论》2021 第 5 期。

第三节　国家机关处理个人信息的特别规定

第三十三条　【国家机关处理个人信息的适用规则】 国家机关处理个人信息的活动，适用本法；本节有特别规定的，适用本节规定。

【条文主旨】

本条是关于国家机关处理个人信息适用规则的规定。

【条文理解】

个人信息保护法第二章规定了个人信息处理规则，其中第一节明确了个人信息处理的一般规定，第二节则规定了敏感个人信息的处理规则，第三节主要针对国家机关处理个人信息进行了特别规定。而本条作为第三节的首条，明确了国家机关处理个人信息的适用规则，即特别规定优于一般规定。确立该适用规则，主要是考虑到国家机关不同于一般个人信息处理主体，其个人信息处理活动具有特殊性，主要体现为收集个人信息的强制性、处理的公益性、共享的限制性和安全保障的严格性等独有特征。① 国家机关的行为均是以公共利益为出发点，其个人信息处理活动涉及社会生活的方方面面，与群众的切身利益紧密相关。因此，从更好地维护公共利益和规范个人信息有序处理的角度出发，我们需要对国家机关处理个人信息予以特别的规制。

数字经济时代，挖掘数据价值已成为了促进经济快速发展的重要手段，而个人信息无疑是其中最有价值的部分。国家机关作为公权力机构，掌握大量公民的个人信息，是个人信息处理的最大主体。如何对国家机关处理个人信息的行为予以规制，一直是理论界和实务界热议的话题。2012年《全国人民代表大会常务委员会关于加强网络信息保护的决定》，明确规定了收集、使用公民个人电子信息的目的、方式和范围，加强了相关信

---

① 参见王爽：《二元责任主体架构下国家机关处理个人信息的规则建构》，载《内蒙古社会科学》2021年第4期。

息处理者的义务，但未提及国家机关处理个人信息的情况；民法典第一百一十一条中规定的获取自然人个人信息的“任何组织或者个人”，此处的“任何组织”虽在文义上涵盖了国家机关，但采用的仍是个人信息责任一体化承担的路径，未明确区分国家机关和其他个人信息处理者之间的关系；与之不同的是，在刑法体系下，刑法修正案（七）中对侵犯公民个人信息罪区分了国家机关与普通主体之间的责任承担。因此，此次个人信息保护法第三十三条的规定，在明确国家机关处理个人信息的适用规则、区分国家机关与不同主体的适用情况外，还保持了其与刑法等法律之间的协调，使得法律的适用更具有规范性、严谨性和针对性。

需要明确的是，个人信息的处理并非只涉及市场上的信息处理者，公权力机构作为个人信息处理的主体之一同样需要对其行为予以规制，使得个人信息保护法能有效地回应实践中不同主体处理个人信息的需求。此种做法表明了个人信息保护法并非只“消费者的个人信息保护法”，本法的规制对象不仅仅是作为市场主体的个人信息处理者，还包括国家机关。GDPR第四条第八项对“控制者”的定义明确为包括公共组织（public authority）。[①] 值得注意的是，国家机关作为处理个人信息的主体之一，其一举一动势必影响到整体个人信息保护的情况，对其处理个人信息的情况予以特别规定，是保护个人信息的应有之义。

【适用指南】

本条规定了国家机关处理个人信息时应遵守的规则。准确理解并适用本条应做到两方面：一方面，严格遵守法律适用的规则，国家机关在处理个人信息时既需要遵守法律规定的一般规则，也需要遵守特别规定，如二者发生冲突，则特别规定具备优先效力；另一方面，具体落实到本节的规定，个人信息保护法第三十四条、第三十五条、第三十六条、第三十七条从国家机关处理个人信息的各环节入手，对个人信息的收集、处理、存储以及跨境提供的安全评估进行了针对性的规定，明确了国家机关处理个人信息的权利与义务，确保个人信息保护工作顺利开展。

---

① See General Data Protection Regulation Charter Article 4 Definitions: “(8) ‘processor’ means a natural or legal person, public authority, agency or other body which processes personal data on behalf of the controller”.

第三十四条　【为履行法定职责处理个人信息】国家机关为履行法定职责处理个人信息，应当依照法律、行政法规规定的权限、程序进行，不得超出履行法定职责所必需的范围和限度。

【条文主旨】

本条是关于国家机关为履行法定职责处理个人信息时，国家机关应遵守的规定。

【条文理解】

本条作为国家机关处理个人信息的基本规范，规定了国家机关处理个人信息应遵守的基本规则。大数据时代，国家机关越发重视数据的经济价值与社会价值，通过数据的开发利用来构建数字政府，推进国家数字治理体系的建设。但在此过程中，国家数据治理、数字政府建设势必落实到每一具体的数据或信息的收集和处理工作。此时国家机关处理个人信息的法定边界在哪，成为理论界和实务界探索的热点。首先，从民法典第一千零三十五条开始，规定了处理个人信息应当遵循合法、正当、必要等原则；其次，个人信息保护法又明确了各项原则，规定处理个人信息应遵循合法、正当、必要、目的明确、最小必要等原则；最后，具体到个人信息保护法第三十四条，则融合了以上原则，对国家机关处理个人信息予以原则性规制，具体而言有以下四方面：

第一，合法性原则。该原则是国家处理个人信息的首要原则，也是国家依法行政、依法办事的应有之义。国家公权力机关处理个人信息的合法性主要体现在处理的目的和手段上：从目的上来说，国家机关处理个人信息更多是为了维护公共利益，履行法定职责最终是为服务人民大众；从手段上来说，合法性原则要求国家机关处理个人信息须依照法律规定的权限，不得滥用权力，在法律规定的范围内进行个人信息处理活动。另外，个人信息保护法第十三条第一款第三项明确规定“为履行法定职责或者法定义务所必需”作为个人信息处理的合法性基础之一，这是国家机关遵守合法性原则一个最基本的体现，如国家机关未在法律规定的范围内行使权利，则会丧失其合法性基础，承担违法责任。

第二，目的明确与限制原则。该原则要求个人信息处理者明确处理个人信息的目的，以使信息主体对个人信息的后续使用产生清晰的认识和预期，同时约束其对个人信息的使用，不得将所收集的个人信息在法定目的外进行使用。① 具体到本条而言，目的明确与限制原则要求国家机关处理个人信息必须明确其“为履行法定职责”的目的，将目的限制在履行法定职责的范围内，不得超越原本目的而滥用个人信息。

第三，正当程序原则。该原则作为国家机关处理个人信息的程序保障规定，一方面要求国家机关处理个人信息必须依照法律规定的权限与程序，在处理公民个人信息时，尊重公民的知情权，使得个人能获得公平公正的程序保障；另一方面要求给予信息主体有效的救济途径，保障其权利的实现。但个人信息保护法中对于国家机关处理个人信息所遵守的程序正当原则仍有需要完善之处，如国家机关在处理个人信息时与个人之间的权利义务关系结构以及程序保障问题。② 通过正当程序原则的适用，对国家机关的个人信息处理活动予以规制，是规范个人信息处理活动，保障个人信息主体合法权益的有利举措，相关方面还需要采取措施不断改进完善。

第四，最小必要原则。该原则要求国家机关处理个人信息应不得超出履行法定职责所必需的范围和限度，将国家机关处理个人信息的活动限制在实现目的所必要的最小范围中，防止国家机关对所收集的个人信息过度使用。对于公权力主体适用最小必要原则的主要原因在于防止对人群进行“数据监控”，避免造成公民生活的透明化，从而导致政府根据数据对人群所实行的“数据操控”和“数据歧视”。③ 通过坚持最小必要原则，可以平衡个人信息处理者和信息主体之间的关系，促进国家机关个人信息处理活动依法有序进行，保障个人信息主体合法权益。

另外，结合民法典第一千零三十九条以及数据安全法第三十八条规定，国家机关处理个人信息除应当遵守以上规则外，还应当对在履行职责中知悉的个人隐私、个人信息、商业秘密、保密商务信息等数据依法予以保密，不得泄露或者非法向他人提供。总而言之，本条明确了国家处理个人信息的行为的基本规范，有助于国家机关依法合规处理个人信息，防止不当使用个人信息造成公民利益损害。

---

① 参见梁泽宇：《个人信息保护中目的限制原则的解释与适用》，载《比较法研究》2018 年第 5 期。

② 参见王锡锌：《个人信息国家保护义务及展开》，载《中国法学》2021 年第 1 期。

③ 参见赵宏：《民法典时代个人信息权的国家保护义务》，载《经贸法律评论》2021 年第 1 期。

【适用指南】

本条的适用主体为国家机关，对国家机关处理个人信息的行为予以明确规制。通过制定具体条款，将个人信息处理的一般规则融入公权力主体的行为之中，给予实践明确的指引，但是也有值得注意之处：一是国家对个人信息的处理必须严格遵守法律的规定，将自己的行为限定在法律规定的框架内，防止因违法处理个人信息而造成的损害；二是国家机关应明确处理个人信息的目的，并在目的范围内履行相应的职责，如需更改目的或突破法定职责范围目的的限制，都必须依法履行告知义务或重新获取信息主体的同意；三是国家机关在处理公民个人信息时，必须严格遵守法律规定的权限和程序，依照本法第三十五条的规定，履行告知义务，尊重信息主体的知情权；四是国家机关在处理个人信息时应依法遵守最小必要原则，明确处理个人信息所必需的范围和限度，不得超出履行法定职责所必需的范围和限度处理个人信息。

【相关规定】

《中华人民共和国数据安全法》第三十八条；《中华人民共和国民法典》第一千零三十五条；《中华人民共和国网络安全法》第三十五条。

第三十五条　【国家机关的告知义务】国家机关为履行法定职责处理个人信息，应当依照本法规定履行告知义务；有本法第十八条第一款规定的情形，或者告知将妨碍国家机关履行法定职责的除外。

【条文主旨】

本条是关于国家机关为履行法定职责处理个人信息应履行告知义务及其例外的规定。

【条文理解】

本条规定了国家机关为履行法定职责处理个人信息，应依法履行告知义务。结合数据安全法第三十八条的规定，这实际上是为国家机关处理个人信息增添了程序性要求，要求国家在为履行法定职责处理个人信息前，尊重信息主体的知情权，提高处理个人信息的透明度；同时也与本法第十三条第一款第三项的合法性基础相呼应，体现了法律体系适用的统一性。

与个人信息保护法草案二审稿对比，本条规定的修改颇大，引发了理论界的关注。个人信息保护法草案二审稿第三十五条规定，“国家机关为履行法定职责处理个人信息，应当依照本法规定向个人告知并取得其同意；法律、行政法规规定应当保密，或者告知、取得同意将妨碍国家机关履行法定职责的除外”。个人信息保护法草案二审稿第三十五条对于国家机关处理个人信息的模式原则上是“告知+取得同意”，除非有法律、行政法规规定应当保密，或者告知、取得同意将妨碍国家机关履行法定职责的情形。有学者认为，国家机关处理个人信息已经可以通过个人信息保护法第十三条第一款第三项“为履行法定职责或者法定义务所必需”获得合法性基础，并不需要再获得信息主体的同意，否则将会造成逻辑上的悖论，使得个人信息保护法第十三条第一款第三项失去独立价值；[①] 但也有学者认为，个人信息保护法草案二审稿第三十五条的规定只是在法定的基础上额外增加同意的要求，使得对公权力主体处理个人信息科以高于私人处理者的标准。[②] 最终出台的个人信息保护法也注意到了该问题，在第三十五条中删除了原本需要获取信息主体同意的内容，保持了法律逻辑的一致性。有学者指出此种修改有其合理之处：按照个人信息保护法草案二审稿第三十五条的规定，国家机关如发现存在除外条款的情形，便无需征得信息主体的同意即可处理个人信息。可想而知，在国家机关缺乏获取信息主体同意的内在动力的情况下，自然会选择向除外条款逃逸，进而造成征得信息主体同意的条款沦为虚置条款。[③] 因此，最终出台的个人信息保护法对该问题作出了回应，修改后的正式条文与国家机关处理个人信息的合法性基础保持了一致，确保了体系上的统一性。

【适用指南】

从文义解释的角度，本条明确要求国家机关为履行法定职责处理个人信

---

① 参见程啸：《论我国个人信息保护法中的个人信息处理规则》，载《清华法学》2021年第3期。

② 参见王锡锌、彭錞：《个人信息保护法律体系的宪法基础》，载《清华法学》2021年第3期。

③ 参见王爽：《二元责任主体架构下国家机关处理个人信息的规则建构》，载《内蒙古社会科学》2021年第4期。

息，应当依照本法规定履行告知义务，但并未明确告知内容的范围、告知义务的履行以及免除告知义务的情况，理解适用本条规定应从以下三方面开展：

首先，关于告知的内容以及注意事项。对于告知的内容，根据民法典第一千零三十五条和网络安全法第四十一条规定，仅要求告知收集、使用信息的目的、方式和范围；个人信息保护法第十七条则在此基础上进一步补充，要求个人信息处理者在处理个人信息前，应当以显著方式、清晰易懂的语言真实、准确、完整地向个人告知“（一）个人信息处理者的名称或者姓名和联系方式；（二）个人信息的处理目的、处理方式，处理的个人信息种类、保存期限；（三）个人行使本法规定权利的方式和程序；（四）法律、行政法规规定应当告知的其他事项”。对于告知的注意事项，根据个人信息保护法第十七条的规定，告知应以显著方式、清晰易懂的语言真实、准确、完整地向个人告知。法律规定以如此多的修饰词来描述告知的要求，原因就在于个人信息的处理具有一定的技术性及隐蔽性，对个人信息的处理更多是通过互联网技术予以整合分析，再加上信息主体往往对自身的个人信息重视程度不高，因此有必要通过高要求的告知方式来对个人信息处理者施加义务，提醒信息主体注意自身个人信息的处理情况，保障个人信息自决权的实现。另外，还应注意个人信息保护法第十七条第三款的相关规定，即对于通过制定个人信息处理规则的方式告知的，应公开处理规则，并且便于查阅和保存，否则将会被认定未履行告知义务。

其次，关于免除告知义务的情况。根据个人信息保护法第十八条以及本条的规定，国家机关免除告知义务的情形主要包括：（1）法律、行政法规规定应当保密的情形；（2）不需要告知的情形；（3）告知将妨碍国家机关履行法定职责的情形。国家机关处理个人信息如果符合以上三种情形，可免除告知义务。具体而言，对于法律、行政法规规定应当保密的情形，如果相关法律、行政法规已经明确需要保密，那么应遵守相关保密义务，典型情况如保守国家秘密法第九条关于国家秘密的规定、反恐怖主义法第四十八条、反间谍法第十七条等。对于不需要告知的情形，法律未予以明确规定。从文义解释的角度上分析，“不需要告知”的情形应包括信息主体已经明确知晓告知的内容，此时个人信息处理者便无需再履行告知义务；或者根据个人信息保护法第二十七条的规定，信息主体已自行公开或其他已经合法公开的个人信息，此时也应当属于“不需要告知”的情形。[①]

---

① 参见程啸：《论个人信息处理者的告知义务》，载《上海政法学院学报（法治论丛）》2021 年第 5 期。

对于告知将妨碍国家机关履行法定职责的情形，法律同样未予以明确规定，但从文义解释角度入手，应理解为国家机关告知信息主体后会使得法定职责无法履行或加大国家机关履行法定职责的难度，如国家机关提前告知信息主体相关内容，可能会导致信息主体提前篡改、转移、销毁相关文书信息，造成文书信息不真实、不完整，加大国家机关履行法定职责的难度，甚至造成国家机关无法履行法定职责。

最后，关于履行告知义务的实践意义。告知义务的履行作为保障信息主体知情权的一大举措，尊重了信息主体的信息自决权。与一般信息处理者相同，国家机关处理个人信息同样需要履行告知义务。但国家机关履行告知义务不单单是为了保障信息主体的合法权益，同时还应考虑到公共利益的需要。国家机关为履行法定职责处理个人信息具有公共性，履行告知义务既是对信息主体权利的维护，同样也是国家机关依法行政、依法办事的需要。

【相关规定】

《中华人民共和国数据安全法》第三十八条。

第三十六条　【个人信息境内存储与境外提供】国家机关处理的个人信息应当在中华人民共和国境内存储；确需向境外提供的，应当进行安全评估。安全评估可以要求有关部门提供支持与协助。

【条文主旨】

本条是关于国家机关处理个人信息境内存储以及境外流转时应遵循的规定。

【条文理解】

本条规定了国家机关处理的个人信息应当在中华人民共和国境内存储，如果需要向境外提供，应进行安全评估，同时规定安全评估可以要求有关部门提供支持与协助。对于本条的理解应从以下两方面展开：

一是关于国家处理个人信息的存储要求。个人信息保护法明确要求国家机关处理的个人信息应当在中华人民共和国境内存储，对国家机关处理的个人信息提出了存储地点的要求。与之相同的，还有个人信息保护法第四十条的规定，“关键信息基础设施运营者和处理个人信息达到国家网信部门规定数量的个人信息处理者，应当将在中华人民共和国境内收集和产生的个人信息存储在境内”。另外，本条也严格遵循了网络安全法中有关数据本地化存储和跨境流转的规定，要求个人信息需在境内存储以及实行个人信息跨境的安全评估。从立法意义上看，法律要求国家机关、关键信息基础设施运营者和处理个人信息达到国家网信部门规定数量的个人信息处理者将其处理的个人信息存储于境内，有利于维护国家数据主权地位，防止涉及国家秘密、公民个人信息泄露，维护国家主权和保护个人信息。从立法目的上看，国家机关处理个人信息更多是为了公共利益考虑，所处理的个人信息势必体量庞大，因此将国家机关处理的个人信息存储于中华人民共和国境内也有助于保护公民个人信息权益，规范个人信息处理活动，加强对个人信息的管理，促进个人信息合理利用。

二是关于国家机关处理的个人信息跨境流转。本条明确了国家机关如需对境外提供个人信息应进行安全评估的规定，对个人信息的跨境流转提出了要求。其规定的主要原因就在于国家机关处理个人信息的特殊性。根据本条规定，国家机关处理的个人信息一方面遵守数据本地化存储的要求，另一方面严格控制个人信息的跨境流转，维护国家安全和保障数据主权。另外，个人信息保护法第三十八条同样规定了个人信息处理者因业务等需要向中华人民共和国境外提供个人信息时所应具备的条件，明确要求“个人信息处理者因业务等需要，确需向中华人民共和国境外提供个人信息的，应当具备下列条件之一：（一）依照本法第四十条的规定通过国家网信部门组织的安全评估；（二）按照国家网信部门的规定经专业机构进行个人信息保护认证；（三）按照国家网信部门制定的标准合同与境外接收方订立合同，约定双方的权利和义务；（四）法律、行政法规或者国家网信部门规定的其他条件”。但与本条不同的是，第三十八条赋予了个人信息处理者一定的“选择”权利，个人信息处理者只要具备以上四项条件之一，即可向境外提供个人信息。国家机关处理的个人信息向境外提供时不具备以上选择权，必须进行安全评估工作。

总体而言，本条对国家机关处理的个人信息提出的本地化存储以及跨境流转的要求符合维护国家数据主权和国家安全的战略定位，有助于保护公民个人信息权益，规范个人信息处理活动。

【适用指南】

本条对国家机关处理个人信息的本地化存储和跨境流转提出了义务性规定，明确了国家机关处理的个人信息应在中华人民共和国境内存储，且如需对个人信息进行跨境提供应进行安全评估。需要注意的是，个人信息的本地化存储虽有利于维护国家安全、保护个人信息免受外来侵害，但也需避免因过度追求国家个人信息的安全稳定而限制个人信息的流通使用，对本条的理解适用应做到以下两方面：

第一，避免过度追求个人信息本地化存储。过度追求个人信息的本地化存储容易导致数据跨境流通的不顺畅，对数字经济的发展造成不利影响。国家机关处理的个人信息涉及公共利益，对其进行本地化存储时也不能忽略个人信息流通的重要性。在理解适用本条时，应明确法律条文中“确需”的边界，国家机关处理的个人信息在满足何种情况下才属于“确需向境外提供”的范畴，值得我们进一步探索。

第二，明确个人信息跨境流动的处理规则。一方面，针对确需向境外提供的个人信息应进行安全评估，防止个人信息合法权益受损；另一方面，要求有关部门对安全评估予以支持和协助。总体而言，本条的处理基础是在保证数据主权的前提下促进个人信息的跨境流动，通过安全评估的形式，防止各类敏感涉密的个人信息流动，维护国家数据主权，保障国家安全和个人信息，促进经济社会的发展。

近年来，数据跨境流动频繁，数据成为数字经济时代的重要发展动力，而个人信息无疑是其中最有价值的部分之一。法律对国家机关处理的个人信息本地化存储的要求以及对个人信息跨境流动严格的规定无疑是对这种趋势的回应，是基于维护国家安全和保护个人信息的正确选择。

【相关规定】

《中华人民共和国网络安全法》第三十七条；《中华人民共和国数据安全法》第三十六条。

第三十七条　【适用主体的范围】法律、法规授权的具有管理公共事务职能的组织为履行法定职责处理个人信息，适用本法关于国家机关处理个人信息的规定。

【条文主旨】

本条是关于个人信息保护法第二章第四节适用主体范围的规定。

【条文理解】

根据本条的规定，法律、法规授权的具有管理公共事务职能的组织为履行法定职责处理个人信息，同样适用关于国家机关处理个人信息的规定，这意味着个人信息处理者除了私主体、国家机关外，还包括法律、法规授权的具有管理公共事务职能的组织，扩大了适用主体的范围。此前，网络安全法规定的网络运营者的个人信息保护义务、消费者权益保护法规定的经营者仅将主体限制在某一范围之中，实践中对于范围之外的相关个人信息处理主体概念较为模糊。因此，对于个人信息保护法出台之前适用主体范围不明确以及较为限定的问题，此次个人信息保护法给予了回应。适用主体范围的明确使得各主体能根据法律规定，确认自己的身份地位，享受相应的权利与义务，确保个人信息保护法能够有效落地实施。另外，立法从不同角度对不同类型的个人信息处理主体予以规定，使得个人信息处理活动的规制更具合理性。

分析本条的立法理由可知，与国家机关相同，法律、法规授权的具有管理公共事务职能的组织在履行法定职责的过程中，同样也会接触到大量的个人信息。尤其是随着数字经济的到来，公共职能部门的业务处理也更加数据化、科技化，其业务处理期间势必会掌握大量公民的个人信息。本条规定了法律、法规授权的具有管理公共事务职能的组织作为适用个人信息处理规则的公主体之一，为其处理个人信息的行为提供了一个法律框架。

另外，与本条规定相同，数据安全法第四十三条也规定了法律、法规授权的具有管理公共事务职能的组织为履行法定职责开展数据处理活动，适用政务数据安全与开发的相关规定。有关组织的地位在适用上相当于国家机关，为有关组织处理个人信息提供了法律适用依据。

【适用指南】

从文义解释的角度看，法律、法规授权的具有管理公共事务职能的组织适用国家机关处理个人信息的规定，主要包括以下三个条件：

一是适用主体为法律、法规授权的具有管理公共事务职能的组织。一方面，相关组织必须是通过法律、法规的形式授权。根据依法行政的原则，行政权的来源必须有法律、法规的依据。这里的法律指的是全国人大及其常委会制定的规范性文件。法规包括行政法规和地方性法规，行政法规是国务院制定的规范性文件；地方性法规包括省、自治区、直辖市以及立法法规定的较大市的人大及其常委会制定的规范性文件和经济特区法规。[①] 因此为了保证适用主体的准确性，适用国家机关个人信息处理规则的主体必须是通过法律、法规授权，具备合法主体资格的组织。另一方面，该组织必须具有管理公共事务的职能。除国家机关之外，具备管理公共事务职能的组织如社会团体、事业单位等都是符合条件的适用对象。

二是适用目的是履行法定职责。法律、法规授权的具有管理公共事务职能的组织适用国家机关处理个人信息的前提必须是为了履行法定职责，这是由该类组织履行法定职责时的公共性所要求的。因此，如有关组织并非为了履行法定职责，而是在非职责范围内处理个人信息，此时便不适用国家机关关于处理个人信息的规定，但仍需适用一般个人信息处理者的规定。

三是在适用结果上，有关组织对个人信息处理的适用上等同于国家机关。结合本法第三十三条的规定，“国家机关处理个人信息的活动，适用本法；本节有特别规定的，适用本节规定”。此处法律、法规授权的具有管理公共事务职能的组织在对处理个人信息规则的适用上，不仅需要适用一般个人信息处理者的规则，在有特别规定的情况下，还需适用特别规定。

因此，在决定对有关组织适用何种个人信息处理的规则时，需审查考虑有关组织是否具备主体、目的等要件，以便准确、高效地适用相关规则。

【相关规定】

《中华人民共和国数据安全法》第四十三条；《中华人民共和国行政许可法》第二十三条；《中华人民共和国行政强制法》第七十条；《中华人民共和国行政处罚法》第十九条；《中华人民共和国政府信息公开条例》第五十四条。

---

① 参见许安标、武增、刘松山、童卫东：《〈中华人民共和国行政许可法〉释义及实用指南》，中国民主法制出版社 2013 年版，第 104 页。

案例解读

未经授权处理个人信息的法律责任[①]

【案情简介】

甲微博经营人为×梦公司。用户可使用手机号或电子邮箱注册甲微博账号。手机号需要验证，用户可以选择手机号向不特定人公开；用户头像、名称（昵称）、性别、个人简介向所有人公开，用户可以设置其他个人信息公开的范围，职业信息、教育信息默认向所有人公开，互为好友的甲微博用户能看到对方的职业信息、教育信息。

×友公司经营乙软件及其网站。根据乙软件官网介绍，其于2013年10月底上线。其为基于移动端的人脉社交应用，通过分析用户的甲微博和通讯录数据，帮助用户发现新的朋友，并且可以使他们建立联系。

基于×友公司与×梦公司的合作，用户使用手机号或甲微博账号注册乙软件，需要上传个人手机通讯录联系人，乙软件账号的一度人脉来自乙软件用户的手机通讯录联系人和甲微博好友，二度人脉为一度人脉用户的手机通讯录联系人和微博好友；尽管一度人脉和二度人脉未必为乙软件用户，但其在甲微博上的相关信息均可向相关乙软件用户显示。

2014年8月，×梦公司发现，×友公司在其开放授权的微博客户头像、名称、标签之外，还抓取、使用了教育信息和职业信息。而根据×梦公司与×友公司所签订之《开发者协议》，×友公司无法获得甲微博用户的职业信息和教育信息，×梦公司因此停止了与×友公司的合作。而后，乙软件发布声明暗示×梦公司不保护用户隐私。

有鉴于此，×梦公司一审诉称×友公司通过乙软件实施了四项不正当竞争行为：第一，非法抓取、使用甲微博平台用户信息；第二，非法获得、非法使用乙软件用户手机通讯录中联系人与甲微博用户的对应关系；第三，模仿甲微博的“加V认证”机制及展现方式；第四，对×梦公司进行商业诋毁。

---

① 案号：（2016）京73民终588号。

【案例焦点】

一审法院认为，本案的争议焦点主要有两项：一是×友公司与×梦公司是否存在竞争关系，二是×友公司的行为是否对×梦公司构成不正当竞争。关于第一个焦点，一审法院认为，双方在对相关用户社交类信息的使用等方面存在竞争利益，具有竞争关系。

关于第二个焦点，对×梦公司主张×友公司非法抓取、使用甲微博用户信息的行为：首先，根据优势证据原则，一审法院认为，涉案非乙软件用户信息来自甲微博。其次，关于×友公司获取并使用涉案甲微博用户信息的行为是否合法正当，一审法院认为，在双方合作结束后，×友公司未按协议要求及时删除相关用户信息，仍将包括甲微博用户职业信息、教育信息在内的相关信息用于乙软件的行为，不符合《开发者协议》的约定；×友公司与乙软件用户之间的协议并不能约束非乙软件用户，×友公司未取得非乙软件用户许可即获取并使用涉案用户的相关甲微博信息；×友公司未能在合作结束后仍使用甲微博用户的这些信息之必要性给予合理解释，其行为缺乏正当性。

对×梦公司主张×友公司非法获取、使用乙软件用户手机通讯录联系人与甲微博用户对应关系的行为，一审法院认为，×友公司将用户上传的手机通讯录联系人手机号与其从甲微博取得的用户手机号进行了匹配；×友公司获取包括手机号在内的相关用户精准信息与甲微博之间的对应关系不具有合法性，其属于增加用户规模的市场行为，并非必要的功能性设置。综上所述，×友公司针对乙软件一度人脉中体现用户手机通讯录联系人与甲微博用户对应关系的获取及使用行为没有合同依据，也缺乏正当理由。

在一审法院所认定的本案第二个焦点中，用户信息是“互联网经营者重要的经营资源”，是“作为庞大社交媒体平台开展经营活动的基础”，“规范、有序、安全地使用这些用户信息”，是“维持并提升用户活跃度、开展正常经营活动、保持竞争优势的必要条件”。换言之，一审法院更多的还是将用户信息视为×梦公司与×友公司之资源和竞争利益。二审法院对一审法院的观点进行了补充，其认为在互联网行业中适用反不正当竞争法第二条还需满足“该竞争行为所采用的技术手段确实损害了消费者的利益”的条件，×梦公司虽然在开放接口权限管理、检测、维护等方面存在技术及管理等问题，但×友公司通过技术手段获取用户的职业信息和教育信息并未取得用户同意，违反了诚实信用原则和互联网中的商业道德，行为不具有正当性。

【裁判要旨】

一审法院认为，本案中，作为甲微博开放平台的×梦公司相对于×友公司处于优势地位，而作为乙软件经营者的×友公司相对于用户个人亦处于优势地位，不论是无法客观还原合作当时的合同内容以及合同履行情况，还是在格式合同中设置各种单方利益条款，甚至不考虑可能涉及的第三方用户合法权益的情形，都是处于相对优势地位的互联网经营者未能以诚信态度对待自身地位的表现。正是此种情形在当前市场竞争中存在相当程度的普遍性，才使×友公司在本案争议发生后“很被动”，也才使本案暴露出互联网企业经营活动中对用户信息保护存在普遍缺陷这一更深层次的矛盾。互联网经营者应当遵循自愿、平等、公平、诚实信用的原则，遵守公认的商业道德，尊重消费者合法权益，才能获得正当合法的竞争优势和竞争利益。综上，一审法院判决×友公司自判决生效之日起停止涉案不正当竞争行为，刊登声明、消除影响，并赔偿×梦公司经济损失及合理费用。

×友公司不服北京市海淀区人民法院作出的一审判决，向北京市知识产权法院提起上诉。但最终北京市知识产权法院二审驳回了×友公司的上诉，维持原判。

【专家评析】

在该纠纷发生时，我国互联网产业还处在快速发展的初期阶段，与个人信息保护相关的规则体系尚不完善，法院在裁判过程中也多从互联网企业竞争秩序的角度出发进行说理和释法，并以反不正当竞争法的一般条款进行了裁判。但在个人信息保护法颁布施行的当下，本案件亦可作新的解读。

尽管一审法院在判决中将用户信息作为企业的经营资源或竞争优势，但一审判决仍具有保护互联网用户个人信息的意味：一审法院认为，“用户信息不仅体现了互联网经营者重大的竞争利益，更是消费者个人合法权益的重要组成部分。用户有权在充分表达自由意志的情况下向他人提供自己的信息或不提供信息，也有权充分了解他人使用自己信息的方式、范围，并对不合理的用户信息使用行为予以拒绝”；“互联网应用软件经营者充分发挥智慧、拓展经营模式，尽可能吸引、扩大用户群的主观意愿是正当的，但不能以不经用户许可，侵害用户知情权的方式非法抓取、使用竞争对手的用户信息、用户关系”；“互联网经营者不仅要合法获取用户信息，也应妥善保护并正当使用用户信息”。

二审法院则认为，“互联网中，对用户个人信息的采集和利用必须以取得用户的同意为前提，这是互联网企业在利用用户信息时应当遵守的一般商业道德。在大数据和云计算的时代，包括个人信息在内的数据，只有充分地流动、共享、交易，才能实现集聚和规模效应，最大限度地发挥价值。但数据在流动、易手的同时，可能导致个人信息主体及收集、使用个人信息的组织和机构丧失对个人信息的控制能力，造成个人信息扩散范围和用途的不可控。因此，在涉及个人信息流动、易手等再利用时应给予用户、数据提供方保护及控制的权力。同时，尊重个体对个人信息权利的处分和对新技术的选择，是在个人信息保护和大数据利用的博弈中找到平衡点的重要因素”。进而，二审法院提出，“数据提供方向第三方开放数据的前提是数据提供方取得用户同意，同时，第三方平台在使用用户信息时还应当明确告知用户其使用的目的、方式和范围，再次取得用户的同意”，亦即“用户授权”+“平台授权”+“用户授权”的三重授权原则。

个人信息保护法第二章中大量的规定均蕴含了三重授权原则。例如，个人信息保护法第二十三条规定：“个人信息处理者向其他个人信息处理者提供其处理的个人信息的，应当向个人告知接收方的名称或者姓名、联系方式、处理目的、处理方式和个人信息的种类，并取得个人的单独同意。接收方应当在上述处理目的、处理方式和个人信息的种类等范围内处理个人信息。接收方变更原先的处理目的、处理方式的，应当依照本法规定重新取得个人同意。”结合该节其他规定来看，“个人信息处理者”要提供“其处理的个人信息”，必然需要先获得用户的授权；而“向其他个人信息处理者提供”的行为又相当于是“平台授权”；“应当向个人告知……并取得个人的单独同意”则正是第三重授权。

如本案发生于今日，从个人信息保护的角度来看，不管是×梦公司还是×友公司，其行为均有不当之处。×友公司未经用户许可即使用其个人信息，显然违反了个人信息保护法有关规定；而×梦公司作为经营甲微博多年的上市公司，对于第三方应用软件提供接口却未采取行之有效的安全措施和技术保障措施，未能切实保护用户个人信息，同样有违反个人信息保护法之虞。

第三章　个人信息跨境提供的规则[①]

第三十八条　【个人信息跨境基本规则】 个人信息处理者因业务等需要，确需向中华人民共和国境外提供个人信息的，应当具备下列条件之一：

（一）依照本法第四十条的规定通过国家网信部门组织的安全评估；

（二）按照国家网信部门的规定经专业机构进行个人信息保护认证；

（三）按照国家网信部门制定的标准合同与境外接收方订立合同，约定双方的权利和义务；

（四）法律、行政法规或者国家网信部门规定的其他条件。

中华人民共和国缔结或者参加的国际条约、协定对向中华人民共和国境外提供个人信息的条件等有规定的，可以按照其规定执行。

个人信息处理者应当采取必要措施，保障境外接收方处理个人信息的活动达到本法规定的个人信息保护标准。

【条文主旨】

本条是关于个人信息处理者向中华人民共和国境外提供个人信息的基本规则的规定。

---

① 本章节不再区分“数据”与“信息”之含义。

【条文理解】

一、跨境传输的概念

（一）国际法解释

在经济全球化与大数据时代背景下，个人信息的跨境流动当属不可逆之趋势。传统国际法中，“境”一般指实际可见的物理空间，即通过海、陆、空的分割以界定不同国家的国境，这也是国家主权的重要内容。互联网时代兴起以来，网络空间成为虚拟的国家主权领域，各国的政治、外交等博弈由传统海陆空拓展到了互联网领域，作为互联网重要元素之一的数据，也不可避免地成为国家竞争的资源。因此，“个人信息的跨境”是否仍同传统国际法一样强调“地缘性边境”，还是应当符合互联网技术的发展逻辑，应当予以明确。实践中，个人数据跨越传统国界进行传输自当属于“跨境”，若个人信息本身没有跨越物理边境，但可以在境外被访问，此时是否属于个人信息的跨境？由于互联网空间不同于传统的物理空间，一国主体进入第三方国家对个人数据进行访问，实际上是主体的跨境行为，只不过这种跨境行为出现在网络领域内，与传统物理空间的跨境不同，国际私法也不应否认这种行为的涉外性。因此，广义上的“跨境”不仅包括个人数据通过互联网跨越一定的地域边界或主权边界，也包括对一国网站的访问。

（二）国内法解释

何谓“个人信息的跨境提供”，本法并未明确规定。《信息安全技术 数据出境安全评估指南（草案）》对“网络运营者”“境内运营”以及“数据出境”等重要术语进行了定义。其中，“数据出境”是指“网络运营者通过网络等方式，将其在中华人民共和国境内运营中收集和产生的个人信息和重要数据，通过直接提供或开展业务、提供服务、产品等方式提供给境外的机构、组织或个人的一次性活动或连续性活动”。此外，该草案第 3.7 条进一步明确了数据出境的情形：“a）向本国境内、但不属于本国司法管辖或未在境内注册的主体提供个人信息和重要数据；b）数据未转移存储至本国以外的地方，但被境外的机构、组织、个人访问查看的（公开信息、网页访问除外）；c）网络运营者集团内部数据由境内转移至境外，涉及其在境内运营中收集和产生的个人信息和重要数据的”；并进一步列举了两类不属于数据出境的场景，即（1）“非在境内运营中收集和产生的个人信息和重要数据经由本国出境，未经任何变动或加工处理的，不属于数据出境”；（2）“非在境内运营中收集和产生的个人信息和重要数据在境内存储、加工处理后出境，不涉及境内运营中收集和产生的个人信息和重要数据的，不属于数据出境”。《个人信息出境安全评估办法（征求意见稿）》第二条则大大简化了前述定义及列举，仅将“个人信息出境”定义为“网络运营者向境外提供在中华人民共和国境内运营中收集的个人信息”。对于个人信息跨境的法律定义，还须正式立法予以明确。

二、跨境传输的常见场景

结合不同行业的个人信息应用场景，个人信息跨境传输常见于：（1）个人信息处理者将境内收集的个人信息存储于境外服务器；（2）跨境商务交流这两种场景之中。对于前者，常见的情形为个人信息处理者因业务需要而将服务器设置在境外，或因办公要求须将个人信息传输至境外母公司的服务器中；对于后者，则常见于旅游、留学等境外交流合作的业务中。此外，比较特殊的一类情况是，境外在调查个人信息相关案件时，境内个人信息处理者可能需要向境外执法机构提供相关个人信息以作为证据材料。

三、国内立法

在我国，除本法以外，当前有关数据出境的法规标准主要有网络安全法（2016年）。另外，有尚未出台的《个人信息和重要数据出境安全评估办法（征求意见稿）》（2017年）、《信息安全技术 数据出境安全评估指南（草案）》（2017年）及《个人信息出境安全评估办法（征求意见稿）》（2019年）。

网络安全法出台前，由于我国个人信息立法相对分散，个人信息的跨境传输也分散于不同的立法之中，且多为原则性规定，如《征信业管理条例》第二十四条规定，“征信机构在中国境内采集的信息的整理保存和加工，应当在中国境内进行。征信机构向境外组织或者个人提供信息，应当遵守法律、行政法规和国务院征信业监督管理部门的有关规定”。2016年，网络安全法出台，该法首次针对“关键信息基础设施运营者”提出“本地存储”以及“个人信息数据出境安全评估”的要求①，该条亦被本法第四十条所吸收。

---

① 网络安全法第三十七条规定：“关键信息基础设施的运营者在中华人民共和国境内运营中收集和产生的个人信息和重要数据应当在境内存储。因业务需要，确需向境外提供的，应当按照国家网信部门会同国务院有关部门制定的办法进行安全评估；法律、行政法规另有规定的，依照其规定。”

2017 年，国家互联网信息办公室率先发布《个人信息和重要数据出境安全评估办法（征求意见稿）》，将数据出境主体扩大为“网络经营者”，构建起个人信息和重要数据出境安全评估的基本框架；随后，国家质量监督管理检验检疫总局与国家标准化管理委员会发布《关于开展国家标准〈信息安全技术 数据出境安全评估指南（草案）〉征求意见工作的通知》，详细地规定了个人信息和重要数据出境的安全评估流程、要点和方法，为网络运营者开展个人信息和重要数据出境安全自评估，以及国家网信部门、行业主管部门组织开展个人信息和重要数据出境安全评估提供了参考。

2019 年，国家互联网信息办公室发布《个人信息出境安全评估办法（征求意见稿）》，进一步细化和延伸了个人信息出境安全评估制度，明确了网络运营者和个人信息接收者的职责。相较于前述立法规定，本法对个人信息跨境的条件进行了明确规定，不再仅限于安全评估。

对于个人信息跨境的规定，不同的文件曾有过原则性规定，例如：

1.《信息安全技术 公用及商用服务信息系统个人信息保护指南》第 5.4.5 条规定，“未经个人信息主体的明示同意，或法律法规明确规定，或未经主管部门同意，个人信息管理者不得将个人信息转移给境外个人信息获得者，包括位于境外的个人或境外注册的组织和机构”。

2.《信息安全技术 个人信息安全规范》第 9.8 条规定，“在中华人民共和国境内运营中收集和产生的个人信息向境外提供的，个人信息控制者应遵循国家相关规定和相关标准的要求”。

四、立法理念

个人信息的跨境流动不仅涉及国际协作，还体现了不同国家或地区在数据法律保护背后所体现的政策理念，学界一般将其分为数据自由主义与数据主权主义。所谓数据主权主义，是指一国对其国内数据拥有支配的权力，可管辖、占有、管理、使用该国数据，并排除他国对该国数据的干预。在数据主权主义下，一国对于本国的数据跨境拥有监管的合法性，并在一定程度上可以排除其他国家干涉跨境数据从而危害国家安全的可能。数据自由主义则强调数据的自由流动，看重数据背后所产生的经济利益，在一定程度上排除国家主权的干预。无论是数据主权主义还是数据自由主义，在当下的经济环境中均存在一定的局限性。前者容易造成个人信息多重规制的情况，可能影响国际的经济贸易发展；后者则容易产生各类网络犯罪。对于个人信息而言，放任个人信息的跨境自由流动不利于维护国家安全，相关立法及政策应在促进经济发展和维护国家安全之间保持利益平衡。

提倡数据主权主义的典型地区为欧盟，其对个人数据跨境实行严格保护，主张第三国在符合特定要求下可以进行数据跨境流动，更强调严格立法、司法与执法。值得注意的是，GDPR 第四十五条至第四十九条也对个人信息的跨境进行了规定。

【适用指南】

一、整体情况

在实务中，不少公司在进行跨国业务时，往往需要向交易相对方提供相关文件资料，其中便可能包括大量个人信息。对此，个人信息处理者应当在个人信息跨境方面持谨慎态度，在文件传输前先进行资料筛查，以防止文件传输带来的不必要风险。与此同时，除却前述可能出现个人信息跨境的风险以外，有可能存在大量个人信息的直接跨境，此时个人信息处理方按照相关规定做好合规工作即可。

根据当前个人信息跨境的法律规范来看，网络安全法、数据安全法等上位法律对个人信息跨境作了原则性规定，而国家网信办、标准化委员会等公布的配套文件也陆续发布。尽管相关配套文件仍是征求意见稿，相关的标准性文件也仅具有推荐性或指导性，但个人信息处理者可以参考其中的部分规定，并时刻关注其发展动态。其中，《信息安全技术 数据出境安全评估指南（草案）》及《个人信息出境安全评估办法（征求意见稿）》对当前个人信息的跨境流转具有相对大的参考意义。《信息安全技术 数据出境安全评估指南（草案）》对数据出境评估流程进行了较为细致的规定，对网信部门、行业主管或监管部门依职权开展的个人信息和重要数据出境安全评估与个人信息处理者自评估两种评估类型提供了较为详细的指引。《个人信息出境安全评估办法（征求意见稿）》则在规范个人信息跨境流程方面，更注重个人信息主体在数据出境过程中的合法权益。

结合本法第三条与第四条对“本法适用主体”“个人信息”以及“信息处理”的规定，此处何谓“个人信息处理者”兹不赘述。根据本条规定，个人信息处理者向境外提供个人信息应满足：（1）因业务等需要，确需向中华人民共和国境外提供个人信息；（2）本条所规定的四个条件至少具备一项。

二、个人信息跨境的前提条件

因业务所需要，跨境提供个人信息的前提之一是“因个人信息处理者的业务需要，确需向中华人民共和国境外提供个人信息”，由于本条并未列举何谓“因业务需要”“确需”的情形，因此可参考《信息安全技术 数据出境安全评估指南（草案）》第5.1条，该条从正当性与合法性的角度对个人信息出境作了规定，“数据出境计划应同时满足合法性和正当性的要求：a）合法性包括：1）不属于法律法规明令禁止的；2）符合我国政府与其他国家、地区签署的关于数据出境条约、协议的；3）个人信息主体已授权同意的，危及公民生命财产安全的紧急情况除外；4）不属于国家网信部门、公安部门、安全部门等有关部门依法认定不能出境的。b）正当性包括：1）网络运营者在合法的经营范围内从事正常业务活动所必需的；2）履行合同义务所必需的；3）履行我国法律义务要求的；4）司法协助需要的；5）其他维护网络空间主权和国家安全、社会公共利益、保护公民合法利益需要的”。

三、具体条件

（一）安全评估[①]

本条要求个人信息处理者“依照本法第四十条的规定通过国家网信部门组织的安全评估”，即关键信息基础设施运营者和处理个人信息达到国家网信部门规定数量的个人信息处理者，确需向境外提供的，应当通过国家网信部门组织的安全评估。

（二）机构认证

本条要求个人信息处理者按照国家网信部门的规定，经专业机构进行个人信息保护认证。从当前的法律规定及配套文件来看，对于启动专业机构进行个人信息保护认证的条件、标准、程序等具体内容缺乏相关规定，需要等待后续网信办等相关部门进一步补充明确。

（三）订立合同

本条要求个人信息处理者在向境外提供个人信息时，应当按照国家网信部门制定的标准合同与境外接收方订立合同，约定双方的权利和义务。

根据《个人信息出境安全评估办法（征求意见稿）》第十三条规定，“网络运营者与个人信息接收者签订的合同或者其他有法律效力的文件（统称合同），应当明确：（一）个人信息出境的目的、类型、保存时限。（二）个人信息主体是合同中涉及个人信息主体权益的条款的受益人。

① 具体内容详见本法第四十条释义。

（三）个人信息主体合法权益受到损害时，可以自行或者委托代理人向网络运营者或者接收者或者双方索赔，网络运营者或者接收者应当予以赔偿，除非证明没有责任。（四）接收者所在国家法律环境发生变化导致合同难以履行时，应当终止合同，或者重新进行安全评估。（五）合同的终止不能免除合同中涉及个人信息主体合法权益有关条款规定的网络运营者和接收者的责任和义务，除非接收者已经销毁了接收到的个人信息或作了匿名化处理。（六）双方约定的其他内容”。

该评估办法草案第十四条规定，“合同应当明确网络运营者（即个人信息处理者，编者注，下同）承担以下责任和义务：（一）以电子邮件、即时通信、信函、传真等方式告知个人信息主体网络运营者和接收者的基本情况，以及向境外提供个人信息的目的、类型和保存时间。（二）应个人信息主体的请求，提供本合同的副本。（三）应请求向接收者转达个人信息主体诉求，包括向接收者索赔；个人信息主体不能从接收者获得赔偿时，先行赔付”。

该评估办法草案第十五条规定，“合同应当明确接收者承担以下责任和义务：（一）为个人信息主体提供访问其个人信息的途径，个人信息主体要求更正或者删除其个人信息时，应在合理的代价和时限内予以响应、更正或者删除。（二）按照合同约定的目的使用个人信息，个人信息的境外保存期限不得超出合同约定的时限。（三）确认签署合同及履行合同义务不会违背接收者所在国家的法律要求，当接收者所在国家和地区法律环境发生变化可能影响合同执行时，应当及时通知网络运营者，并通过网络运营者报告网络运营者所在地省级网信部门”。

该评估办法草案第十六条规定，“合同应当明确接收者不得将接收到的个人信息传输给第三方，除非满足以下条件：（一）网络运营者已经通过电子邮件、即时通信、信函、传真等方式将个人信息传输给第三方的目的、第三方的身份和国别，以及传输的个人信息类型、第三方保留时限等通知个人信息主体。（二）接收者承诺在个人信息主体请求停止向第三方传输时，停止传输并要求第三方销毁已经接收到的个人信息。（三）涉及到个人敏感信息时，已征得个人信息主体同意。（四）因向第三方传输个人信息对个人信息主体合法权益带来损害时，网络运营者同意先行承担赔付责任”。

该评估办法草案的制度设计，在很大程度上可以确保境外接收方对接受的个人信息提供充足的保护，也与本条“保障境外接收方处理个人信息的活动达到本法规定的个人信息保护标准”的思路一致。

（四）法律、行政法规或者国家网信部门规定的其他条件

本条规定了兜底条款，以防止实务中出现新的情况。若出现现行法律无法涵盖的内容，可通过其他法律、行政法规或国家网信部门根据实践中出现的新情况作出的新规定加以规制，此时前述的“安全评估”与“专业机构认证”并不减损其他法律对个人信息处理者规定的责任与义务。

对于正式法条新增的“个人信息处理者应当采取必要措施，保障境外接收方处理个人信息的活动达到本法规定的个人信息保护标准”，该制度一方面加重了个人信息处理者对保护个人信息的责任，将境外接收方对个人信息的保护责任转移给我国的个人信息处理者；另一方面也有利于保护个人利益及国家安全。此时，个人信息处理者应当关注境外接收方所处的国家或地区的相关法律规定及配套措施是否健全，以便达到国内法律的要求。

实际上，《信息安全技术 数据出境安全评估指南（草案）》和《个人信息出境安全评估办法（征求意见稿）》也有类似的要求与思路，实务工作者可以根据以下内容进行参考：

1.《信息安全技术 数据出境安全评估指南（草案）》第4.2条规定，“网络运营者（即个人信息处理者，编者注）应首先制定数据出境计划，计划的内容包括但不限于：a）数据出境目的、范围、类型、规模；b）涉及的信息系统；c）中转国家和地区（如存在）；d）数据接收方及其所在的国家或地区的基本情况；e）安全控制措施等”。

2.《个人信息出境安全评估办法（征求意见稿）》第八条规定，“网络运营者应当建立个人信息出境记录并且至少保存5年，记录包括：（一）向境外提供个人信息的日期时间；（二）接收者的身份，包括但不限于接收者的名称、地址、联系方式等；（三）向境外提供的个人信息的类型及数量、敏感程度；（四）国家网信部门规定的其他内容”。

3.《个人信息出境安全评估办法（征求意见稿）》第十一条规定，“出现以下情况之一时，网信部门可以要求网络运营者暂停或终止向境外提供个人信息：（一）网络运营者或接收者发生较大数据泄露、数据滥用等事件；（二）个人信息主体不能或者难以维护个人合法权益；（三）网络运营者或接收者无力保障个人信息安全”。

【相关规定】

《中华人民共和国网络安全法》第三十七条；《征信业管理条例》第二十四条。

第三十九条　【个人对跨境内容的告知同意】 个人信息处理者向中华人民共和国境外提供个人信息的，应当向个人告知境外接收方的名称或者姓名、联系方式、处理目的、处理方式、个人信息的种类以及个人向境外接收方行使本法规定权利的方式和程序等事项，并取得个人的单独同意。

【条文主旨】

本条是关于个人信息处理者向境外提供个人信息的“告知同意”规则的规定。

【条文理解】

一、修订情况

正式法律将本法二次审议稿中的“应当向个人告知境外接收方的身份”修改为“应当向个人告知境外接收方的名称或者姓名”，进一步细化了个人信息处理者的告知事项。

二、告知同意规则

“告知同意”又称“知情同意”，是个人信息保护的核心原则，贯穿于个人信息保护法律体系的始终。抽象而言，“告知同意”是指个人信息处理者在处理个人信息时，应当将处理事宜之情况充分告知个人并征得其同意。具体而言，该原则赋予了个人“同意”的权利，同时也对个人信息处理者赋予了“告知”及“取得个人同意”的义务。可以看出，“告知同意”的核心仍在于“同意”：当法律规定个人具有知情同意的权益时，为了尽量减小甚至消除信息处理者与个人之间的信息差距，保障个人在了解相关事宜后尽可能作出体现其自身真实意图的决定，进一步提高规则的可行性，法律必须在直接规定个人具有“同意”之权利的同时，对个人信息处理者施加“告知义务”。因此，这一原则有利于个人对个人信息处理者的制约，防止信息处理者凭借拥有个人信息的优势恣意妄为。

从前述“告知同意”的要求可以看出，该规则从设计之初便以个人的自主和自治为基础，体现着对人的尊重和对人自由决定的认可，是尊重公民权利的充分表达。具言之，“告知”和“同意”体现的是“意思自治”

和“信息公平”。一方面，“意思自治”的核心内容是当事人的生活应当自主、自治，这也是实现当事人选择自由的主要法律形式，在民法领域中“意思自治”通过“契约自由”等形式体现，在个人信息保护领域则通过“个人同意”来体现。另一方面，“信息公平”则保证了个人的同意具有法律意义，在对相关事宜充分了解后作出的选择可以体现个人的自由意志。因此，在决定个人信息如何处理时，个人在充分了解相关事宜的前提下，根据自身意志决定个人信息之去向，并将对自己事务的控制权让渡一部分给信息处理者，使得个人信息处理者合法合理地处理其提供的个人信息，这一过程是个人行使信息自决权的体现，有利于实现信息主体对其个人信息的自主处分。

“告知同意”原则自 2012 年起便出现在我国有关个人信息保护的规范性文件之中。例如，《全国人民代表大会常务委员会关于加强网络信息保护的决定》第二条明确规定：“网络服务提供者和其他企业事业单位在业务活动中收集、使用公民个人电子信息，应当遵循合法、正当、必要的原则，明示收集、使用信息的目的、方式和范围，并经被收集者同意，不得违反法律、法规的规定和双方的约定收集、使用信息。”此后，消费者权益保护法、网络安全法、民法典、《信息安全技术 个人信息安全规范》等法律、标准等规范均规定了“告知同意”原则。

三、单独同意

个人同意是处理个人信息的必备要件，当然也是个人信息跨境传输所必需的条件。在本条语境中，“告知义务”是指个人信息处理者应当告知境外接收方的名称或者姓名、联系方式、处理目的、处理方式、个人信息的种类以及个人向境外接收方行使本法规定权利的方式和程序等事项；“取得个人同意”则要求信息处理者在个人对相关事宜知情的前提下获取个人对信息处理行为的单独同意。从制度意义来看，“单独同意”进一步提高了对个人知情的要求，不同于境内的个人信息处理活动，当个人知晓其个人信息需要“跨境”这一特殊处理行为时，个人可以拒绝并撤回此前授予的同意。

本法第一次在国内提出“单独同意”这一概念，区别于在以往的法律条文中提到的“明示同意”或“书面同意”。除了本条以外，本法还规定了五处需要个人“单独同意”的情形：

（1）第十四条第一款——个人同意处理其个人信息：基于个人同意处理个人信息的，该同意应当由个人在充分知情的前提下自愿、明确作出。法律、行政法规规定处理个人信息应当取得个人单独同意或者书面同意的，从其规定。

（2）第二十三条——个人信息处理者向其他个人信息处理者提供其处理的个人信息：个人信息处理者向其他个人信息处理者提供其处理的个人信息的，应当向个人告知接收方的名称或者姓名、联系方式、处理目的、处理方式和个人信息的种类，并取得个人的单独同意。接收方应当在上述处理目的、处理方式和个人信息的种类等范围内处理个人信息。接收方变更原先的处理目的、处理方式的，应当依照本法规定重新取得个人同意。

（3）第二十五条——个人信息处理者公开其处理的个人信息：个人信息处理者不得公开其处理的个人信息，取得个人单独同意的除外。

（4）第二十六条——在公共场所安装图像采集、个人身份识别设备，将所收集的个人图像、身份识别信息用于维护公共安全以外的目的：在公共场所安装图像采集、个人身份识别设备，应当为维护公共安全所必需，遵守国家有关规定，并设置显著的提示标识。所收集的个人图像、身份识别信息只能用于维护公共安全的目的，不得用于其他目的；取得个人单独同意的除外。

（5）第二十九条——基于个人同意处理敏感个人信息：处理敏感个人信息应当取得个人的单独同意；法律、行政法规规定处理敏感个人信息应当取得书面同意的，从其规定。

对于本条提出的"单独同意"，可以想见其目的是加强对特定个人信息的类型及处理行为的保护，充分扩大个人信息主体的参与度，同时这一规定也是本法第四十四条"个人对其个人信息的处理享有知情权、决定权，有权限制或者拒绝他人对其个人信息进行处理"的重要体现。换言之，"向境外提供个人信息的行为"应当区别于"在境内处理个人信息"，明确向个人告知相关事项，并征得个人的明示同意。

除本法以外，最新出台的文件也有提到"单独同意"这一概念。如《最高人民法院关于审理使用人脸识别技术处理个人信息相关民事案件适用法律若干问题的规定》第二条："信息处理者处理人脸信息有下列情形之一的，人民法院应当认定属于侵害自然人人格权益的行为：……（三）基于个人同意处理人脸信息的，未征得自然人或者其监护人的单独同意，或者未按照法律、行政法规的规定征得自然人或者其监护人的书面同意……"

【适用指南】

从法律体系和立法目的来看，本条是针对个人信息跨境传输的要求，不同于其他处理事项的“书面同意”“明示同意”，“单独同意”适用于重要的个人信息处理事项。由于本法第二十九条等条文同样规定了“单独同意”：“处理敏感个人信息应当取得个人的单独同意；法律、行政法规规定处理敏感个人信息应当取得书面同意的，从其规定。”因此，“单独同意”制度似乎暗示了不同信息类型、信息处理行为的保护等级，即境内“敏感信息”等特殊信息类型的保护水平高于境内其他个人信息类型的保护水平，个人信息跨境的保护水平则高于境内个人信息的保护水平。对于个人信息处理者而言，尽管第二十九条并未明确规定告知事项，但本条的告知事项应当不同于第二十九条的告知事项，个人信息处理者按照本条所列举的告知事项如实披露相关信息，并获其“单独同意”即可。对于个人而言，由于法律规定的不一致，个人在了解相关事宜后应当谨慎选择是否同意。

除了本法以外，还应当注意个人信息跨境的其他法律规范性文件。例如，2019 年公布的《个人信息出境安全评估办法（征求意见稿）》对数据跨境流动中的个人信息安全评估制度进行了规定。根据该征求意见稿，当个人信息出境后，个人享有如下权利：（1）当个人合法权益受损时要求索赔的权利（第十三条）；（2）了解网络运营者和接收者基本情况，以及向境外提供个人信息的目的、类型和保存时间的权利（第十四条）；（3）要求查看信息跨境合同（指网络运营者与个人信息接收者就个人信息跨境所签订的合同或者其他有法律效力的文件）副本的权利（第十四条）；（4）对个人信息接收者提出诉求的权利（第十四条）；（5）向责任方要求提供个人信息途径及更正或者删除其个人信息的权利（第十五条）。

随着未来新规范的出台，对于个人信息处理者在向境外提供个人信息时，如何以合乎法理与情理的方式征得个人的同意，相关程序及事项会更加明晰。在现阶段缺乏下位法更为明确的规定时，可以参考网络安全法、民法典及本法其他条文等已正式施行的法律规定；对于尚未施行的征求意见稿、草案等文件，仍然可以将其作为未来立法之趋势，引导个人信息跨境的实践。综上所述，个人信息处理者在收集个人信息时，应当保持更为谨慎的态度。

【相关规定】

《中华人民共和国个人信息保护法》第二十九条；《最高人民法院关于审理使用人脸识别技术处理个人信息相关民事案件适用法律若干问题的规定》第二条。

第四十条　【国家网信部门安全评估制度】关键信息基础设施运营者和处理个人信息达到国家网信部门规定数量的个人信息处理者，应当将在中华人民共和国境内收集和产生的个人信息存储在境内。确需向境外提供的，应当通过国家网信部门组织的安全评估；法律、行政法规和国家网信部门规定可以不进行安全评估的，从其规定。

【条文主旨】

本条是关于两类特殊主体向境外提供个人信息的安全评估制度的规定。

【条文理解】

网络安全法第三十七条首次确立了个人信息出境前的安全评估制度，即对关键信息基础设施运营者提出了“数据本地化存储”“数据出境安全评估”的要求。随后，《个人信息出境安全评估办法（征求意见稿）》将安全评估的适用范围扩大至所有网络运营者。本法则在两者间取得平衡，将适用范围限制在“关键信息基础设施运营者”和“处理个人信息达到国家网信部门规定数量的个人信息处理者”。相较于网络安全法，本法对数据本地化的主体进行了扩张；相较于上述评估办法征求意见稿，则是限缩了适用主体。

一、关键信息基础设施运营者

2017 年施行的网络安全法第三十一条第一款率先对“关键信息基础设施运营者”的特点进行了归纳：“国家对公共通信和信息服务、能源、交通、水利、金融、公共服务、电子政务等重要行业和领域，以及其他一旦遭到破坏、丧失功能或者数据泄露，可能严重危害国家安全、国计民生、公共利益的关键信息基础设施，在网络安全等级保护制度的基础上，实行重点保护。关键信息基础设施的具体范围和安全保护办法由国务院制定。”从条文来看，该条采用了“列举+归纳”的方式对“关键信息基础设施”作了概括，但问题在于本条的法律解释的空间较大，不利于个人信息处理者在信息跨境准备阶段开展合规工作。

随后，《关键信息基础设施安全保护条例》在第二条规定：“本条例所称关键信息基础设施，是指公共通信和信息服务、能源、交通、水利、金融、公共服务、电子政务、国防科技工业等重要行业和领域的，以及其他一旦遭到破坏、丧失功能或者数据泄露，可能严重危害国家安全、国计民生、公共利益的重要网络设施、信息系统等。”显然，这一规定相较于前述规定更为具体，但仍然存在较大的不确定性。

尽管缺乏明确的范围，但从定义可知，相较于普通网络设施，关键信息基础设施具有较强的主权属性——数据泄露可能会导致危害公共利益及国家安全的严重后果，这一性质也决定了关键信息基础设施涉及众多的重要数据、敏感数据等信息，是数据安全风险来源的重点领域。

二、处理个人信息达到国家网信部门规定数量的个人信息处理者

根据济南市大数据局的公开资料，大数据（big data）或称巨量资料，是指“所涉及的资料量规模巨大到无法透过目前主流软件工具，在合理时间内达到撷取、管理、处理、并整理成为帮助企业经营决策更积极目的的资讯”。[①] 根据该定义，一个地区或国家的海量个人信息或许可以反映出该地区或该国的政治、经济、文化等重要信息，因此需要对这类信息进行重点监管。

不论是关键信息基础设施，还是处理个人信息达到国家网信部门规定数量的个人信息处理者，其所收集的个人信息不可避免地具有较强的主权属性，因此国家应当从私力救济及公力救济两方面对其提供保护，以维持个人信息的流动秩序，进一步维护公共安全及国家安全。

三、本地存储

“个人信息本地化（Data Localization）”是数据管控的方式之一，要求个人信息处理者将在境内收集的个人信息存储在境内，除非法律有明确要求或相关规定，否则收集的个人信息不可跨境传输。此外，要求特殊类型主体在境内收集和产生的个人信息存储在境内有利于本国的数字

---

① 《什么是大数据?》，载济南市大数据局官网，http://jndsj.jinan.gov.cn/art/2019/8/13/art_39428_3158286.html，最后访问时间：2021 年 11 月 7 日。

产业发展。原因在于，本国企业通过使用体量巨大的数据，在境内市场就拥有了境外企业不可比拟的数据优势，这也是国家数据监管政策的趋势体现。

除本法以外，其他法律规范也存在关于境内存储和跨境传输的规定。其中较为重点的法律规范如下：

（1）网络安全法第三十七条规定，“关键信息基础设施的运营者在中华人民共和国境内运营中收集和产生的个人信息和重要数据应当在境内存储。因业务需要，确需向境外提供的，应当按照国家网信部门会同国务院有关部门制定的办法进行安全评估；法律、行政法规另有规定的，依照其规定”。

（2）《人口健康信息管理办法（试行）》（国卫规划发〔2014〕24号）第十条第二款规定，“不得将人口健康信息在境外的服务器中存储，不得托管、租赁在境外的服务器”。

（3）《网络预约出租汽车经营服务管理暂行办法》（中华人民共和国交通运输部令2019年第46号）第二十七条第一款规定，“网约车平台公司应当遵守国家网络和信息安全有关规定，所采集的个人信息和生成的业务数据，应当在中国内地存储和使用，保存期限不少于2年，除法律法规另有规定外，上述信息和数据不得外流”。

（4）《深圳经济特区数据条例》第八十二条规定，“数据处理者向境外提供个人数据或者国家规定的重要数据，应当按照有关规定申请数据出境安全评估，进行国家安全审查”。

四、个人信息安全影响评估制度

2017年，我国首次在《信息安全技术 个人信息安全规范》（GB/T 35273-2017）中提出了“开展个人信息安全影响评估”的要求，对安全影响评估的条件、内容等方面进行了规定；同年出台的《个人信息和重要数据出境安全评估办法（征求意见稿）》在第九条规定，“含有或累计含有50万人以上的个人信息”；网络技术委员会也发布了《关于开展国家标准〈信息安全技术 数据出境安全评估指南（草案）〉征求意见工作的通知》，而后，《信息安全技术 数据出境安全评估指南（征求意见稿）》就数据出境安全评估流程与评估要点，重要数据识别指南和个人信息和重要数据出境安全风险评估办法作了规定。

2019年，《个人信息出境安全评估办法（征求意见稿）》，将“数量触发安全评估”的机制改为“每2年进行一次评估，除非个人信息出境目的、类型、境外保存时间发生变化时应当重新评估”。

2020 年，《信息安全技术 个人信息安全规范》（GB/T 35273-2020）替代了《信息安全技术 个人信息安全规范》（GB/T 35273-2017），对“开展个人信息安全影响评估”的相关细节进行了修改。同年，《信息安全技术 个人信息安全影响评估指南》（GB/T 39335-2020）发布，作为《信息安全技术 个人信息安全规范》（GB/T 35273-2020）的配套标准，该指南为影响评估提供了更为具体的方法论和指引。

2021 年，《网络安全审查办法（修订草案征求意见稿）》新增了网络安全审查规定，其第六条要求“掌握超过 100 万用户个人信息的运营者赴国外上市，必须向网络安全审查办公室申报网络安全审查”。

从本条来看，安全评估仍与“数量”相联系，未来相关部门还需出台确定数量的相关规范性文件，而其他规范性文件中确立的评估机制也需要进行相应调整。此外，相较于网络安全法“法律、行政法规另有规定的，依照其规定”，本条规定的则是“法律、行政法规和国家网信部门规定可以不进行安全评估的，从其规定”。显然，从语义上理解“规定可以不进行安全评估”的适用范围比“另有规定”要小得多，本法实施后，实务中安全评估的例外情形或许将显著减少。

【适用指南】

结合本法第三十八条、第三十九条及相关法律法规、国家标准等规范性文件，我国个人信息跨境传输及本地存储制度已初见端倪。

一、两类特殊主体

判断这一问题，首先需要明确企业的性质——是否属于“关键信息基础设施运营者”或“处理个人信息达到国家网信部门规定数量的个人信息处理者”。这两类个人信息处理者是个人信息保护领域的重点规制对象，其负有更为严苛的义务。因此，个人信息处理者在判断个人信息是否达到跨境条件时（应结合本法第三十八条及第三十九条的规定进行判断），首先，应当界定自身性质，方可明晰应当承担的法律义务及应当满足的跨境条件。举例而言，根据相关定义，可以判断银行属于“关键信息基础设施运营者”。其次，根据本条规定，银行在我国境内收集和产生的个人信息应当存储在境内；但根据本法第三十八条及第三十九条，若银行因业务等需要，确需向中华人民共和国境外提供个人信息时，则需要通过国家网信部门组织的安全评估，将相关事项告知个人并征得个人的单独同意。若违反上述规定，相关企业或负责人员可能面临行政或刑事处罚。若不属于本条规定的两类特殊主体，其他法律规范也没有相关规定，则个人信息处理者没有“本地化存储”的义务。

如前所述，尽管对于“关键信息基础设施”的界定已在相关立法中得到明确，但仍为概括性规定，没有明确的判断标准。目前，关于关键信息基础设施的界定，可参考《关键信息基础设施安全保护条例》第九条的规定，“保护工作部门结合本行业、本领域实际，制定关键信息基础设施认定规则，并报国务院公安部门备案。制定认定规则应当主要考虑下列因素：（一）网络设施、信息系统等对于本行业、本领域关键核心业务的重要程度；（二）网络设施、信息系统等一旦遭到破坏、丧失功能或者数据泄露可能带来的危害程度；（三）对其他行业和领域的关联性影响”。就“处理个人信息达到国家网信部门规定数量的个人信息处理者”而言，暂无对具体数量明确规定的文件，如何进一步确认有赖于更为具体明确的文件加以说明。值得注意的是，2021 年出台的《网络安全审查办法（修订草案征求意见稿）》第六条规定，“掌握超过 100 万用户个人信息的运营者赴国外上市，必须向网络安全审查办公室申报网络安全审查”，此“100 万用户个人信息”或许值得参考。

二、安全评估

当前尚未出台与本法相配套的安全评估制度，可以参考《信息安全技术 个人信息安全影响评估指南》《信息安全技术 数据出境安全评估指南（征求意见稿）》《个人信息出境安全评估办法（征求意见稿）》《网络安全审查办法（修订草案征求意见稿）》等文件。

1. 《信息安全技术 个人信息安全影响评估指南》

《信息安全技术 个人信息安全影响评估指南》对个人信息安全影响评估的基本原理、实施流程进行了规定，适用于各类组织自行开展个人信息安全影响评估工作，同时可为主管监管部门、第三方测评机构等组织开展个人信息安全监督、检查、评估等工作提供参考。举例而言：以该标准第 4.2 条所规定的评估价值来看，个人信息处理者可参考的要点包括：

（1）在开展个人信息处理前，个人信息处理者可通过影响评估，识别可能导致个人信息主体权益遭受损害的风险，并据此采用适当的个人信息安全控制措施。

（2）对于正在开展的个人信息处理，个人信息处理者可通过影响评估，综合考虑内外部因素的变化情况，持续修正已采取的个人信息安全控制措施，确保对个人合法权益不利影响的风险处于总体可控的状态。

（3）个人信息安全影响评估及其形成的记录文档，可帮助个人信息处理者在政府、相关机构或商业伙伴的调查、执法、合规性审计等中，证明其遵守了个人信息保护与数据安全等方面的法律、法规和标准的要求。

（4）在发生个人信息安全事件时，个人信息安全影响评估及其形成的记录文档，可用于证明个人信息处理者已经主动评估风险并采取一定的安全保护措施，有助于减轻甚至免除组织相关责任和名誉损失。

（5）个人信息处理者可通过个人信息安全影响评估，加强对员工的个人信息安全教育。参与评估之中，员工能熟悉各种个人信息安全风险，增强处置风险的能力。

（6）对合作伙伴，个人信息处理者通过评估的实际行动表明其严肃对待个人信息安全保护，并引导其能够采取适当的安全控制措施，以达到同等或类似的安全保护水平。

此外第 4.3 条还规定了个人信息安全影响评估报告法的内容及用途，“个人信息安全影响评估报告的内容主要包括：评估所覆盖的业务场景、业务场景所涉及的具体的个人信息处理活动、负责及参与的部门和人员、已识别的风险、已采用及拟采用的安全控制措施清单、剩余风险等”。对于该标准的更多信息，本书不再一一列举。

2. 《信息安全技术 数据出境安全评估指南（征求意见稿）》

《信息安全技术 数据出境安全评估指南（征求意见稿）》提出了个人信息和重要数据出境的安全评估流程、要点和方法，正式出台后可适用于网络运营者开展的个人信息和重要数据出境安全自评估，以及国家网信部门、行业主管部门组织开展的个人信息和重要数据出境安全评估。

对于安全自评估的启动条件，该标准征求意见稿第 4.2.2 条规定：网络运营者应每年开展安全自评估，满足以下条件之一时启动评估：

（1）涉及数据出境的；

（2）关键信息基础设施运营者进行数据出境之前的；

（3）已完成数据出境安全自评估的产品或业务所涉及的个人信息和重要数据出境，在目的、范围、类型、数量等方面发生较大变化、数据接收方变更或发生重大安全事件的；

（4）按照行业主管或者监管部门要求启动的。

应当注意的是，该条下同时注明：

（a）当网络运营者的数据出境满足连续出境的条件时，视为一次出境行为，免于重复评估；

（b）连续出境是指数据出境的目的、接收方相同，范围、类型、数量不发生较大变化，且两次数据出境间隔不超过一年的；

（c）数据出境涉及多方主体的如：云服务、转包服务等，根据数据出境发起方，确定安全自评估责任主体。如：云服务客户主动要求云服务提供商进行数据出境的，由云服务提供商配合云服务客户开展安全自评估，且由云服务客户承担相应责任。如云服务提供商主动要求进行出具出境的，由云服务客户配合云服务提供商开展安全自评估，且由云服务提供商承担相应责任。

对于主管部门安全评估的启动条件，该标准征求意见稿第4.3.2条规定，国家网信部门、行业主管部门根据数据出境类型、数量、范围、重要程度等，酌情组织开展主管部门评估。具有下列情形之一的，国家网信部门、行业主管部门可启动主管部门评估：

（1）一年内出境的个人信息数量达到国家网信部门、行业主管部门上报要求的；

（2）包含核设施、生物化学、国防军工、人口健康等领域数据，大型工程活动、海洋环境、敏感地理信息数据，以及其他重要数据的；

（3）涉及关键信息基础设施的安全缺陷、具体安全防护措施等网络安全信息的；

（4）关键基础设施运营者数据出境的；

（5）其他可能影响国家安全、经济发展和社会公共利益的；

（6）大量用户投诉、举报的；

（7）全国性行业协会建议的；

（8）其他经国家网信部门、行业主管部门认定有必要启动主管部门评估的

同样，对于该标准征求意见稿的更多信息，本书不再一一列举。

3.《个人信息出境安全评估办法（征求意见稿）》与《网络安全审查办法（修订草案征求意见稿）》

由于《个人信息出境安全评估办法（征求意见稿）》与《网络安全审查办法（修订草案征求意见稿）》的正式规范尚未颁布，其中关于个人信息出境的规定相较于前述标准性文件相对原则，因此本书摘取二者的要点进行比较。

第一，对于评估主体。《个人信息出境安全评估办法（征求意见稿）》第三条第一款和第二款规定："个人信息出境前，网络运营者应当向所在地省级网信部门申报个人信息出境安全评估。向不同的接收者提供个人信息应当分别申报安全评估，向同一接收者多次或连续提供个人信息无需多次评估。"

第二，对于评估周期。《个人信息出境安全评估办法（征求意见稿）》

第三条第三款规定："每 2 年或者个人信息出境目的、类型和境外保存时间发生变化时应当重新评估。"

第三，对于评估须提交的材料。《个人信息出境安全评估办法（征求意见稿）》第四条规定："网络运营者申报个人信息出境安全评估应当提供以下材料，并对材料的真实性、准确性负责：（一）申报书。（二）网络运营者与接收者签订的合同。（三）个人信息出境安全风险及安全保障措施分析报告。（四）国家网信部门要求提供的其他材料。"第十七条规定："网络运营者关于个人信息出境安全风险及安全保障措施分析报告应当至少包括：（一）网络运营者和接收者的背景、规模、业务、财务、信誉、网络安全能力等。（二）个人信息出境计划，包括持续时间、涉及的个人信息主体数量、向境外提供的个人信息规模、个人信息出境后是否会再向第三方传输等。（三）个人信息出境风险分析和保障个人信息安全和个人信息主体合法权益的措施。"《网络安全审查办法（修订草案征求意见稿）》第八条规定："运营者申报网络安全审查，应当提交以下材料：（一）申报书；（二）关于影响或可能影响国家安全的分析报告；（三）采购文件、协议、拟签订的合同或拟提交的 IPO 材料等；（四）网络安全审查工作需要的其他材料。"

第四，对于评估内容。《个人信息出境安全评估办法（征求意见稿）》第六条："个人信息出境安全评估重点评估以下内容：（一）是否符合国家有关法律法规和政策规定。（二）合同条款是否能够充分保障个人信息主体合法权益。（三）合同能否得到有效执行。（四）网络运营者或接收者是否有损害个人信息主体合法权益的历史、是否发生过重大网络安全事件。（五）网络运营者获得个人信息是否合法、正当。（六）其他应当评估的内容。"《网络安全审查办法（修订草案征求意见稿）》第十条规定："网络安全审查重点评估采购活动、数据处理活动以及国外上市可能带来的国家安全风险，主要考虑以下因素：（一）产品和服务使用后带来的关键信息基础设施被非法控制、遭受干扰或破坏的风险；（二）产品和服务供应中断对关键信息基础设施业务连续性的危害；（三）产品和服务的安全性、开放性、透明性、来源的多样性，供应渠道的可靠性以及因为政治、外交、贸易等因素导致供应中断的风险；（四）产品和服务提供者遵守中国法律、行政法规、部门规章情况；（五）核心数据、重要数据或大量个人信息被窃取、泄露、毁损以及非法利用或出境的风险；（六）国外上市后关键信息基础设施，核心数据、重要数据或大量个人信息被国外政府影响、控制、恶意利用的风险；（七）其他可能危害关键信息基础设施安全和国家数据安全的因素。”

第五，对于暂停或终止向境外提供个人信息的情形。《个人信息出境安全评估办法（征求意见稿）》第十一条规定：“出现以下情况之一时，网信部门可以要求网络运营者暂停或终止向境外提供个人信息：（一）网络运营者或接收者发生较大数据泄露、数据滥用等事件。（二）个人信息主体不能或者难以维护个人合法权益。（三）网络运营者或接收者无力保障个人信息安全。”

总体而言，个人信息保护法中本条的规定相对原则，更为细致的规定或许将留待监管部门在实践中进一步明确。个人信息处理者在信息跨境的准备阶段，可以通过评估团队制订相关评估计划，以为后续开展评估做好相应准备。

【相关规定】

《中华人民共和国网络安全法》第三十一条至第三十九条；《关键信息基础设施安全保护条例》；《人口健康信息管理办法（试行）》第十条；《网络预约出租汽车经营服务管理暂行办法》第二十七条；《深圳经济特区数据条例》第八十二条。

第四十一条　【向外国司法或者执法机构提供个人信息】 中华人民共和国主管机关根据有关法律和中华人民共和国缔结或者参加的国际条约、协定，或者按照平等互惠原则，处理外国司法或者执法机构关于提供存储于境内个人信息的请求。非经中华人民共和国主管机关批准，个人信息处理者不得向外国司法或者执法机构提供存储于中华人民共和国境内的个人信息。

【条文主旨】

本条是关于中华人民共和国主管机关及个人信息处理者向外国司法或者执法机构提供个人信息的规定。

【条文理解】

一、修订情况

本法草案一审稿本条原文为“因国际司法协助或者行政执法协助，需要向中华人民共和国境外提供个人信息的，应当依法申请有关主管部门批准。中华人民共和国缔结或者参加的国际条约、协定对向中华人民共和国境外提供个人信息有规定的，从其规定”。

本法草案二审稿本条原文为“中华人民共和国境外的司法或者执法机构要求提供存储于中华人民共和国境内的个人信息的，非经中华人民共和国主管机关批准，不得提供；中华人民共和国缔结或者参加的国际条约、协定有规定的，可以按照其规定执行”。对比两次审议稿，修改如下：

第一，将“因国际司法协助或者行政执法协助，需要向中华人民共和国境外提供个人信息……”修改为“中华人民共和国境外的司法或者执法机构要求提供存储于中华人民共和国境内的个人信息……”，草案二审稿的修改实际上是补充解释了一审稿中的“司法协助”和“行政执法协助”。一审稿中何谓“司法协助”“行政执法协助”、何种情况下“需要中华人民共和国境外提供个人信息”均须进一步说明，而二审稿直接将场景简单化为“中华人民共和国境外的司法或者执法机构要求提供个人信息”，明晰了条文的适用范围。此外，这一规定的适用主体似乎也发生了变化，按照一审稿，提供个人信息的主体为具有“司法协助”和“行政执法协助”的主体，而二审稿的适用主体似乎可以包含境外的司法及行政执法机构、个人信息处理者、在境外参加诉讼的诉讼主体等。

第二，本法草案一审稿中的“提供个人信息的”被修改为二审稿中的“提供存储于中华人民共和国境内的个人信息的”，即将个人信息限缩为“存储于中华人民共和国国境内的个人信息”。将适用范围限缩，在很大程度上避免了不同国家或地区之间的法律适用冲突。

第三，本法草案一审稿中的“应当依法申请……批准”被修改为二审稿中的“非经批准……不得……”，这一修改使得向境外司法或执法机构提供个人信息的行为由一审稿中的“附条件许可”变为二审稿中法律责任更重的“限制”行为，从语义而言更加严肃。

第四，本法草案一审稿中的“中华人民共和国缔结或者参加的国际条约、协定对向中华人民共和国境外提供个人信息有规定的，从其规定”被修改为二审稿中的“中华人民共和国缔结或者参加的国际条约、协定有规定的，可以按照其规定执行。”这一修改实际上是将“有规定则从其规定，无规定则须主管部门批准”修改为“须经主管部门批准，有规定时可以从其规定”，将主管部门批准的顺位提前。对于二审稿“可以”的规定，最终，正式法条对这一表述进行了调整。

对比二审稿与正式公布的法律，修改如下：

第一，法律表述为“中华人民共和国主管机关根据有关法律和中华人民共和国缔结或者参加的国际条约、协定，或者按照平等互惠原则，处理外国司法或者执法机构关于提供存储于境内个人信息的请求……”这一调整，将国际条约、协定及平等互惠原则与我国法律放在平等地位，增加了我国适用法律及国际条约的灵活性，也避免了可能产生的问题。

第二，明确了处理适用主体。对比一审稿和二审稿，均未对相关主体进行明确，而法律则表述了“主管机关”为“处理外国司法或者执法机构关于提供存储于境内个人信息的请求”的主体，“个人信息处理者”为提供个人信息的主体，避免了因表述不清所可能产生的适用冲突。

总体来看，法律稿在表述上的修改体现了立法者在个人信息跨境流转问题上更为严谨的立法倾向，也与数据安全法第三十六条规定保持了一致：“中华人民共和国主管机关根据有关法律和中华人民共和国缔结或者参加的国际条约、协定，或者按照平等互惠原则，处理外国司法或者执法机构关于提供数据的请求。非经中华人民共和国主管机关批准，境内的组织、个人不得向外国司法或者执法机构提供存储于中华人民共和国境内的数据。”

二、司法协助

本条明确要求个人信息处理者在向外国司法或者执法机构提供存储于中华人民共和国境内的个人信息时，应当经我国主管机关批准。这与民事诉讼法第二百七十七条第三款“除前款规定的情况外，未经中华人民共和国主管机关准许，任何外国机关或者个人不得在中华人民共和国领域内送达文书、调查取证”、国际刑事司法协助法第四条第三款“非经中华人民共和国主管机关同意，外国机构、组织和个人不得在中华人民共和国境内进行本法规定的刑事诉讼活动，中华人民共和国境内的机构、组织和个人不得向外国提供证据材料和本法规定的协助”的规定相一致，这规制了外国司法执法机关调取境内数据的活动，体现了我国的司法主权。

三、主管机关

本条并未对“主管机关”进行明确，根据国际司法协助和行政执法协助的实践来看，涉及的主管机关可能包括最高人民法院、最高人民检察院、国家网信部门、外交部等，因此在实务中有待更为明确的规定。

【适用指南】

本条的规定相对概括，对于实务工作者而言，还须等待更为明确的规范指示。对于主管机关如何处理外国司法或者执法机构关于提供存储于境内个人信息的请求，在相关规定出台前，可以根据：（1）我国法律的立法条文、立法目的；（2）相关国际条约、协定的制定背景及具体条文；（3）请求方的法律制度是否可以适用平等互惠原则等方面进行预判。对于个人信息处理者向外国司法或者执法机构提供存储于中华人民共和国境内的个人信息的程序及内容等方面，则可以参考诉讼法律制度。

【相关规定】

《中华人民共和国数据安全法》第三十六条；《中华人民共和国民事诉讼法》第二百七十七条；《中华人民共和国国际刑事司法协助法》第四条。

第四十二条　【限制跨境提供个人信息的措施】 境外的组织、个人从事侵害中华人民共和国公民的个人信息权益，或者危害中华人民共和国国家安全、公共利益的个人信息处理活动的，国家网信部门可以将其列入限制或者禁止个人信息提供清单，予以公告，并采取限制或者禁止向其提供个人信息等措施。

【条文主旨】

本条是关于我国个人信息跨境“黑名单”制度的规定。

【条文理解】

一、个人信息与国家安全

“数据”作为国家重要的战略资源，已成为不少国家或地区关注的重点，也成为国际竞争的有力工具。与传统的陆、海、空不同，网络空间的技术性、抽象性、透明性与开放性导致了其更容易产生国家间的权利冲突，网络空间的虚拟性也导致了权利边界的模糊，从而可能损害个人权益、国家安全与社会公共利益。国家计算机应急网络应急技术协调处理中心发布的《2020 年中国互联网网络安全报告》指出，当前，我国“安全漏洞、数据泄露、网络诈骗、勒索病毒等网络安全威胁日益凸显，有组织、有目的的网络攻击形势愈加明显，为网络安全防护工作带来更多挑战”……个别 APT 攻击组织对我国单位发起定向攻击。“供应链攻击成为 APT 组织常用攻击手段”，“部分 APT 组织网络攻击工具长期潜伏在我国重要机构设备中”。从报告公开的信息可以看出，我国的网络安全与国家安全正面临威胁。[①]

可以看到，在大数据发挥重要作用的当下，数据不仅影响着国家的经济社会发展，还涉及国家主权及国家安全等国家发展重要议题；而个人信息则不仅关涉公民的个人利益，同时也影响着国家安全与社会公共利益。

二、国内政策及立法

为了回应当前的国际趋势，我国在数据安全、国家安全、出口管制方面陆续出台了原则性条款和规范出口管制及数据跨境流转的具体措施。

2015 年，国家安全法首次确立了“维护国家网络空间主权”原则。此外，从该法第二十五条，“国家建设网络与信息安全保障体系……实现网络和信息核心技术、关键基础设施和重要领域信息系统及数据的安全可控……”可以看出，维护数据安全是保障国家安全的应有之义。

2017 年，网络安全法在第一条中再次明确了维护网络空间主权原则，“为了保障网络安全，维护网络空间主权和国家安全、社会公共利益……”，并通过提出我国网络安全战略的主要内容、完善网络安全监管体制、重点保护关键信息基础设施、加大违法惩处力度、将监测预警与应急处置措施制度化与法制化的手段细化了这一原则的法律适用问题。

2020 年发布的《中国禁止出口限制出口技术目录》将“人工智能交互界面技术”“基于数据分析的个性化信息推送服务技术”“密码安全技术”“信息防御技术”“信息对抗技术”等作为限制出口的内容。同年出

---

① 《2020 年中国互联网网络安全报告》，载国家互联网应急中心官网，https://www.cert.org.cn/publish/main/46/2021/20210721130944504525772/20210721130944504525772_.html，最后访问时间：2021 年 11 月 7 日。

台的出口管制法将“物项相关的技术资料等数据……”作为出口管制物项，并规定“出口管制，是指国家对从中华人民共和国境内向境外转移管制物项，以及中华人民共和国公民、法人和非法人组织向外国组织和个人提供管制物项，采取禁止或者限制性措施”。“国家实行统一的出口管制制度，通过制定管制清单、名录或者目录……实施出口许可等方式进行管理”。

2021年出台的数据安全法第二条第二款规定，“在中华人民共和国境外开展数据处理活动，损害中华人民共和国国家安全、公共利益或者公民、组织合法权益的，依法追究法律责任”；第二十五条规定，“国家对与维护国家安全和利益、履行国际义务相关的属于管制物项的数据依法实施出口管制”；第三十六条规定，“中华人民共和国主管机关根据有关法律和中华人民共和国缔结或者参加的国际条约、协定，或者按照平等互惠原则，处理外国司法或者执法机构关于提供数据的请求。非经中华人民共和国主管机关批准，境内的组织、个人不得向外国司法或者执法机构提供存储于中华人民共和国境内的数据”。

可以看出，本条是我国保障数据安全与国家安全、规范出口管制思路在个人信息保护领域的具体体现，本法与数据安全法的相关规定从个人信息保护维度完善了我国维护国家安全的整体框架。

三、黑名单制度

相较于数字安全法，本条创造性地增设了“黑名单”制度。这一制度的核心在于根据国家网信部门所列的限制或者禁止个人信息提供的清单，我国企业或个人与清单所列名单之间的个人信息交易将会被限制或禁止。

值得注意的是，GDPR第四十五条确立了“白名单”制度，与本条有异曲同工之处。GDPR第四十五条规定，“经欧盟委员会认定，若第三国、第三国中的某区域或一个/多个特定部门、或国际组织具备充分保护个人信息的能力时，可以将个人信息转移到经过认定的国家、地区、部门或国际组织。此类个人信息的跨境流转不需要经特定授权”。根据这一规定，一旦欧盟将某国家或某国际组织列入“白名单”中，就意味着欧盟境内的个人信息可以自由地传输至目标国/国际组织。

【适用指南】

了解反制清单所包含的对象，是个人信息处理者做好合规工作的基础。根据本条，可以得出以下信息：

第一，管制方式。本条规定了两种管制方式，即（1）列入限制或者禁止个人信息提供清单，予以公告；（2）采取限制或者禁止向其提供个人信息等措施。从条文的表述来看，前述两种方式为并行适用，管制主体为国家网信部门。

第二，管制对象。本条规定的管制对象为从事侵害中国公民的个人信息权益，或者危害中国国家安全、公共利益的个人信息处理活动的境外组织和个人。本条注意到了个人信息处理对公共利益和国家安全的影响，这与本法第十条禁止性规定的精神一脉相承。

第三，在“黑名单”制度实施后，个人信息处理者应当重点关注并实时更新国家网信部门发布的“限制或者禁止个人信息提供清单”。若发现交易相对方被列入该清单，个人信息处理者应当及时采取措施，根据国家相关规定停止相关个人信息的跨境传输活动。从当前我国公布的文件来看，个人信息处理者可以参考2020年9月19日商务部发布的《不可靠实体清单规定》中的“不可靠实体清单”制度。

该规定第七条规定，“工作机制根据调查结果，综合考虑以下因素，作出是否将有关外国实体列入不可靠实体清单的决定，并予以公告：（一）对中国国家主权、安全、发展利益的危害程度；（二）对中国企业、其他组织或者个人合法权益的损害程度；（三）是否符合国际通行经贸规则；（四）其他应当考虑的因素”。第九条规定，“将有关外国实体列入不可靠实体清单的公告中可以提示与该外国实体进行交易的风险，并可以根据实际情况，明确该外国实体改正其行为的期限”。第十条规定，“对列入不可靠实体清单的外国实体，工作机制根据实际情况，可以决定采取下列一项或者多项措施（以下称处理措施），并予以公告：（一）限制或者禁止其从事与中国有关的进出口活动；（二）限制或者禁止其在中国境内投资；（三）限制或者禁止其相关人员、交通运输工具等入境；（四）限制或者取消其相关人员在中国境内工作许可、停留或者居留资格；（五）根据情节轻重给予相应数额的罚款；（六）其他必要的措施”。第十二条规定，“有关外国实体被限制或者禁止从事与中国有关的进出口活动，中国企业、其他组织或者个人在特殊情况下确需与该外国实体进行交易的，应当向工作机制办公室提出申请，经同意可以与该外国实体进行相应的交易”。第十三条规定，“工作机制根据实际情况，可以决定将有关外国实体移出不可靠实体清单；有关外国实体在公告明确的改正期限内改正其行为并采取措施消除行为后果的，工作机制应当作出决定，将其移出不可靠实体清单……”

前述条文对纳入清单的考虑因素、风险提示、处理措施、特殊情况交易、移出清单等事项进行了规定，可以参考。

目前，本条并未细化对“损害中华人民共和国公民的个人信息权益”以及“危害中华人民共和国国家安全、公共利益”的说明，也未明确规定清单的具体实施程序、限制措施、禁止措施又尚无配套文件加以说明，还须等待主管机关发布配套规定以帮助个人信息处理者做好合规工作。

【相关规定】

《中华人民共和国数据安全法》第二条、第二十五条；《中国禁止出口限制出口技术目录》；《不可靠实体清单规定》第七条、第十条、第十二条、第十三条。

第四十三条　【对等反制机制】 任何国家或者地区在个人信息保护方面对中华人民共和国采取歧视性的禁止、限制或者其他类似措施的，中华人民共和国可以根据实际情况对该国家或者地区对等采取措施。

【条文主旨】

本条是关于国家建立针对个人信息保护歧视性措施对等反制机制的规定。

【条文理解】

一、国内政策及立法

2021 年 3 月 5 日，十三届全国人大第四次会议召开，会上审议批准的《全国人民代表大会常务委员会工作报告》在“今后一年的主要任务”中明确提出，“加快推进涉外领域立法，围绕反制裁、反干涉、反制长臂管辖等，充实应对挑战、防范风险的法律‘工具箱’，推动形成系统完备的涉外法律法规体系”。[①] 面对错综复杂的国际形势、艰巨繁重的改革发展稳定任务，为了坚决维护国家主权及核心利益，维护我国国家、企业以及公民的正当权益，维护以国际法为基础的国际秩序和国际正义，我国已在反制方面做出了巨大努力，多次宣布对有关国家的个人和实体实施相应的反

① 《全国人民代表大会常务委员会工作报告》，载新华网，http：//www. xinhuanet. com/politics/2021lh/2021-03/14/c_ 1127209310. htm，最后访问时间：2021 年 11 月 7 日。

制措施并出台相关法律法规。

2020 年 9 月，商务部发布了《不可靠实体清单规定》，这对保护中国企业、其他组织或者个人的合法权益，纠正个别外国实体的违法行为，维护国家主权、安全和发展利益以及维护公平、自由的国际经贸秩序具有重要意义。

2020 年 10 月，全国人大常委会通过了《中华人民共和国出口管制法》，该法第四十八条规定："任何国家或者地区滥用出口管制措施危害中华人民共和国国家安全和利益的，中华人民共和国可以根据实际情况对该国家或者地区对等采取措施。"该规定与本条一脉相承，是维护我国国家安全及利益的重要武器。

2021 年 1 月，我国商务部发布了《阻断外国法律与措施不当域外适用办法》，商务部条约法律司负责人就该办法答记者问时明确指出，"长期以来，有国家推行单边主义，除禁止本国人与有关国家间的经济往来外，还胁迫其他国家企业和个人停止与有关国家的经贸活动。这些行为违反了主权平等等国际法原则，阻碍了国际贸易和资本跨国流动，破坏了正常的国际经济秩序，受到国际社会的普遍反对"，"中国政府一贯反对单边主义，不当域外适用的有关外国法律与措施，对中国企业的正常经贸交往造成了不利影响"①。显然，在当前的国际背景下，该办法在保护中国公民、法人或者其他组织的合法权益方面具有重要意义。

2021 年 6 月 10 日，反外国制裁法获表决通过。该法有效提升了我国应对外部风险挑战的法治能力，加快形成系统完备的涉外法律法规体系。

二、对等原则

本条体现了对等原则在个人信息跨境保护领域的适用。作为国际法的重要原则，对等原则的基础在于国家间的主权平等，目的在于保证国家之间的互相尊重与平等互利。其基本含义是指不同国家之间在某一方面给予对方同等待遇，也被称为相互原则或互惠原则。在法律适用方面，对等原则已被多数国家纳入本国法律体系中，常见于国际条约、对外关系等领域的法律规范之中。值得注意的是，对等原则可分为积极的对等与消极的对等，前者指两国互相给予对方平等的权利或优惠，如在对外关系、外国人待遇方面，往往体现为积极的对等原则；后者则是两国针对某一领域相互采取禁止或限制性措施，常见于对外贸易领域。

---

① 《商务部条约法律司负责人就〈阻断外国法律与措施不当域外适用办法〉答记者问》，载商务部网站，http：//www.mofcom.gov.cn/article/zhengcejd/bj/202101/20210103029877.shtml，最后访问时间：2021 年 11 月 7 日。

【适用指南】

从当前国际形势来看，一些企业在对外投资方面正面临着其他国家具有指向性的安全审查，因此企业在个人信息跨境传输方面的合规成本更高。具体而言，个人信息处理者在建立内部合规审查制度的前提下，应当及时审查交易向对方所在的国家或地区在个人信息保护方面是否存在歧视性的禁止、限制或者其他类似措施，或者审查是否具有相关风险。在签订合同的情况下，注意根据我国相关立法约定相应的违约责任，并确保保留或备份商务往来信函、尽职调查记录等重要资料与文件。

此外，不论是本条还是反外国制裁法，在歧视性限制措施的概念、具体范围、适用对象、程序、认定方式等方面规定得较为概括。实务中，由于适用对等原则的主体主要为政府机关，因此主管机关将对个人信息的跨境传输采取何种反制措施，还有待进一步明确，企业应及时关注相关政策，保证个人信息跨境的合法合规。

【相关规定】

《中华人民共和国数据安全法》第二十六条；《中华人民共和国外商投资法》第四十条；《中华人民共和国出口管制法》第四十八条；《中华人民共和国反外国制裁法》第三条、第十五条。

案例解读

涉及国家数据安全的网络安全审查[①]

【案情简介】

2021 年××出行正式向美国证券交易委员会递交了 IPO 招股书。6 月 30

① 《网络安全审查办公室关于对“××出行”启动网络安全审查的公告》，载国家网信办官网，http：//www.cac.gov.cn/2021-07/02/c_1626811521011934.htm；《关于下架“××出行”App 的通报》，载国家网信办官网，http：//www.cac.gov.cn/2021-07/04/c_1627016782176163.htm；《国家互联网信息办公室等七部门进驻××出行科技有限公司开展网络安全审查》，载国家网信办官网，http：//www.cac.gov.cn/2021-07/16/c_1628023601191804.htm。最后访问时间：2021 年 10 月 7 日。

日，××出行正式在纽交所挂牌上市。7 月 2 日，网络安全审查办公室公告称，为防范国家数据安全风险，维护国家安全，保障公共利益，网络安全审查办公室对“××出行”实施网络安全审查，审查期间“××出行”停止新用户注册。7 月 4 日，国家互联网信息办公室发布通报称，“经检测核实，‘××出行’App 存在严重违法违规收集使用个人信息问题，国家互联网信息办公室依据《中华人民共和国网络安全法》相关规定，通知应用商店下架‘××出行’App，要求公司严格按照法律要求，参照国家有关标准，认真整改存在的问题，切实保障广大用户个人信息安全”。7 月 16 日，网络安全审查办公室有关负责同志表示，国家网信办会同公安部、国家安全部、自然资源部、交通运输部、税务总局、市场监管总局等部门联合进驻××出行公司，开展网络安全审查。

【案例焦点】

1. 个人信息处理者在向境外提供个人信息时的合规问题。
2. 个人信息的日常管理操作制度建设问题。

【专家评析】

我国民法典、网络安全法、数据安全法、个人信息保护法的出台确立了我国个人信息保护的基本框架。推荐性国家标准《信息安全技术 个人信息安全规范》《信息安全技术 个人信息安全影响评估指南》等文件则为个人信息处理者提供了一系列可供参考的个人信息保护操作模式。个人信息处理者需要根据我国个人信息保护领域的法律规范，从隐私保护、国家安全与监管等维度作出系统性的制度安排。

1. 个人信息处理者在向境外提供个人信息时的合规问题。

对于个人信息的跨境处理规则及合规问题，前述具体法条释义中已进行详细说明，在此不赘述。总体而言，个人信息处理者在向境外提供个人信息时大体应进行如下准备：

（1）法律基础

个人信息处理者须全面掌握我国个人信息领域方面的法律，包括已生效、已通过未生效、尚未通过（如征求意见稿）的上位法、行政法规、部门规章、标准性文件等。对于已生效的法律规范，须严格按照法律要求履行；对于已通过未生效的规范，则须根据生效时间加以判断合规要点及注意事项；对于尚未通过的规范，则可以作为合规工作的参考性文件，并注意规范的发布进度。

此外，由于本法提出了“黑名单”“对等措施”等要求，个人信息处理者须了解并及时更新（潜在）境外接收方所在国家或地区的法律规范，以及我国在个人信息保护方面的国际条约与协定的签订情况等。

（2）性质判断

根据我国相关法律，不同性质的个人信息处理者在个人信息的跨境规则方面有所不同。例如，本法第四十条规定了“关键信息基础设施运营者”和“处理个人信息达到国家网信部门规定数量的个人信息处理者”在向境外提供个人信息时应当通过国家网信部门组织的安全评估。因此，个人信息处理者应当首先判断自身性质是否属于法律规定的特殊主体，其次再根据具体的法律要求进行合规工作。

（3）个人同意

个人同意是个人信息保护法的核心规则。在向境外提供个人信息前，除了应当符合本法第三十九条规定的“告知-单独同意”规则外，个人信息处理者还须注意根据个人信息的类型、生命周期等不同情况征得个人的“书面同意”或“明示同意”，具体的合规要点须根据具体情况及相应的法律规范加以判定。

（4）满足法律规定的相应条件

本法第三十八条规定了向境外提供个人信息的一般规则及条件。如前所述，若个人信息处理者属于法律规定的特殊主体，则应当按照相应的规则进行合规工作；若为普通主体，则可通过第三十八条规定的“标准合同”及“机构认证”两种途径向境外传输个人信息。当然，若法律、行政法规或者国家网信部门规定了其他条件，还应满足相应要求。

2. 个人信息的日常管理操作制度建设问题

除了在个人信息跨境场景下的合规工作以外，个人信息处理者在日常工作中也应当对个人信息建立相应的管理与保护制度，根据《信息安全技术 个人信息安全规范》等文件的规定，个人信息处理者可以从如下维度建立个人信息保护的管理制度。

（1）个人信息管理

个人信息处理者可以通过根据相关法律规范制定内部管理制度和操作规程，对个人信息实行分级分类管理，并根据个人信息的类型采取相应的加密、去标识化等安全技术措施，保证个人信息的安全，并提前制定与组织实施个人信息安全事件应急预案。

（2）工作人员的管理与培训

第一，个人信息处理者应与从事个人信息处理岗位上的相关人员签署保密协议，对大量解除个人敏感信息的人员进行背景审查，以了解其犯罪记录、诚信状况等。第二，应当明确内部涉及个人信息处理不同岗位的安全职责，建立发展安全事件的处罚机制。第三，应要求个人信息处理岗位上的相关人员在调离岗位或终止劳动合同时，继续履行保密义务。第四，应明确可能访问个人信息的外部服务人员应遵守的个人信息安全要求，与其签署保密协议，并进行监督。第五，应建立相应的内部制度和政策对员工提出个人信息保护的指引和要求。第六，应定期（至少每年一次）或在个人信息保护政策发生重大变化时，对个人信息处理岗位上的相关人员开展个人信息安全专业化培训和考核，确保相关人员熟练掌握个人信息保护政策和相关规程。第七，合理确定个人信息处理的操作权限，并定期对从业人员进行安全教育和培训。

（3）安全审计

在进行安全审计时，对个人信息处理者的要求包括：第一，应对个人信息保护政策、相关规程和安全措施的有效性进行审计；第二，应建立自动化审计系统，监测记录个人信息处理活动；第三，审计过程形成的记录应能对安全事件的处置、应急响应和事后调查提供支撑；第四，应防止非授权访问、篡改或删除审计记录；第五，应及时处理审计过程中发现的个人信息违规使用、滥用等情况；第六，审计记录和保留时间应符合法律法规的要求。

（4）明确责任部门与人员

第一，应明确其法定代表人或主要负责人对个人信息安全负全面领导责任，包括为个人信息安全工作提供人力、财力、物力保障等。

第二，应任命个人信息保护负责人和个人信息保护工作机构，个人信息保护负责人应由具有相关管理工作经历和个人信息保护专业知识的人员担任，参与有关个人信息处理活动的重要决策，直接向组织主要负责人报告工作。

第三，满足以下条件之一的组织，应设立专职的个人信息保护负责人和个人信息保护工作机构，负责个人信息安全工作：（1）主要业务涉及个人信息处理，且从业人员规模大于 200 人；（2）处理超过 100 万人的个人信息，或预计在 12 个月内处理超过 100 万人的个人信息；（3）处理超过 10 万人的个人敏感信息的。[①]

（5）建立个人信息安全影响评估

第一，评估并处置个人信息处理活动存在的安全风险；第二，个人信

① 参见《信息安全技术 个人信息安全规范》。

息安全影响评估应主要评估处理活动遵循个人信息安全基本原则的情况，以及个人信息处理活动对个人信息主体合法权益的影响；第三，在产品或服务发布前，或业务功能发生重大变化时，应进行个人信息安全影响评估；第四，在法律法规有新的要求时，或在业务模式、信息系统、运行环境发生重大变更时，或发生重大个人信息安全事件时，应进行个人信息安全影响评估；第五，形成个人信息安全影响评估报告，并以此采取保护个人信息主体的措施，使风险降低到可接受的水平；第六，妥善留存个人信息安全影响评估报告，确保可供相关方查阅，并以适宜的形式对外公开。

第四章　个人在个人信息处理活动中的权利

第四十四条　【知情权、决定权】个人对其个人信息的处理享有知情权、决定权，有权限制或者拒绝他人对其个人信息进行处理；法律、行政法规另有规定的除外。

【条文主旨】

本条是关于个人在个人信息处理活动中所享有的知情权及决定权的规定。

【条文理解】

个人信息保护法第四章是关于个人在个人信息处理活动中所享有权利的规定，本条位于本章的第一条，因而首先需要正确把握本条与本章其余条文之间的关系。全国人大常委会法工委经济法室领导在对个人信息保护法做解读时指出："个人信息保护法将个人在个人信息处理活动中的各项权利，包括知悉个人信息处理规则和处理事项、同意和撤回同意，以及个人信息的查询、复制、更正、删除等总结提升为知情权、决定权，明确个人有权限制个人信息的处理。"① 这一解读，明确了本条所规定的知情权及决定权的生发路径与具体意旨，对于正确把握该条文具有重要意义。

就"知情权"而言，域外个人信息保护立法基本也都将"知情权"规定于个人所享有的各项权利之首，如 GDPR 第十三条等，可见该权利的基础性与根本性。之所以这种规定模式具有普遍性，是因为对个人信息处理

---

① 杨合庆：《8 章 74 条，个人信息保护法来了！权威解读十大亮点》，载中国长安网，http：//www.chinapeace.gov.cn/chinapeace/c100007/2021-08/21/content_12527088.shtml，最后访问时间：2021 年 10 月 7 日。

活动的知情构成个人行使其他权利的事实前提。如果个人对于个人信息处理者所进行的个人信息处理活动并不知情，那么个人自然无法行使查阅、复制、更正、删除等诸项权利。因而，保护个人在个人信息处理活动中所享有的各项权利，首先就需要保护个人对个人信息处理活动的知情权。

相对而言，“决定权”这一表述在外国立法例中并不常见，因而需要重点加以理解。全国人大常委会法制工作委员会领导在对《中华人民共和国个人信息保护法（草案）》进行说明时曾明确指出，“（草案）确立以‘告知-同意’为核心的个人信息处理一系列规则”[①]。因而作为与知情权并列规定的“决定权”，其核心意涵其实即为“同意权”“撤回同意权”“拒绝同意权”。除此以外，个人所享有的“更正权”及“删除权”，也应当被理解为是个人在个人信息处理过程中所享有的“决定权”的体现。虽然“决定权”这一表述具有较强的开放性，但是却不宜认为个人可以任其心意决定个人信息处理者以何种方式处理个人信息。否则，从法解释的角度看，个人信息保护法中对于各类权利的具体规定便可能会失去意义，甚至还可能会导出未列明权利所受限制远少于列明权利的荒谬结论；从现实影响的角度看，一些正常生产经营、市场营销活动可能会受到影响。

【适用指南】

一、个人知情权的行使与其限度

个人对个人信息处理过程所享有的知情权是一项极为重要的权利。从实践来看，个人行使知情权一般来说是不需要提供理由的，尤其是当个人要求查阅、复制本人的个人信息时。从个人信息保护法第四十四条和第五十条的规定来看，应当认为在这一点上采取了类似的观点。个人有权根据其需要，在任意合理的时间点向个人信息处理者主张行使知情权。个人信息处理者应当为个人行使知情权提供便捷的渠道，并及时提供个人所需的相关信息。

不过，这并不意味着个人的知情权是没有限度的。一方面，个人的知情权有可能会与他人的正当权益或公共利益产生冲突。例如，个人信息保护法第四十八条规定，个人有权要求个人信息处理者对其个人信息处理规则进行解释说明。然而，个人信息处理者对其所使用的个人信息处理规则

---

① 《关于〈中华人民共和国个人信息保护法（草案）〉的说明》，载中国人大网，http：//www.npc.gov.cn/npc/c30834/202108/fbc9ba044c2449c9bc6b6317b94694be.shtml，最后访问时间：2021 年 10 月 28 日。

可能享有知识产权或正当竞争利益。此时，如果不对个人的知情权加以限制，便可能会对个人信息处理者的正当权益造成不成比例的损害。另一方面，个人也可能会滥用其知情权。可以想见，如果个人不断要求个人信息处理者向其提供个人信息副本，完全可能会对个人信息处理者正常的个人信息处理活动造成严重干扰。

从正面讲，个人的知情权只及于其本人的个人信息和那些对其做出有效同意具有重要意义的信息。只要个人信息处理者所提供的信息已经足够保障一个具有一般生活经验的人，能够理性地决定是同意还是拒绝相关个人信息处理活动，那么个人信息处理者便已充分保障个人的知情权。从反面讲，根据个人信息保护法第十八条的规定，在法律、行政法规已经明确排除个人知情权的情形下，或者在情势紧急确实无法及时向个人告知的情形下，个人也不得主张行使知情权。此外，在个人要求行使知情权的频率明显高于一般情形的情况下，个人信息处理者有权要求个人说明理由；缺乏正当理由的，个人信息处理者有权拒绝个人的知情权请求。

二、个人信息处理者的告知义务

在法律关系中，一方的权利指向另一方的义务。个人对个人信息处理活动享有知情权，相对地，个人信息处理者便对个人信息处理活动负有告知义务。但值得注意的是，个人信息保护法实际上科以个人信息处理者两类告知义务。一类是第十七条、第二十三条等所规定的主动告知义务。在这些条款所规定的情形下，即便个人没有主张行使知情权，个人信息处理者也必须主动将相关事项及时告知个人。否则，便可能导致其个人信息处理活动的合法性基础不复存在。另一类是第四十五条、第四十八条等所规定的被动告知义务。在这些条款所规定的情形下，只有个人主张行使相关知情权，个人信息处理者才负有告知义务。

个人信息处理者在履行告知义务时应当落实本法第五条及第七条的原则要求。个人信息处理者在告知个人相关信息时需要遵循诚信原则，即所告知的信息应当真实、准确、完整，不得故意误导、隐瞒。

三、决定权的行使与其限度

理论上，决定权的行使方式与知情权的行使方式并无明显区别，个人信息处理者应当提供便捷的渠道供个人行使其决定权。一般来看，个人信息处理者需要重点关注并保障个人在三个事项上的决定权，否则便很可能遭受监管部门的处罚。

其一，是个人的同意权（拒绝权）。除非基于法律或行政法规的规定，个人信息处理者可以不经个人同意而对个人信息进行处理，否则，个人信息处理者唯有在获得个人同意的情况下，才能够对个人信息进行处理。如果个人信息的处理目的、处理方式和处理的个人信息种类发生变更的，个人信息处理者还必须重新获得个人的同意，才能够继续进行个人信息处理活动。过去实践中常常出现的一种现象是，在个人选择拒绝后，个人信息处理者便表示拒绝继续提供相关服务。对此，个人信息保护法第十六条已经进行了明确的禁止性规定。除非处理个人信息为提供产品或者服务所必需，不然个人信息处理者不得以个人不同意处理其个人信息为由，拒绝提供产品或者服务。

其二，是个人的撤回同意权及删除权。个人信息处理者必须提供便捷的渠道，在个人意图撤回其同意时，允许个人撤回同意。根据本法第四十七条的规定，个人信息处理者此时应当及时删除相关个人信息。在法律、行政法规规定的保存期限未届满，或者删除个人信息从技术上难以实现的情形下，个人信息处理者应当停止除存储和采取必要的安全保护措施之外的处理。

其三，是个人拒绝自动化决策的权利。根据本法第二十四条的规定，个人信息处理者应当提供便捷的渠道，以便个人可以拒绝个性化的信息推送、商业营销。另外，当涉及对个人权益有重大影响的决定时，个人信息处理者应当提供便捷的渠道，以便个人可以拒绝个人信息处理者仅通过自动化决策的方式做出的决定。

此外，决定权的行使也同样是有限度的。由于决定权对个人信息处理活动的影响远比知情权要大得多，因而个人信息保护法也对决定权的行使施加了更多的限制。在个人信息保护法第十三条第二项至第七项的情形下，个人均不得拒绝个人信息处理者对其个人信息进行处理，除非个人信息处理者的个人信息处理活动已经明显超过了界限，不当侵害了个人的正当权益。值得指出的是，在这些除外情形下，个人虽然不得行使决定权，但依然享有知情权。因而，除非法律、行政法规另有规定，否则个人信息处理者依然应当按照第十七条的要求，及时告知个人个人信息处理活动的相关信息。

【相关规定】

《中华人民共和国个人信息保护法》第五条、第七条、第十三条、第十七条、第二十四条。

第四十五条　【查阅权、复制权、可携带权】 个人有权向个人信息处理者查阅、复制其个人信息；有本法第十八条第一款、第三十五条规定情形的除外。

个人请求查阅、复制其个人信息的，个人信息处理者应当及时提供。

个人请求将个人信息转移至其指定的个人信息处理者，符合国家网信部门规定条件的，个人信息处理者应当提供转移的途径。

【条文主旨】

本条是关于个人对其个人信息的查阅、复制权以及可携带权的规定。

【条文理解】

查阅、复制权是个人在个人信息处理活动中的权利的核心组成部分，因为只有在得以查阅、复制个人信息的基础上，个人才能有效行使更正或者删除个人信息等其他权利。因此，有关个人信息保护的国际条约或外国立法几乎都规定了个人对其个人信息的查阅、复制权。以 GDPR 为例，第十五条“数据主体的访问权”（right of access by the data subject）第一款规定数据主体有权访问个人数据（access to the personal data），第三款规定数据控制者应当对其处理的个人数据提供拷贝（provide a copy of the personal data undergoing process）。概言之。个人查阅、复制权具有重要意义，有助于帮助个人以其积极行为支配个人信息，加强个人对个人信息的控制，并进而实现保护其精神性人格利益的目的。

本条第三款明确了在符合国家网信部门规定条件的前提下，个人有权请求个人信息处理者将个人信息转移至其指定的另外的个人信息处理者。该款实质上是对个人信息可携带权（right to data portability）的规定，是本法的一大重要亮点。

在理论上，一般认为可携带权具有以下两方面的现实意义：一方面，可携带权作为个人在个人信息处理活动中的权利的一部分，可以有效加强主体对于个人信息的控制，更好地保护其个人信息；另一方面，可携带权对于解决反垄断问题同样具有重要意义，如果数据可以在不同平台之间进行转移，那么用户的转移成本和对平台的依赖性都会大幅降低，不同平台之间的竞争将更加自由。

但是，可携带权的权利属性和实际效果都不乏争议。就可携带权的权利属性而言，有观点认为数据携带权自身存在固有的矛盾和问题：如丁晓东认为可携带权的权利边界可能面临过窄或过宽的困境，从而使可携带权失去意义或侵犯其他合法权益，因此其尚未具备成为一种成熟型权利的条件①；又如卓力雄对 GDPR 中关于可携带权的规定进行了细致的分析，指出其存在一系列问题（如数据主体的“同意”可能导致数据主体无法主张可携带权的后果、可携带权的相关规定非常模糊、可携带权与被遗忘权即第三人权利之间存在冲突等）②。就可携带权对于反垄断的意义而言，仲春等认为尽管可携带权具有促进市场有序竞争的效益，但却并非适用所有行业，需要个案分析③；丁晓东亦指出，可携带权对于市场竞争的影响具有双面性，可携带权在很多情形下反而不利于市场竞争（如给中小企业带来更高合规压力、缓解“锁定效应”反而更可能有利于大企业、可携带权要求经营者共享财产不符合竞争法的基本原理等）④。

总而言之，尽管理论上尚有争议，可携带权的诞生旨在回应现实需要和实际问题。全国人大常委会法工委经济法室领导在对个人信息保护法做解读时指出，“为了适应互联网应用和服务多样化的实际，满足日益增长的跨平台转移个人信息的需求，个人信息保护法对个人信息可携带权作了原则规定”⑤。

【适用指南】

一、个人行使查阅、复制权的方式和限度

本条第二款明确了个人行使查阅、复制权的方式，即需要主动向个人

---

① 参见丁晓东：《论数据携带权的属性、影响与中国应用》，载《法商研究》2020 年第 1 期。

② 参见卓力雄：《数据携带权：基本概念，问题与中国应对》，载《行政法学研究》2019 年第 6 期。

③ 参见仲春、王政宇：《竞争法视野下的数据携带权及践行构思》，载《电子知识产权》2021 年第 5 期。

④ 参见丁晓东：《论数据携带权的属性、影响与中国应用》，载《法商研究》2020 年第 1 期。

⑤ 杨合庆：《8 章 74 条，个人信息保护法来了！权威解读十大亮点》，载中国长安网，http：//www.chinapeace.gov.cn/chinapeace/c100007/2021-08/21/content_12527088.shtml，最后访问时间：2021 年 10 月 7 日。

信息处理者提出“请求”，信息处理者在收到请求之后才承担提供个人信息的义务。需要注意的是，第二款不要求个人提出请求时说明查阅或复制信息的目的或理由，只要个人所提出的请求清晰、明确地表明了其要求查阅或复制个人信息的主张，即应视为满足了本款的要求。

结合本法第五十条第一款的规定“个人信息处理者应当建立便捷的个人行使权利的申请受理和处理机制……”如果个人信息处理者对个人要求查阅、复制个人信息的请求提出过于严苛的形式要求或设立过于复杂的请求程序，从而不合理地提高了个人行使查阅、复制权的门槛，则应当认为其在实质上侵犯了个人的查阅、复制权。

不过，个人的查阅、复制权并非不受限制。本条规定，存在个人信息保护法第十八条第一款或第三十五条情形的，个人不得行使查阅、复制权。值得一提的是，在本法草案一审稿和二审稿中，本条均只规定了本法第十八条第一款这种例外情形。最后通过的个人信息保护法新增了第三十五条的例外情形，客观上为国家机关留下了裁量空间：即使没有法律、行政法规的规定，国家机关如果有合理理由认为允许个人查阅、复制个人信息将妨碍其法定职责履行的，亦可限制个人的查阅、复制权。

此外，有观点对本条款生效后的实践产生担忧，认为拥有海量用户的平台企业可能同时面临大量用户查阅、复制个人信息的请求，导致作为个人信息处理者的企业难以应对。就此，应当清晰地认识到民法典及个人信息保护法确立了个人在个人信息处理活动中的权利；为了保护个体的该等权利，确保权利的有效行使，回应个体的请求并提供信息是作为个体信息处理者的平台企业应尽的法律义务。但是，亦不能排除极为例外的情况：若个体滥用查阅、复制权，则平台得以采取相应的措施以维护自身利益。例如，根据 GDPR 第十二条第五款的规定，如果数据主体的请求明显不具备正当理由或超过必要限度，特别是当请求具有重复性的时候（manifestly unfounded excessive, in particular because of their repetitive character），数据控制者得以收取一定的合理费用或拒绝对请求作出回应。此外，《中华人民共和国政府信息公开条例》第四十二条第一款对于公民知情权滥用的规定具有参考价值，该条规定“行政机关依申请提供政府信息，不收取费用。但是，申请人申请公开政府信息的数量、频次明显超过合理范围的，行政机关可以收取信息处理费”。因此，在适用个人信息保护法第四十五条第二款时，尽管其不要求个人提出请求时说明查阅或复制信息的目的或理由，但是，如果个人要求查阅、复制信息的请求明显不具备正当目的或合理理由（特别是在缺乏合理理由的情况下提出大量重复性的请求），且明显超过社会一般条件下，为了有效控制、保护个人信息所需要的正常限度，则应当认为构成对查阅、复制权的滥用，个人信息处理者未按本款的要求及时提供个人信息的行为不应视为对个人查阅、复制权的侵犯。

二、“及时”的判断标准

本条第二款要求个人信息处理者“及时”提供个人信息。如何判断个人信息处理者的回应是否“及时”，是适用该款时应注意的要点之一。以 GDPR 为例，其第十二条第三款规定，数据控制者在回应数据主体的请求并提供信息时不得无故拖延（without undue delay），且应当在收到请求后一个月内提供信息，若有特殊情况，则可以再延长两个月。不同于 GDPR 设定了明确的时间期限，本条第二款的要求更富有弹性，具有更灵活的解释空间。

在适用本款时，应当全面考虑个人所提出请求的复杂程度、个人信息的存储方式及处理方式、个人信息处理者调取/归纳/复制个人信息的技术难度等多方面因素，综合地加以判断。

三、数据可携带权的内涵

在我国个人信息保护法的起草过程中，对于是否规定可携带权一直存在争议，一审稿、二审稿中也均未对此作出规定。这是因为，数据可携带权涉及多方主体之间的利益平衡，权利的具体内容、行使方式、保障制度以及信息处理者为保障个体的可携带权应负担何等义务等关键问题均有待进一步细化和明确。

因此，本条第三款仅为对个人信息可携带权的原则性规定，对于该条的理解和适用需要进一步依赖于国家网信部门的细化规定。而且适用该条款时需要考虑到可携带权与个人在个人信息处理活动中其他权利的协调，可携带权与第三人权利之间的平衡，以及可携带权对市场竞争的影响等因素。

【相关规定】

《中华人民共和国政府信息公开条例》第四十二条。

第四十六条　【更正权、补充权】个人发现其个人信息不准确或者不完整的，有权请求个人信息处理者更正、补充。

个人请求更正、补充其个人信息的，个人信息处理者应当对其个人信息予以核实，并及时更正、补充。

【条文主旨】

本条是关于个人信息的请求更正权、补充权的规定。

【条文理解】

本条规定了个人对于个人信息的请求更正、补充权。更正和补充权向来被视为个人在个人信息处理活动中的一项基础权利。[①] 此外，个人请求更正、补充权不仅有助于强化个人对于个人信息的支配和控制，也有助于个人信息发挥其真正价值，因为个人信息的真实、准确、完整和及时更新是保障其使用价值的重要前提。正因如此，赋予数据主体更正权和补充权是国际上的通行做法。例如，《欧盟基本权利宪章》第八条第二款规定，“每个人都有权查阅已收集的有关他或她的数据，并有权要求改正这些数据”。[②] GDPR 第十六条明确规定了数据主体的更正权（right to rectification），即“数据主体应当有权从控制者那里及时得知对与其相关的不正确信息的更正。在考虑处理目的的前提下，数据主体应当有权完善不充分的个人数据，包括通过提供额外声明的方式来进行完善”。[③]

从个人在个人信息处理活动中的权利的体系性角度来看，本条所规定的请求更正、补充权是以本法第四十五条所规定的个人查阅、复制权为基础的。因为只有在查阅、复制信息的基础上，个人才能发现信息处理者所收集、储存或处理的数据是否存在不准确或不完整的情形，进而请求对其进行更正或补充。

在我国法律层面，网络安全法与民法典曾就个人对个人信息的更正权作出过相关规定。网络安全法第四十三条规定，“个人发现网络运营者违反法律、行政法规的规定或者双方的约定收集、使用其个人信息的，有权要求网络运营者删除其个人信息；发现网络运营者收集、存储的其个人信

---

① 例如，参见王利明：《人格权法制定中的几个问题》，载《暨南学报（哲学社会科学版）》2012 年第 3 期；齐爱民主编：《个人资料保护法原理及其跨国流通法律问题研究》，武汉大学出版社 2004 年版，第 122 页。

② “Everyone has the right of access to data which has been collected concerning him or her, and the right to have it rectified.”

③ “The data subject shall have the right to obtain from the controller without undue delay the rectification of inaccurate personal data concerning him or her. Taking into account the purposes of the processing, the data subject shall have the right to have incomplete personal data completed, including by means of providing a supplementary statement.”

息有错误的，有权要求网络运营者予以更正。网络运营者应当采取措施予以删除或者更正”。民法典第一千零三十七条第一款规定，“自然人可以依法向信息处理者查阅或者复制其个人信息；发现信息有错误的，有权提出异议并请求及时采取更正等必要措施”。

本条在重申个人的更正权的同时，进一步区分了个人信息不准确和不完整的两种情形，并针对个人信息不完整的情形规定了个人的补充权，在逻辑上更为周密、严谨。值得一提的是，由于对个人信息的使用和处理都是在具体情境下所完成的，因此判断个人信息是否准确、完整也必须结合具体的情境，即对于个人信息准确性、完整性的评估（特别是对于完整性的评估）必须基于数据处理的具体目的展开。这进一步体现了个人在个人信息处理活动中的权利体系中不同权利之间的紧密联系。如前文对第四十五条的分析中指出，个人请求查阅、复制的对象应不仅限于个人信息本身，还应当包括信息的使用方法、存储环境、使用情境、传输对象等。唯有个人的该等查阅、复制请求权得到有效落实，个人才能结合这些因素综合判断其个人信息是否存在不准确或不完整的情形，并进而决定是否请求对个人信息进行更正和补充，其请求更正、补充权才能真正得到保障。

【适用指南】

本条适用的难点和关键点，在于对个人信息处理者义务的理解。本条第二款规定，个人信息处理者在收到更正或补充个人信息的请求后，具有对“个人信息予以核实”的义务。

从比较法的角度来看，例如在欧盟法律下，面对个人所提出的更正或补充个人信息的请求，数据控制者就其进行核实的行为更偏向于权利而非义务[①]。“如果更正的是类似于姓名的拼写、地址或电话号码等简单信息时，根据欧盟法律规定，数据处理者不得无故或过度拖延。但是如果是涉及信息主体的合法身份或正式的交付法律文件所用的正确居住地等信息时，数据控制者可以有权要求信息主体证明所称信息的不准确，只是这种要求不得对信息主体施加不合理的举证责任，从而阻止信息主体纠正其数据。”[②] 对比之下，我国个人信息保护法对个人信息处理者施加对“个人信息予以核实”的义务，旨在进一步提升个人信息和数据的真实性和准

① 参见 GDPR 第十六条。

② 申卫星：《论个人信息权的构建及其体系化》，载《比较法研究》2021 年第 5 期；参见：EU Agency for Fundamental Rights（FRA），Handbook on European Data Protection Law，220（Publications Office of the European Union，2018）。

确性。

具体而言，个人在个人信息处理活动中的权利和个人信息处理者的义务是一体两面的问题。个人信息处理者对个人信息予以核实的义务，实际上对个人请求更正、补充权的行使有所影响。就此，《中华人民共和国政府信息公开条例》第四十一条的规定具有参考价值，该条规定“公民、法人或者其他组织有证据证明行政机关提供的与其自身相关的政府信息记录不准确的，可以要求行政机关更正。……”公民、法人或者其他组织请求行政机关更正政府信息记录，与个人请求个人信息处理者更正或补充个人信息，在制度设计上具有一定的相似性。所以，不同于个人行使查阅、复制权时的“请求”（不需要说明目的和理由，只需要表明查阅或复制个人信息的主张即可），虽然本条的规定没有要求请求人“有证据证明”，但是个人在请求更正或补充个人信息时，最好一并说明请求更正或补充的理由，或辅以相应证据。若非如此，如果个人信息处理者在履行核实义务时，有合理理由认为该等更正或补充缺乏事实依据，则其拒绝根据个人的请求进行更正或补充的行为，就不应视为其侵犯了个人的请求更正、补充权。

同时应当注意的是，个人信息处理者对个人信息的核实应当有的放矢、恰当适度，否则可能在实质上构成对个人请求补充、更正权的侵犯。一方面，个人信息处理者对个人信息的核实严格程度，应当与该等信息的重要性、复杂性相匹配；另一方面，从程序上来看，个人信息处理者应当及时告知请求者拒绝更改或补充个人信息的理由和依据，并提醒其提交更改或补充个人信息所进一步需要的内容。

【相关规定】

《中华人民共和国民法典》第一千零三十七条；《中华人民共和国网络安全法》第四十三条；《中华人民共和国政府信息公开条例》第四十一条。

第四十七条　【删除权】 有下列情形之一的，个人信息处理者应当主动删除个人信息；个人信息处理者未删除的，个人有权请求删除：

（一）处理目的已实现、无法实现或者为实现处理目的不再必要；

（二）个人信息处理者停止提供产品或者服务，或者保存期限已届满；

（三）个人撤回同意；

（四）个人信息处理者违反法律、行政法规或者违反约定处理个人信息；

（五）法律、行政法规规定的其他情形。

法律、行政法规规定的保存期限未届满，或者删除个人信息从技术上难以实现的，个人信息处理者应当停止除存储和采取必要的安全保护措施之外的处理。

【条文主旨】

本条是关于删除个人信息的情形、个人信息处理者的主动删除义务，以及个人的请求删除权的规定。

【条文理解】

个人信息删除权最早诞生于市场营销领域。许多消费者认为，在他们决定不再光临一家店铺后，该店铺便不应再持续给他们发推销广告。而杜绝这种现象的治本之策，便是要求相关店铺删除消费者之前留存在那里的联系方式。

个人信息保护法第四十七条所规定的个人信息删除权，既是对个人信息决定权的一种反映，也是对个人信息最小化原则（第六条、第十九条）的一种贯彻。因此该条在表述上，将“主动删除”作为一般原则，将“请求删除”作为对一般原则的补充，而将“停止处理”作为兜底的例外情形。这意味着，一旦出现本条所列举的各项情形，个人信息处理者就应当立刻停止处理相关个人信息，并在技术上可以实现的最短期限内删除。否则，便有可能会构成对个人信息最小化原则的违反或对个人信息删除权的侵害。从国际个人信息保护执法实践来看，“违反最小储存期限原则”及“侵害个人信息删除权”都是经常会被援引的处罚事由。

另外值得注意的是，本条虽然规定了个人信息删除权，但是并未规定个人信息“被遗忘权”。因此，在个人信息处理者已经合法公开个人信息的情形下，个人信息处理者仅负有“删除权”所指向的义务，而不负有“被遗忘权”所指向的义务。

【适用指南】

一、个人信息处理者的删除义务

个人信息处理者在理解与适用该条文时，最重要的是要树立主动删除的意识。本章所规定的其他一些权利，是唯有在个人主动行使的情况下，个人信息处理者才有义务加以回应。但根据本条规定，只要出现了本条所规定的某项情形，个人信息处理者就必须主动删除相关个人信息。实践中，一些个人信息处理者会在个人删除账户或卸载软件时，设置删除个人信息的选项。在个人信息保护法生效后，个人信息处理者必须要注意的是，哪怕个人并未勾选这一选项，个人信息处理者也必须要及时删除相关个人信息。

要履行好主动删除义务，核心需要个人信息处理者理顺个人账户下收集的所有个人信息，以及每项个人信息所对应的处理目的。只有在信息系统内部理顺这些关系，个人信息处理者才可能在处理目的已经实现或个人撤回同意的情况下，知晓应该主动删除哪些个人信息。如果这种对应关系并未被清晰地建立起来，那么个人信息处理者恐怕就很难有效履行本条所包含的义务。需要指出的是，个人信息处理者不能以自身尚未完成相关梳理，或相关梳理超越了自身技术条件为由，主张不适用本条第一款而只适用第二款。与之类似，个人信息处理者也不可以通过在事前收集时就设置“延长个人信息存储”条款，进而主张仅适用本条第二款。这些做法实际上都是个人信息处理者对本条第一款义务的一种逃避行为，在法律评价上是难以被评价为合法的。从规范的角度来说，这种逃避行为本身也会导致个人信息处理者违反本法第十九条的规定，即突破了“实现处理目的所必要的最短时间”限制，因而一样会导致个人信息处理者需要承担相应责任。

当然，除了主动删除义务，个人信息处理者还负有被动删除义务。即在个人依据本条，主张个人信息处理者应当删除相关个人信息时，除非出现了例外情形，否则个人信息处理者都负有应当及时删除相关个人信息的义务。结合本法第五十条的规定，个人信息处理者应当设置相关渠道，方便个人行使这种删除权主张。

二、例外情形与例外情形下个人信息处理者的义务

第四十七条第二款为个人信息的删除设置了两个例外情形：其一，是法律、行政法规规定的保存期限未届满；其二，是删除个人信息在技术上难以实现。这两个例外情形在适用时都需要特别加以注意。

对于前一种例外情形而言，由于我国现行法中较少有条款直接对个人信息的保存期限进行规定，因而如果要对该例外情形进行适用，其实离不开对于现行法的解释。事实上，在比较法上，也少见有法规范直接对个人信息存储期限加以规定的情形。域外个人信息保护规范在对删除权设置例外情形时，多是从“履行法定义务”或“公共利益”的角度进行规定。具体到本法，在适用这一例外时，应当充分考虑相关现行法所欲实现的目标，并结合现实情况，裁量出一个相对合理的存储期限。只要个人信息处理者的存储期限未明显超过该期限，就不应当认定个人信息处理者违反了个人信息最小化原则或违反了本条规范所指向的义务。

对于后一种例外情形而言，则应当准确把握“技术上难以实现”的含义。所谓“技术上难以实现”一般应当指的是相对于一般技术水平的难以实现；在个人信息处理者的个人信息处理技术水平处于行业领先水平时，则应当指的是对该个人信息处理者的难以实现。之所以应当做这样的理由，主要是避免个人信息处理者通过主张自身技术水平的有限，而逃避个人信息保护法所规定的删除义务。同时应当注意的是，假若个人信息处理者意图采取的个人信息处理活动，确实会导致相关个人信息在技术上难以被删除的，个人信息处理者有义务在事前就将这一实情告知个人，给予个人行使决定权的机会。

在上述两类例外情形下，个人信息处理者的删除义务转化为了一项不作为义务和一项作为义务。其中作为义务指的是，个人信息处理者须对其所存储的个人信息采取必要的安全保护措施。不作为义务指的是，个人信息处理者除进行存储及采取必要的安全保护措施外，不应再进行其他个人信息处理活动。

【相关规定】

《中华人民共和国个人信息保护法》第六条、第十九条。

第四十八条　【要求解释说明权】个人有权要求个人信息处理者对其个人信息处理规则进行解释说明。

【条文主旨】

本条是关于个人对其个人信息处理规则的要求解释说明权的规定。

【条文理解】

理解本条，核心是理解其与“算法解释权”之间的关系。在数字时代，个人信息处理者对个人信息所进行的处理活动日趋多样而复杂，算法被越来越多地运用于个人信息处理活动中。然而对于个人信息处理者来说，个人可能常处于一种技术劣势的地位。有时，个人根本无法理解算法将如何处理自己的个人信息，却只能被动接受算法生成的处理结果。这种现象不仅违背了个人信息处理活动应当透明、公开的原则性要求，而且也使得个人无法理性地行使自身所享有的决定权。在对这类问题进行反思的过程中，“算法解释权”的构想被提出并被学界所讨论。

所谓“算法解释权”，即个人要求个人信息处理者对其所使用的算法进行解释说明的权利。相较于一般的知情权而言，该权利的知情程度其实相对较低。即便是在学术讨论中，也鲜有学者主张个人可以依据该权利要求个人信息处理者公开完整的算法代码。学界主张设置该权利的理由较多。例如张凌寒认为该权利可以有助于贯彻意思自治原则、矫正信息不对称、合理分配风险负担等。①

本条规定，个人有权要求个人信息处理者对其个人信息处理规则进行解释说明，而个人信息保护法第二章的章节名称即为“个人信息处理规则”，其中第二十四条便涉及自动化决策问题。因而从文义解释及体系解释的角度来看，根据第四十八条的规定，个人有权要求个人信息处理者对其所使用的个人信息处理规则的各部分予以解释说明；如果个人信息处理者是使用算法进行个人信息处理活动的，那么个人信息处理者则需要对其所使用的算法予以解释说明。也就是说，我国个人信息保护法实际上确立了一种较“算法解释权”更加宽泛的要求解释说明权。

【适用指南】

一、在对该权利进行适用时应采取的进路

考虑到我国个人信息保护的现状，目前执法机关、司法机关在适用该条文时，宜采取一种审慎的、功能主义的解释进路。

一方面，执法机关与司法机关在适用该条文时应做到审慎。考虑到我国大量个人信息处理者在过去并不需要履行该条文所指向的义务，因而在

---

① 相关论述可参见张凌寒：《商业自动化决策的算法解释权研究》，载《法律科学（西北政法大学学报）》2018 年第 3 期。

早期执法过程中，应对于个人信息处理者的解释水平及解释程度持相对包容的态度。在起草相关指引或司法解释的过程中，也应当充分考虑到现实情形。尽管该权利的诞生有利于倒逼个人信息处理者对自身个人信息处理规则重新进行梳理和调整，但要达到算法理性、算法正义的最终目标毕竟需要一个过程，难以一蹴而就。[①] 与此同时，考虑到该权利容易与个人信息处理者的正当权益发生冲突，因而执法者或司法者在解释适用时，应充分考察相关领域的商业实践，进而判断个人要求解释说明权所能触达的解读范围及解读深度。

另一方面，执法机关与司法机关在适用该条文时应坚持功能主义导向。个人解释说明权所要达到的目的是，使得具有一般社会经验的个人，能够确实理解个人信息处理规则，并基于这种理解，做出理性的决策。因而，只要个人信息处理者对个人信息处理规则所进行的解释，已经足以让个人产生这种富有意义的理解，就应当认为个人信息处理者已经充分尊重和保障了个人的要求解释说明权。

二、个人信息处理者的合规要点

在个人要求解释说明权已经进入我国现行法的情况下，个人信息处理者确有必要作出一系列调整，其中尤其需要注意的有三点：其一，个人信息处理者要对自身个人信息处理规则形成一套完整且易于理解的解读；其二，个人信息处理者应当主动在交互界面上披露这套解读；其三，个人信息处理者应当为个人设置问询渠道，供仍有疑问的个人提出相关疑问，并及时进行回应。个人信息处理者所生成的解读应当侧重四个方面的内容：个人信息处理过程所使用的个人信息及其来源；个人信息处理过程中使用算法的环节及相关算法的功能；算法所评估的主要要素；个人信息处理者依据处理结果所会实施的行动。

除此以外，个人信息处理者还需要注意该权利与第二十四条第三款所规定的解释说明权之间的关系。个人信息保护法第二十四条规定，个人信息处理者通过自动化决策方式作出对个人权益有重大影响的决定的，个人有权要求个人信息处理者予以说明。这一表述与 GDPR 序言第七十一条较为一致：个人要求解释说明的直接对象是最终的决策。而本条所规定的权利则指向生成最终决策的个人信息处理规则，且个人行使本条权利的情形亦不限于自动化决策。个人信息处理者应当对这些细节有所关注，做好相关合规工作。

---

① 也有学者主张应当将“算法解释权”的适用范围限缩至“特定场景”，即个人信息保护规制体系中列明的那些重要或敏感的场景。许可、朱悦：《算法解释权：科技与法律的双重视角》，载《苏州大学学报（哲学社会科学版）》2020 年第 2 期。

第四十九条　【死者个人信息保护】自然人死亡的，其近亲属为了自身的合法、正当利益，可以对死者的相关个人信息行使本章规定的查阅、复制、更正、删除等权利；死者生前另有安排的除外。

【条文主旨】

本条是关于近亲属对死者个人信息的权利的规定。

【条文理解】

关于死者个人信息的保护，在不同国家存在不同规定，且互相之间差异较大，目前尚未在全球形成统一意见。① 事实上，在我国个人信息保护法的立法过程中，关于是否规定死者个人信息的保护以及究竟如何规定死者个人信息的保护均存在较大争议，并且历经反复。2020 年 10 月发布的《中华人民共和国个人信息保护法（草案）》中，其实并未规定死者个人信息保护的问题。2021 年 4 月，全国人民代表大会宪法和法律委员会向全国人民代表大会常务委员会做出关于《中华人民共和国个人信息保护法（草案）》修改情况的汇报指出："有的常委委员和专家、社会公众提出，民法典中规定，死者的姓名、肖像、名誉等受到侵害的，其近亲属有权依法请求行为人承担民事责任。建议参照上述内容对死者的个人信息保护问题作出规定。宪法和法律委员会经研究，建议增加一条规定：自然人死亡的，个人在个人信息处理活动中的权利由其近亲属行使。"② 随后，全国人大常委会第二十八次会议审议并公开征求意见的《中华人民共和国个人信息保护法（草案二次审议稿）》中便增加了一条："自然人死亡的，本章规定的个人在个人信息处理活动中的权利，由其近亲属行使。"该条规定便对近亲属于死者的个人信息权利进行了明确。然而，这条规定同样引发了不同意见。8 月 17 日，全国人民代表大会宪法和法律委员会再次做出关

① 有学者将比较法上的立法模式大致概括为三种类型：否定式、年限保护式、由亲属行使特定权利式。参见杨婕：《〈个人信息保护法〉正式出台——中国走出第三条路》，载中国信息通信研究院网站，http：//www. caict. ac. cn/xwdt/ynxw/202108/t20210820_ 388518. htm，最后访问时间：2021 年 10 月 9 日。

② 《全国人民代表大会宪法和法律委员会关于〈中华人民共和国个人信息保护法（草案）〉修改情况的汇报》，载中国人大网，http：//www. npc. gov. cn/npc/c30834/202108/9a877c9c971e4ed3999314b11bcf37b8. shtml，最后访问时间：2021 年 10 月 17 日。

于《中华人民共和国个人信息保护法（草案）》审议结果的报告，针对《中华人民共和国个人信息保护法（草案二次审议稿）》中的规定发布如下意见："草案二次审议稿第四十九条对死者个人信息的保护作了规定。有的常委委员和专家提出，死者的近亲属行使相关权利应当有合理的理由，并尊重死者生前的安排，建议对上述规定再作研究。宪法和法律委员会经研究，建议将这一条修改为：自然人死亡的，其近亲属为了自身的合法、正当利益，可以对死者的个人信息行使本章规定的查阅、复制、更正、删除等权利；死者生前另有安排的除外。"① 最终公布的法律文本与宪法和法律委员会的此次意见基本一致。②

草案的发展实际上反映了观点的不同，其中既包含是否规定的争议，亦包含如何规定的难题。可以看出，最初草案并未对此问题进行明确，草案二次审议稿中则将个人对个人信息处理的权利在死亡后转移给近亲属行使，这实际上赋予了近亲属以较大的权利。这样规定便引发不同的观点，在最后的法律文本中便进行了更为详细的阐述，以限定近亲属权利行使的边界，并突出对死者生前安排的尊重。

毫无疑问，对于死者个人信息的保护是有必要的。实际上，早在 2014 年便有关于侵犯死者个人信息的相关报道。③ 民法典对于死者的权益保护便有明文规定。民法典第九百九十四条规定："死者的姓名、肖像、名誉、荣誉、隐私、遗体等受到侵害的，其配偶、子女、父母有权依法请求行为人承担民事责任；死者没有配偶、子女且父母已经死亡的，其他近亲属有权依法请求行为人承担民事责任。"个人信息保护法之规定，便与民法典第九百九十四条之规定精神上相契合，均代表对死者合法权益的尊重。

但问题在于，对于这种保护应当以何种方式进行？草案二次审议稿引发广泛讨论，关键在于直接将个人对个人信息处理之权利在其死后转移给近亲属行使，这样的做法便存在不妥之处。个人信息保护虽与隐私权有所不同，但同样暗含隐私保护之意。死者个人信息处理完全交由其近亲属，实际上同样构成对死者个人信息的不尊重，乃至于对个人隐私的侵犯。因而，近亲属对于死者个人信息处理之权利，同样需要有明确的边界规定。个人信息保护法最终便对此做出三点限制：其一，目的限缩在"自身的合

---

① 《全国人民代表大会宪法和法律委员会关于〈中华人民共和国个人信息保护法（草案）〉审议结果的报告》，载中国人大网，http：//www. npc. gov. cn/npc/c30834/202108/a528d76d41c44f33980eaffe0e329ffe. shtml，最后访问时间：2021 年 10 月 17 日。

② 参见本条。

③ 董严：《别让倒卖死者信息游离在法律之外》，载中国法院网，https：//www. chinacourt. org/article/detail/2014/03/id/1260562. shtml，最后访问时间：2021 年 10 月 27 日。

法、正当利益”；其二，类型上限定在“查阅、复制、更正、删除等权利”；其三，也是最为重要的一点便在于，“死者生前另有安排的除外”，即如果死者生前对其个人信息处理有明确的安排，以死者的安排优先。毫无疑问，最终正式法条体现了折中的艺术，既赋予近亲属处理死者个人信息的权利，同时又以死者生前意愿为先，以达到合理保护死者合法权益的衡平。

【适用指南】

一、权利主体的范围

个人信息保护法中并未规定“近亲属”的范围，由此便带来了适用的疑问。更为关键的问题是，我国目前法律上对于“近亲属”存在不同的规定。民法典中规定的近亲属范围是“配偶、父母、子女、兄弟姐妹、祖父母、外祖父母、孙子女、外孙子女”①，而刑事诉讼法则将近亲属的范围限定在“夫、妻、父、母、子、女、同胞兄弟姊妹”②。比较而言，采纳民法典的范围更为恰当。全国人大法工委新闻发言人曾表示，个人信息保护法（草案）在修改过程中，特别强调与民法典的衔接。③ 更有学者指出，“个人信息保护具有民事权利属性，个人信息保护法属于民法典的特别法”④。故而，在“近亲属”问题上，既然个人信息保护法并未进行明确说明，便应当以民法典之规定为准。

实践中，还会出现存在多个近亲属且彼此利益冲突的问题。另外，民法典对于近亲属行使权利的顺序进行了规定，而个人信息保护法则未对行权是否存在顺序进行规定。对于此种问题，则需要司法部门在实践中针对个案实际情况进行具体分析，根据近亲属就此问题的利益进行权衡从而作出判断。

二、权利行使的目的要件

个人信息保护法对于近亲属行使权利的目的进行了限制，即“自身的合法、正当利益”。那么，究竟何为自身合法、正当的目的则成为实践中

---

① 参见民法典第一千零四十五条第二款。

② 参见刑事诉讼法第一百零八条。

③ 《全国人大常委会法工委举行记者会》，载国务院新闻办公室网站，http：//www.scio.gov.cn/xwfbh/rdzxxwfbh/xwfbh/wjb44184/Document/1702925/1702925.htm，最后访问时间：2021年4月22日。

④ 石佳友：《个人信息保护法与民法典如何衔接协调》，载《人民论坛》2021年第2期。

的问题。通常而言，面对他人侵犯死者个人信息，近亲属行使有关的权利以保护死者个人信息，这种目的自无疑问；或者近亲属获取死者部分信息以用于祭奠、纪念，这种目的亦无不可。但近亲属如果要用死者个人信息达成某种商业目的，则需要进一步的分析检验。而同时需要注意的是，如前文所述，衡量近亲属的这种正当合理的目的之时，也应当考虑对死者相关隐私权益的尊重。

三、权利的行使与其界限

个人信息保护法将近亲属行使权利的类型限定在了第四章所规定的查阅、复制、更正、删除等权利。此项规定即意味着近亲属行使权利不会超越个人对其个人信息所具有之权利，此乃逻辑之必然。另外，考虑到最终通过的个人信息保护法与其草案二次审议稿在本条上的重大不同即在于“死者另有安排的除外”，因而死者生前对其个人信息如有安排，应当从其安排；如无安排，则尊重近亲属依据本条所享有的权利。

【相关规定】

《中华人民共和国民法典》第九百九十四条。

第五十条　【个人行使权利的申请受理和处理机制】个人信息处理者应当建立便捷的个人行使权利的申请受理和处理机制。拒绝个人行使权利的请求的，应当说明理由。

个人信息处理者拒绝个人行使权利的请求的，个人可以依法向人民法院提起诉讼。

【条文主旨】

本条是关于个人信息处理者具有为个人行使相关权利提供保障的义务以及个人享有对个人信息处理者的诉权的规定。

【条文理解】

本条分为两款。第一款是对个人信息处理者的要求，即其应当建立便捷的个人行使权利的申请受理和处理机制，如果拒绝个人行使权利的请求的，应当说明理由。第二款则是对个人诉权的规定，对于个人信息处理者拒绝个人行使权利的请求的，个人可以依法向人民法院提起诉讼。

个人信息保护法对此两项问题的规定同样经历了变化。最早于 2020 年 10 月发布的《中华人民共和国个人信息保护法（草案）》中，本条原文为：“个人信息处理者应当建立个人行使权利的申请受理和处理机制。拒绝个人行使权利的请求的，应当说明理由。”在草案二次审议稿中，本条规定得到了维持。2021 年 8 月 19 日，全国人民代表大会宪法和法律委员会关于《中华人民共和国个人信息保护法（草案三次审议稿）》修改意见的报告中明确提出：“有的常委委员提出，应当要求个人信息处理者提供便捷的途径，并明确个人向人民法院起诉寻求救济的权利，以更好保障个人行使个人信息查询、复制等权利。宪法和法律委员会经研究，建议在草案三次审议稿第五十条中增加以下规定：一是个人信息处理者应当建立‘便捷的’个人行使权利的申请受理和处理机制；二是个人信息处理者拒绝个人行使权利的请求的，个人可以依法向人民法院提起诉讼。”① 最终个人信息保护法采纳了宪法与法律委员会的相关意见，做出了如上规定。

实际上，关于此类问题，相关法律法规及规范性文件多有规定。网络安全法第四十九条规定，网络运营者应当建立网络信息安全投诉、举报制度，公布投诉、举报方式等信息，及时受理并处理有关网络信息安全的投诉和举报。网络运营者对网信部门和有关部门依法实施的监督检查，应当予以配合。《电信和互联网用户个人信息保护规定》第十二条规定，电信业务经营者、互联网信息服务提供者应当建立用户投诉处理机制，公布有效的联系方式，接受与用户个人信息保护有关的投诉，并自接到投诉之日起十五日内答复投诉人。《规范互联网信息服务市场秩序若干规定》第十四条规定，互联网信息服务提供者应当以显著的方式公布有效联系方式，接受用户及其他互联网信息服务提供者的投诉，并自接到投诉之日起十五日内作出答复。《信息安全技术 个人信息安全规范》第 8. 8 条规定，个人信息控制者应建立投诉管理机制和投诉跟踪流程，并在合理的时间内对投诉进行响应。由此可见，个人信息保护法在重申其他法律法规对于个人信息处理者所需要建立申请投诉处理机制的同时，增加补充了两点内容：其一，要求这个机制是便捷的；其二，明确赋予了个人向人民法院提起诉讼的权利。

本条的主旨是关于保障个人行使权利的规定，即关注个人对于个人信息保护法第四章所规定的权利的行使。实际上，个人信息保护法在本条赋予了个人两种行使自身权利的方式。通常情况下，个人可以直接向个人信

---

① 《全国人民代表大会宪法和法律委员会关于〈中华人民共和国个人信息保护法（草案三次审议稿）〉修改意见的报告》，载中国人大网，http：//www. npc. gov. cn/npc/c30834/202108/5e507c650c4147f6a600d9935868b2c5. shtml，最后访问时间：2021 年 10 月 17 日。

息处理者提出申请，个人信息处理者应当建立相应的机制进行处理相关的申请，并且给出明确的答复。如果同意个体的请求，那么不需要进行其他的举措，直接处理即可。而如果拒绝个体的申请，则需要向个人明确说明拒绝的理由。这实际上是对个人信息处理者的一种限制，要求其正确地认识和处理个人对于个人信息处理的申请。而在个人的申请遭到个人信息处理者拒绝之后，并不意味着个人便无法行使其相关权利。不满意的个人可以向人民法院提起诉讼。实际上，通观本法可知，个体对于其权利的维护有多种路径，可以向监管部门进一步投诉，也可以遵循诉讼的有关路径。但本条第二款的规定实际上特别赋予了个体提起单独诉讼的权利。毫无疑问，这是对于个体行使权力方式的一种完善，使其选择行使权利的方式多样化，便利其行使自身权利的途径，以达到更好地保护个人信息的目的。

【适用指南】

一、个人信息处理者的相关义务

根据本条，个人信息处理者应当对个人所主张行使的各类权利，建立相应的处理机制。需要注意的是，此处特别明确该处理机制要具有便捷性。这就意味着个人信息的处理者不能通过建立复杂的处理机制来使得个体行使权利的成本在实质上被加大，同时个人信息处理者在处理个人权利行使的请求时，应做到及时、有效。个人信息处理者如要拒绝个人的申请，则必须给出相关的理由。

二、个人诉权的行使

根据本条的文义，应当认为在通常情况下，个体向个人信息处理者提出过申请并得到了否定的答复，是个体向法院提起诉讼的前置性要求。这样适用可以有效减少法院诉累，提升司法效率。可能有疑问的是，是否应当将个人向监管部门进行举报并得到否定答复，也作为诉权行使的一项前置性要求？从该条规范的文本及其生成过程来看，应当认为不存在这一前置性要求。与法理上讲，认为需要穷尽“行政救济手段”的观点，不仅不当限制了个人的诉权，同时也实质上混淆了“监管”与“诉讼”两种救济方式的区别。

【相关规定】

《电信和互联网用户个人信息保护规定》第十二条；《规范互联网信息服务市场秩序若干规定》第十四条。

案例解读

“被遗忘权”的司法审查[①]

【案情简介】

2015年年底，北京市海淀区法院审结了原告任某某诉被告某网络服务公司侵犯名誉权、姓名权、一般人格权（“被遗忘权”）一案。该案件对我国在网络时代如何保护个人信息的“被遗忘权”问题进行了有益的规则探索和司法实践，具有理论和实务的重大研究意义。

任某某系人力资源管理、企事业管理等管理学领域的从业人员，其于2014年7月1日起在无锡某公司从事相关的教育工作。2014年11月26日，该公司向任某某发出了《自动离职通知书》，解除了双方劳动关系。某网络服务公司系提供网页搜索、相关搜索等搜索链接服务的提供商。2015年4月8日，任某某进入某网络服务公司搜索页面，键入“任某某”后在“相关搜索”处显示有“某氏教育任某某”“国际超能教育任某某”“美国潜能教育任某某”“香港跨世纪教育任某某”；另外，在搜索框内键入“某氏教育”，在“相关搜索”处显示有“无锡某氏教育”“某氏教育骗局”“某氏远航教育是骗局吗”。用手机上网，点击搜索网页，键入“任某某”，手机页面中“相关搜索”处显示有“某氏教育任某某”“国际超能教育任某某”。任某某主张因某氏教育在业界名声不好，且并未在某氏教育机构工作过，某网络服务公司在搜索页面中公开其与某氏教育有关的个人信息侵犯了其名誉权、姓名权及作为一般人格权的“被遗忘权”，要求某网络服务公司断开涉案关键词的搜索链接、赔礼道歉、赔偿经济损失。某网络服务公司认为其提供的“相关搜索”服务只是客观反映搜索关键词的信息关联状态，并未侵犯任某某的民事权益，不同意任某某的全部诉讼请求。

【案例焦点】

我国公民是否有权对与个人信息是否有被遗忘权，其如何与民法上的名誉权、人格权相区分。

---

① 案号：（2015）一中民终字第09558号。

【裁判要旨】

法院经审理认为，相关搜索词系由过去一定时期内使用频率较高且与当前搜索词相关联的词条统计而由搜索引擎自动生成，并非由于某网络服务公司人为干预。某网络服务公司在“相关搜索”中推荐涉诉词条的行为，明显不存在对任某某进行侮辱、诽谤等侵权行为。“任某某”这三个字在相关算法的收集与处理过程中就是一串字符组合，并无姓名的指代意义，显然不存在干涉、盗用、假冒本案原告任某某姓名的行为。任某某在本案中主张的应“被遗忘”（删除）信息的利益与任某某具有直接的利益相关性，而且，其对这部分网络上个人信息的利益指向并不能归入我国现有类型化的人格权保护范畴，只能从“一般人格权”的角度寻求保护，但是由于任某某主张的该利益不具有正当性和受法律保护的必要性，不应成为侵权保护的正当法益，故判决驳回了任某某的全部诉讼请求。

本案一审宣判后，任某某向北京市第一中级人民法院提出上诉，该院审理后驳回上诉，维持原判。

【专家评析】

“被遗忘权”一般是指按照有关个人信息保护规则，网络用户有权要求搜索引擎服务提供商在搜索结果页面中删除自己名字或相关个人信息的权利。目前，我国民事权利体系中尚无该项法定权利，国内学术界对这项所谓的“权利”的法律性质、是否应受到保护、保护的法律渊源及路径、保护的法律标准等重要问题也并未形成主流学术意见。

该案作为国内“被遗忘权”第一案，同样涉及网络服务公司及普通公民的个人信息保护问题，为探索此类问题的司法保护提供了一个重要的分析样本。虽然该判决并未支持原告提出的有关保护其所谓的“被遗忘权”的诉讼请求，但是为“被遗忘权”在我国现行法律体系下通过“一般人格权”加以保护打通了路径，通过对该权利法律性质的分析，寻找了现行法律保护的依据，确立了保护的条件和标准，其提出的“非类型化权利涵盖利益”“利益正当性”“保护必要性”三大裁判规则必将为“被遗忘权”的形成和案件裁判标准的完善奠定有力的实践基础，为我国网络时代个人信息司法保护提供了有益的借鉴。[①]

---

① 参见《海淀法院审结全国首例“被遗忘权”案》，载北京法院网，https://bjgy.chinacourt.gov.cn/article/detail/2016/05/id/1850523.shtml，最后访问时间：2021 年 10 月 20 日。

第五章　个人信息处理者的义务

第五十一条　【个人信息处理者安全保护义务】个人信息处理者应当根据个人信息的处理目的、处理方式、个人信息的种类以及对个人权益的影响、可能存在的安全风险等，采取下列措施确保个人信息处理活动符合法律、行政法规的规定，并防止未经授权的访问以及个人信息泄露、篡改、丢失：

（一）制定内部管理制度和操作规程；

（二）对个人信息实行分类管理；

（三）采取相应的加密、去标识化等安全技术措施；

（四）合理确定个人信息处理的操作权限，并定期对从业人员进行安全教育和培训；

（五）制定并组织实施个人信息安全事件应急预案；

（六）法律、行政法规规定的其他措施。

【条文主旨】

本条是关于个人信息处理者安全保护义务的规定。

【条文理解】

本条规定了个人信息处理者安全保护义务。该条对于个人信息处理者需要采取的预防个人信息安全风险的各项措施进行了“列举+兜底式”的规定，是个人信息处理者合规管理和保障个人信息安全等各项义务中的重要内容，[①] 被放置在第五章“个人信息处理者的义务”中的第一条。

在个人信息保护法草案的修改过程中，该条款主要有两处变化。一是在个人信息保护法草案二次审议稿中，该条对于个人信息处理者的义务要求表述为“采取必要措施”，而在最终的个人信息保护法中，这一表述被调整为“采取下列措施”，这意味着明确了该条中的各项措施为个人信息处理者必须采取的法定义务。二是在个人信息保护法草案二次审议稿中，个人信息处理者需要防止“个人信息泄露或者被窃取、篡改、删除”。而在最终公布的个人信息保护法中，为了更好地与民法典衔接，[②] 这一表述与第五十七条一道被修改为防止“个人信息泄露、篡改、丢失”。

【适用指南】

对于该条款的适用，可以从个人信息处理者应当采取的各项措施入手具体分析。

第一，制定内部管理制度和操作规程。一方面，内部管理制度和操作规程的制定需要符合个人信息保护法第五条、第六条、第七条和第十条的处理原则和要求，并结合工作实际，覆盖个人信息的收集、储存、使用、加工、传输、提供、公开、删除等必要流程。另一方面，制定内部管理制度和操作规程也要对个人信息保护法中重要的制度设计予以落实。例如，如果符合设立个人信息保护负责人的条件，内部管理制度应当对个人信息保护负责人或机构的组织架构，人员配备、行为规范、管理责任进行规范。

第二，对个人信息实行分类管理。分类管理和处理个人信息，是保障个人信息安全的重要制度路径。个人信息保护法第二章“个人信息处理规则”区分了个人信息和敏感个人信息，并且列举了敏感个人信息的种类。个人信息处理者可以结合个人信息处理业务特点和实践需要，制定相应的分类管理规定。例如，对于常态化收集个人身份信息的个人信息处理者，可能需要针对不满十四周岁未成年人的个人信息进行分类管理。个人信息保护法第三十一条第二款也规定：“个人信息处理者处理不满十四周岁未成年人个人信息的，应当制定专门的个人信息处理规则。”

---

① 刘俊臣：《关于〈中华人民共和国个人信息保护法（草案）〉的说明》，载中国人大网，http：//www. npc. gov. cn/npc/c30834/202108/fbc9ba044c2449c9bc6b6317b94694be. shtml，最后访问时间：2021 年 8 月 23 日。

② 《全国人民代表大会宪法和法律委员会关于〈中华人民共和国个人信息保护法（草案）〉审议结果的报告》，载中国人大网，http：//www. npc. gov. cn/npc/c30834/202108/a528d76d41c44f33980eaffe0e329ffe. shtml，最后访问时间：2021 年 8 月 23 日。

第三，采取相应的加密、去标识化等安全技术措施。该项是对个人信息处理者应当采取的保护个人信息安全的技术措施进行规定，包括但不限于加密、去标识化等措施。按照个人信息保护法第七十三条的定义，去标识化是指个人信息经过处理，使其在不借助额外信息的情况下无法识别特定自然人的过程。加密则是通过加密算法和密钥将明文数据转变为密文数据。[①] 个人信息处理者可以根据所处理的个人信息的种类、数量等因素，采取加密、去标识化、匿名化等技术手段，切实保障个人信息安全。近年来，国家网信部门、工信部等机构针对各领域制定了大量个人信息保护规范性文件，其中部分条款对个人信息处理者明确规定了其他应当采取的技术防范措施，如果这些条款不与个人信息保护法相抵触，个人信息处理者也应当予以适用。例如，工信部制定的《电信和互联网用户个人信息保护规定》第十三条对电信业务经营者、互联网信息服务提供者明确规定了应当采取的保护个人信息安全的各项措施。从储存的角度而言，个人信息处理者需要妥善保管记录用户个人信息的纸介质、光介质、电磁介质等载体，并采取相应的安全储存措施。从防止入侵和病毒破坏的角度而言，个人信息处理者要对储存用户个人信息的信息系统实施接入审查。

第四，合理确定个人信息处理的操作权限，并定期对从业人员进行安全教育和培训。该项是对个人信息处理从业人员的管理义务的具体规定。内部管理制度和操作规程的一项重要内容即确定个人信息处理的操作权限，以及越权查阅、复制、窃取个人信息的相关责任。从教育培训的角度而言，个人信息处理者需要围绕个人信息保护法律法规、内部管理制度和操作流程、个人信息安全国家标准等重点内容进行安全教育和培训，旨在提高从业人员的个人信息安全意识。从业人员的范围不仅包括直接具有个人信息处理权限的一线人员，负有管理、监督职责的领导人员也属于个人信息处理的从业人员，也需要纳入个人信息安全教育培训的范围，明确自身在个人信息处理事项上的权力、义务和责任。

第五，制定并组织实施个人信息安全事件应急预案。个人信息安全事件应急预案是公安部网络安全局等部门出台的《互联网个人信息安全保护指南》以及国家标准《信息安全技术 个人信息安全规范》中个人信息处理者管理机制部分的重要内容。个人信息保护法在制定之初，就将其上升为一项个人信息处理者的法定义务予以规定，最终的个人信息保护法也对这一项进行了保留。一方面，个人信息安全事件应急预案应当紧贴工作实

---

① 杨合庆：《〈中华人民共和国网络安全法〉释义》，中国民主法制出版社 2017 年版，第 73 页。

际，并与《国家网络安全事件应急预案》的相关制度有效衔接。例如，预案要明确规定，发生个人信息安全事件后，及时响应并上报的内容包括个人信息主体的类型、数量、内容、性质等总体情况，以及事件可能造成的影响，已经采取或即将采取的相应措施，事件应急处置负责人及其联系方式等内容。另一方面，要防患于未然，组织预案的应急演练，根据国家标准《信息安全技术 个人信息安全规范》的要求，至少每年一次定期组织内部相关人员进行应急响应培训并进行应急演练，熟悉应急处置过程中的各岗位职责。

第六，法律、行政法规规定的其他措施。该项是“兜底式”规定，个人信息处理者除需要采取个人信息保护法规定的相关措施履行个人信息安全保护义务外，还需要因应形势变化和需要，在不同的业务领域，履行其他法律、行政法规规定的各项个人信息安全保护义务。

【相关规定】

《中华人民共和国个人信息保护法》第七十三条；《中华人民共和国网络安全法》第五十三条；《中华人民共和国数据安全法》第二十一条。

第五十二条　【个人信息保护负责人】处理个人信息达到国家网信部门规定数量的个人信息处理者应当指定个人信息保护负责人，负责对个人信息处理活动以及采取的保护措施等进行监督。

个人信息处理者应当公开个人信息保护负责人的联系方式，并将个人信息保护负责人的姓名、联系方式等报送履行个人信息保护职责的部门。

【条文主旨】

本条是关于个人信息保护负责人制度的规定。

【条文理解】

本条规定了个人信息保护负责人制度。个人信息保护负责人是个人信息保护法为个人信息处理者设定的一项重要义务，能够对个人信息处理者是否在个人信息安全事项上“履职尽责”进行有效监督。

个人信息保护负责人制度不是个人信息保护法凭空建构的一项制度，而是有赖于比较法层面的制度实践以及我国个人信息保护法治本土探索的经验总结。2000 年，欧盟理事会发布的《关于欧共体机构和组织的个人数据处理相关的个人保护以及此种数据自由流动的规章》提出了“数据保护官”（Data Protection Officer）制度的雏形。其后在个人信息保护法领域具有重要影响力的 GDPR 对“数据保护官”制度进行了完善，其中第三十七条至第三十九条分别对数据保护官的指定（designation）、职位（position）和职务（task）进行了规定，要求在政府部门和企业中设置数据保护官，承担起监督个人信息处理活动的职能。之后，除了大型跨国企业尤其是互联网企业高度重视数据保护官的设立之外，各国也开始在立法中借鉴“数据保护官”制度的先进经验。在我国个人信息保护法治探索的过程中，网络安全法等法律法规对于个人信息保护负责人制度进行了初步探索。网络安全法第二十一条第一款规定了“网络安全负责人”制度，[①] 第四十五条和第五十九条第一款又针对网络安全负责人的职责和相应法律责任进行了明确规定，[②] 初步搭建起“网络安全负责人”的制度框架。个人信息安全是网络安全的重要内容，尤其在敏感个人信息处理，个人信息跨境传输等事项上，网络安全负责人要承担起相应的安全责任。《中华人民共和国数据安全法》第二十七条第二款也设计了“数据安全负责人”制度。[③] 在 2018 年出台的《信息安全技术 个人信息安全规范》的第十部分，首次出现了个人信息保护负责人的制度设计，该国家标准对设立专职的个人信息保护负责人的法定条件和相应职责等内容进行详细规定。例如，个人信息保护负责人需要组织制定个人信息保护工作计划，建立、维护和更新组织所持有的个人信息清单。此外，广东等地方也发布了当地的首席数据官制度试点工作方案等规范性文件，对个人信息的组织保护进行了有效的地方实验和探索。有学者认为，要求个人信息处理者指定个人信息保护负责

① 网络安全法第二十一条规定：“国家实行网络安全等级保护制度。网络运营者应当按照网络安全等级保护制度的要求，履行下列安全保护义务，保障网络免受干扰、破坏或者未经授权的访问，防止网络数据泄露或者被窃取、篡改：（一）制定内部安全管理制度和操作规程，确定网络安全负责人，落实网络安全保护责任……”

② 网络安全法第四十五条规定：“依法负有网络安全监督管理职责的部门及其工作人员，必须对在履行职责中知悉的个人信息、隐私和商业秘密严格保密，不得泄露、出售或者非法向他人提供。”第五十九条第一款规定：“网络运营者不履行本法第二十一条、第二十五条规定的网络安全保护义务的，由有关主管部门责令改正，给予警告；拒不改正或者导致危害网络安全等后果的，处一万元以上十万元以下罚款，对直接负责的主管人员处五千元以上五万元以下罚款。”

③ 数据安全法第二十七条第二款规定：“重要数据的处理者应当明确数据安全负责人和管理机构，落实数据安全保护责任。”

人，是组织保障要求延伸到信息处理者组织架构的体现。[①] 可以说，在网络安全法和一系列法规、规章、标准的基础上，个人信息保护法以专门条文规定“个人信息保护负责人”制度，肯定了前期个人信息保护的法治探索，具有充分的必要性。

个人信息保护法草案在对个人信息处理者的各项义务进行制度设计的过程中，就已经将设置个人信息处理者作为一项重要义务进行了规定。个人信息保护法草案一次审议稿第五十一条规定：“处理个人信息达到国家网信部门规定数量的个人信息处理者应当指定个人信息保护负责人，负责对个人信息处理活动以及采取的保护措施等进行监督。个人信息处理者应当公开个人信息保护负责人的姓名、联系方式等，并报送履行个人信息保护职责的部门。”考虑到个人信息保护负责人及相关部门的公共性，个人信息保护法草案二次审议稿删去了公布个人信息保护负责人姓名的要求，但是要求将负责人的姓名、联系方式等信息报送网信部门等履行个人信息保护职责的部门。

【适用指南】

对于这一条款的具体理解应当从两个方面展开。一方面，个人信息处理者所处理的个人信息数量要达到国家网信部门规定的要求。这一条款要求国家网信部门后续以实施细则等形式就这一问题进行明确规定，既要确保个人信息处理过程的安全，又要考虑小型个人信息处理者的合规成本。在《信息安全技术 个人信息安全规范》中，满足三个条件之一的个人信息处理者即需要设立个人信息保护负责人：一是从业务角度而言，处理个人信息的从业人员规模大于 200 人；二是从个人信息的数量而言，处理超过 100 万人的个人信息，或者预计在 12 个月内处理超过 100 万人的个人信息；三是从敏感个人信息的数量而言，处理超过 10 万人的个人敏感信息。另一方面，个人信息保护负责人的解释包括个人和机构。从个人信息保护负责人制度的流变不难发现，同时包括个人或机构是这一制度的应有之义。例如，网络安全法第二十一条的网络安全负责人，具体包括“安全管理机构、安全管理人员、安全主管、安全管理负责人”等。[②] 而在《信息安全技术 个人信息安全规范》中，满足设置条件，个人信息处理者应当设立专职的个人信息保护负责人和个人信息保护工作机构，个人信息保护负

① 王锡锌：《个人信息国家保护义务及展开》，载《中国法学》2021 年第 1 期。

② 杨合庆：《〈中华人民共和国网络安全法〉释义》，中国民主法制出版社 2017 年版，第 73 页。

责人和个人信息保护工作机构共同承担相应职责。个人信息保护法并未同时规定个人信息保护负责人和个人信息保护工作机构，但是负责人的“文义射程”同时及于个人和机构，避免了同时强制性任命个人和机构容易造成权责分配不清晰，部分职位形同虚设的问题。GDPR 所采取的数据保护官制度也并未区分个人或机构，而是以个人代替机构行使权力。个人信息保护负责人在实践中可以依法应需设立。例如，中小型个人信息处理者为了便于信息沟通和成本控制，可以指定一名个人作为个人信息保护负责人；如果个人信息处理者是大型的互联网平台企业或公权力机构，则可以指定特定部门及其负责人同时作为个人信息保护负责人，但需要就其各自职责分工，决策流程等内容进行规定。无论采取何种个人信息保护负责人的方式，都需要依据个人信息保护法第五十二条第二款以及国家网信部门后续的实施细则的规定，披露和报送个人信息负责人的相关信息。

【相关规定】

《中华人民共和国个人信息保护法》第六十条、第六十一条、第六十四条；《中华人民共和国数据安全法》第二十七条；《电信和互联网用户个人信息保护规定》第十三条。

第五十三条　【境外个人信息处理者设立境内专门机构或指定代表的义务】本法第三条第二款规定的中华人民共和国境外的个人信息处理者，应当在中华人民共和国境内设立专门机构或者指定代表，负责处理个人信息保护相关事务，并将有关机构的名称或者代表的姓名、联系方式等报送履行个人信息保护职责的部门。

【条文主旨】

本条是关于境外个人信息处理者设立境内专门机构或指定代表的义务的规定。

【条文理解】

本条明确了中国境外个人信息处理者在境内设立专门机构或者指定代

表的义务，是对个人信息保护法第三条第二款的延伸补充，[①] 参考了GDPR第二十七条“指定在欧盟内的代表”的规定，[②] 要求境外的个人信息处理者在境内设立专门机构或指定代表，并向履行个人信息保护职责的部门报送相关信息。个人信息保护法第三条第一款规定本法的适用范围采属地原则，无论数据处理者是否为境外主体，无论个人信息主体是否为外国人，只要数据处理活动发生在境内，即适用本法；除以属地原则为基础外，该条第二款规定了三种类型的境外的个人信息处理活动也应当适用本法，参考了GDPR第三条第二款关于地域范围适用的规定，[③] 赋予个人信息保护法必要的域外适用效力。[④]

因此，符合本法第三条第二款规定的境外个人信息处理者应履行如下义务：一是需取得个人同意，由个人在充分知情的前提下自愿、明确作出或法律、行政法规规定的其他情形。二是需有公开的个人信息处理规则，个人信息处理者在处理个人信息前，应当以显著方式、清晰易懂的语言真实、准确、完整地向个人告知下列事项：个人信息处理者的名称或者姓名和联系方式；个人信息的处理目的、处理方式，处理的个人信息种类、保存期限；个人行使本法规定权利的方式和程序；法律、行政法规规定应当告知的其他事项。前款规定事项发生变更的，应当将变更部分告知个人。个人信息处理者通过制定个人信息处理规则的方式告知以上规定事项的，处理规则应当公开，并且便于查阅和保存。三是个人信息处理者不得以个人不同意处理其个人信息或者撤回同意为由，拒绝提供产品或者服务；处理个人信息属于提供产品或者服务所必需的除外。四是利用个人信息自动化决策的相关要求，应当保证决策的透明度和结果公平、公正，不得对个人在交易价格等交易条件上实行不合理的差别待遇等。五是个人信息处理者主动删除义务。六是个人信息处理者的信息安全风险管理义务。七是个人信息处理者的合规审计义务。八是事前的个人信息保护影响

---

① 参见龙卫球：《个人信息保护法具有深远的国际意义》，载《经济参考报》2021年8月23日。

② See Article 27 of GDPR：The controllers or processors not established in the Union shall designate in writing a representative in the Union.

③ See Article 3 of GDPR：2. This Regulation Applies to the processing of personal data of data subjects who are in the Union by a controller or processor not established in the Union, where the processing activities are related to：（a）the offering of goods or services, irrespective of whether a payment of the data subject is required, to such data subjects in the Union; or（b）the monitoring of their behaviour as far as their behaviour takes place within the Union.

④ 个人信息保护法在域外管辖问题上，采用了与数据安全法同样的原则。数据安全法第二条第二款规定，在中华人民共和国境外开展数据处理活动，损害中华人民共和国国家安全、公共利益或者公民、组织合法权益的，依法追究法律责任。

评估要求。九是发生或可能发生负面情况的，个人信息处理者需采取的补救措施等。

【适用指南】

除一般规则外，由于境外个人信息处理者在地理位置上具有管辖不便的客观性，个人信息保护法在本条明确了其特殊义务，具体包括四个要点。

第一，适用对象为在中华人民共和国境外处理中华人民共和国境内自然人个人信息的活动的个人信息处理者。实践中，对于中国境外个人信息处理者，因管辖问题，我国相关部门往往难以直接履行其监管职责，不利于个人信息保护和监管规则的执行落实。因此，个人信息保护法明确了境外的个人信息处理者应在境内通过专门机构或者指定代表处理个人信息保护相关事务，确保境外个人信息处理者通过其境内机构或代表履行义务，承担相应的责任，把对个人信息的保护落到了实处。

第二，其个人信息处理活动指向境内自然人。个人信息保护法第三条第二款具体情形为以向境内自然人提供产品或者服务为目的，分析、评估境内自然人的行为或法律、行政法规规定的其他情形的境外个人信息处理活动。或是个人信息处理活动的成果去向为境内自然人，或以境内自然人个人信息为分析、评估的客体，均是将个人信息处理活动指向境内自然人。

第三，处理个人信息相关事务的方式为通过境内专门机构或指定代表。本条规定通过境外个人信息处理者的境内专门机构或指定代表间接实现了监管部门对通过互联网等收集境内个人信息的境外机构的管辖。虽然本条并未明确设立专门机构或者指定代表的具体流程和要求，也并未明确其法律主体和责任，但由于相关机构或代表信息会报送至履行个人信息保护职责的部门，我国可以通过建立境外个人信息处理者“白名单制度”，有效加强对个人信息安全的必要管控，防止因个人信息非法出境等情况而使得我国境内公民人身权益遭受不必要的损害。此外，本条中所提及的境外个人信息处理者的境内专门机构，所指向的对象是其境内分公司、子公司还是办事处等其他机构，有待进一步明确。分公司是公司的分支机构，具有营业资格但不具有法人资格，其民事责任需要由成立分公司的公司承担；子公司具有独立的法人资格，对外能够独立地承担责任，其母公司无需承担子公司的债务；而办事处是公司分支机构的另一种形式，一般只能从事总公司营业范围内的业务联络活动，不具有经营资格。因为法人资格和经营资格的差异，不同机构在境内的事务活动范围和责任承担能力存在很大差异，是否需要明确有关机构的类型还有待进一步考究。

第四，境外个人信息处理者设立的专门机构或指定代表对个人信息保护职责的部门负有信息报送义务。该项规定填补了一直以来针对境外机构监管的敞口，确立了多头监管机制。不同行业的个人信息保护有着不同的特点和需求，个人信息保护法规定由国家网信部门负责统筹协调个人信息保护工作和相关监督管理工作。国务院有关部门依照本法和有关法律、行政法规的规定，在各自职责范围内负责个人信息保护和监督管理工作。同时，按照国家有关规定，确定县级以上地方人民政府有关部门的个人信息保护和监督管理职责，从而形成了一个以行业为横轴的、从中央到地方的个人信息保护监管体系。在要求个人信息处理者加强内部个人信息保护制度建设的基础上，从外部施加监管压力，促进个人信息处理者落实个人信息保护要求。

【相关规定】

《中华人民共和国个人信息保护法》第三条、第六十条。

第五十四条　【定期合规审计义务】个人信息处理者应当定期对其处理个人信息遵守法律、行政法规的情况进行合规审计。

【条文主旨】

本条是关于个人信息处理者定期合规审计义务的规定。

【条文理解】

本条规定了个人信息处理者的定期合规审计义务。合规审计是一种经济合规监督活动，是为了确定被审计单位是否遵守了有关的法律和上级监管部门制定的有关程序与规则而实施的审计①，审计机构和审计人员依据国家法律、法规和财经制度对被审计单位的生产经营管理活动及其有关资料是否合规进行监督。个人信息保护法确立了个人信息处理者的合规审计制度。个人信息处理者对其个人信息处理活动的内部管理是个人信息处理者对其个人信息处理活动是否遵守法律、行政法规进行合规审计的重要前提。

① 参见刘明辉、史德刚主编：《审计》，东北财经大学出版社 2017 年版，第 445 页。

本条在表述上和本法草案二审稿基本一致，对一审稿第五十三条的内容进行了简化，语义表述上更加完善，将“审计”的形式明确为“合规审计”，本条中的“个人信息处理活动”包含“个人信息处理者对个人信息采取的保护措施等”活动。同时，一审稿第五十三条中关于“履行个人信息保护职责的部门”要求个人信息处理者委托专业机构审计的表述在二审稿中被删除，① 文本逻辑更加通畅；在个人信息保护法第六十四条第一款中对该权力加以限制，规定履行个人信息保护职责的部门在履行职责中，发现个人信息处理活动存在较大风险或者发生个人信息安全事件时，可以选择法定代表人或者主要负责人“约谈”或者要求个人信息处理者委托专业机构对其个人信息处理活动进行“合规审计”。履行个人信息保护职责的部门行使“约谈”或“要求第三方审计”权力，需要两个条件，即“履行职责中”的时间条件和“个人信息处理活动存在较大风险或者发生个人信息安全事件”的程度条件。

合规审计制度的主要目的是维护国家财经法纪的严肃性，确保社会主义财产完好无损，检查财经纪律执行情况，揭露违法乱纪行为。因此，个人信息处理者应当积极履行定期合规审计义务，在进行合规审计时，审计机关可以根据审计决定，对违反财经法纪的单位和个人，予以经济制裁；对严重违反财经法纪的，可采取停止财政拨款、停止银行贷款等措施；有权建议对有关责任人员给予行政处分；触犯刑律的，由司法机关依法惩处。近年来我国正在加紧治理违法违规处理个人信息行为，2019 年至 2020 年初，由全国信息安全标准化技术委员会、中国消费者协会、中国互联网协会、中国网络空间安全协会成立 App 专项治理工作组对 App 进行监管整治，国家各有关部门开展多项监管活动，达近 800 款中国企业持有、运营的 App 受到通报或要求整改、下架的处罚处理，其中公安部组织的“净网 2019”专项行动依法查处的违法违规采集个人信息的 App 中，多数是因未公开收集个人信息的规则、私自收集个人信息、超越必要范围收集个人信息、实际收集的个人信息与业务功能无关等而构成违法违规行为。App 进行个人信息处理活动应当遵循合法、正当、必要的原则，且应对收集、使用的用户个人信息的安全负责。

同时，合规审计制度也能够促进被审计单位遵守法律、法规、制度和合同，使个人信息处理者尽可能规避个人信息处理活动带来的风险。定期合规审计能够控制和避免个人信息处理者因处理个人信息不合规，引发法

---

① 《中华人民共和国个人信息保护法（草案）》第五十三条规定：“个人信息处理者应当定期对其个人信息处理活动、采取的保护措施等是否符合法律、行政法规的规定进行审计。履行个人信息保护职责的部门有权要求个人信息处理者委托专业机构进行审计。”

律纠纷，承担法律责任，从而造成经济、声誉等方面的负面影响及损失，同时也能对个人信息处理者的经营管理状况和经济效益起到改善和促进作用。因此，个人信息处理者应当定期委托专业机构对其自身个人信息治理的合规性进行审查，并根据审查结果进行整改。

【适用指南】

关于个人信息合规审计的内容，本条仅进行了原则性规定，要求个人信息处理者确保在日常运营和业务开展过程中的个人信息处理行为符合法律法规规定，具体内容应当包括个人信息在收集、储存、使用、加工、传输、提供、公开、删除等信息处理环节中的相关行为，遏制个人信息非法收集、滥用、泄露等违规行为，最大限度地保护个人信息权益[①]。2020 年《信息安全技术 个人信息安全规范》第 11.7 条提出了较为详尽的审计要求："对个人信息控制者的要求包括：a）应对个人信息保护政策、相关规程和安全措施的有效性进行审计；b）应建立自动化审计系统，监测记录个人信息处理活动；c）审计过程形成的记录应能对安全事件的处置、应急响应和事后调查提供支撑；d）应防止非授权访问、篡改或删除审计记录；e）应及时处理审计过程中发现的个人信息违规使用、滥用等情况；f）审计记录和留存时间应当符合法律法规的要求。"2020 年工信部发布的《电信和互联网企业网络数据安全合规性评估要点》重点围绕机构人员、制度保障、分类分级、合规评估、权限管理、安全审计、合作方管理、应急响应、投诉处理、教育培训等方面开展评估。[②] 在合规评估方面，要求将数据安全合规性评估作为企业数据安全管理的重要内容和抓手，按照"谁运营、谁主管、谁负责"的原则，开展企业整体数据安全保护水平评估并形成评估报告，评估内容包括但不限于数据安全制度建设情况、数据分类分级情况、数据安全事件应急响应水平，以及重点业务与系统数据合规处理情况、数据安全保障措施配备情况、合作方数据安全保护水平等；按年度开展核心数据处理活动平台系统数据安全合规性评估并形成评估报

---

① 参见王春晖：《〈个人信息保护法（草案）〉（二审稿）解析》，载《中国电信业》2021 年第 7 期。

② 参见《工信部召开全国视频会议 部署推进 2020 年电信和互联网行业网络数据安全管理工作》，载工信部官网，https：//wap. miit. gov. cn/jgsj/waj/gzdt/art/2020/art_6e57ed2502bf414e893c7c3bd9c7189d. html，最后访问时间：2021 年 11 月 7 日；《关于做好我省 2020 年电信和互联网行业网络数据安全管理工作的通知》，载江西省通信管理局官网，https：//jxca. miit. gov. cn/zwgk/tzgg/art/2020/art_ 2a6cf5d04e7843feb2136ce3d7462c32. html，最后访问时间：2021 年 11 月 7 日。

告，重点评估企业内部管理措施执行落实情况、平台建设运维部门及合作方数据安全保护措施配备情况等。在安全审计方面，要求对数据授权访问、批量复制、开放共享、销毁、数据接口调用等重点环节实施日志留存管理，日志记录至少包括执行时间、操作账号、处理方式、授权情况、IP地址、登录信息等，能够对识别和追溯数据操作和访问行为提供支撑。定期对日志进行备份，防止数据安全事件导致的日志被删除；加强企业数据安全审计管理，明确审计对象、审计内容、实施周期、结果规范、问题改进跟踪等要求。

关于合规审计义务的时间规定，目前法律并未明确规定个人信息处理审计的时间。2013年工信部制定的《电信和互联网用户个人信息保护规定》第十六条规定："电信业务经营者、互联网信息服务提供者应当对用户个人信息保护情况每年至少进行一次自查，记录自查情况，及时消除自查中发现的安全隐患。"2020年发布的《电信和互联网企业网络数据安全合规性评估要点》规定："企业数据安全管理责任部门或核心数据处理活动相关平台系统负责部门应配备日志安全审计员，加强日志访问和安全审计管理，至少每半年形成一份数据安全审计报告。"本条虽未直接规定个人信息处理者合规审计的时间和频率，但规定了定期审计制度，这也意味着个人信息保护法对个人信息处理者的监管将长期存在。

【相关规定】

《中华人民共和国个人信息保护法》第六十四条。

第五十五条　【个人信息保护影响评估义务】有下列情形之一的，个人信息处理者应当事前进行个人信息保护影响评估，并对处理情况进行记录：

（一）处理敏感个人信息；

（二）利用个人信息进行自动化决策；

（三）委托处理个人信息、向其他个人信息处理者提供个人信息、公开个人信息；

（四）向境外提供个人信息；

（五）其他对个人权益有重大影响的个人信息处理活动。

【条文主旨】

本条是关于个人信息处理者的个人信息保护影响评估义务的规定。

【条文理解】

本条明确了个人信息处理者的事先影响评估义务。个人信息保护法从立法的全面性原则考量，将两次审议稿中的“风险评估”改为“个人信息保护影响评估”，“影响”一词的外延大于“风险”，“风险”一般是指在给定的条件下损失发生的可能性或者实际结果与预期结果的偏差，是对于个人信息保护影响的重要因素，而非全部内涵。同时，个人信息保护法删除了两次审议稿中“风险评估”的内容，增加了第五十六条专门规定个人信息保护影响评估内容。

数据保护影响评估制度是个人信息处理者合规经营持续化自主运转以及满足自证要求的最重要渠道之一，目的是限制并减少可能发生的违反信息保护规定的行为，GDPR 和我国个人信息保护法均规定了个人信息保护影响评估制度，GDPR 第三十五条第三款对应进行数据保护影响性评定的高风险行为进行了列举：利用自动化处理技术（包括用户画像）对与自然人相关的个人因素进行系统性与全面性的评价，并且其决策对自然人产生法律影响或类似重大影响；大规模处理第九条第一款所述的特殊类别的数据，或与第十条所述的刑事定罪和犯罪有关的个人数据；对公众可进入的区域进行大规模的系统监测。①

个人信息保护法出台前，我国个人信息保护影响评估制度非强制性实施，大多数企业也未将评估作为必备内控手段。2021 年 6 月 1 日起全国信息安全标准化技术委员会发布的《信息安全技术 个人信息安全影响评估指南》正式实施，旨在指导行业基于个人权益影响和安全措施设置情况，以访谈、检查、测试的方法对待评估的个人信息处理技术进行个人信息安全影响评估。而个人信息保护法将个人信息保护影响评估要求提升至法律强

---

① See Article 35 of GDPR：3. A data protection impact assessment referred to in paragraph 1 shall in particular be required in the case of：

(a) a systematic and extensive evaluation of personal aspects relating to natural persons which is based on automated processing, including profiling, and on which decisions are based that produce legal effects concerning the natural person or similarly significantly affect the natural person；

(b) processing on a large scale of special categories of data referred to in Article 9 (1), or of personal data relating to criminal convictions and offences referred to in Article 10；or

(c) a systematic monitoring of a publicly accessible area on a large scale.

制性要求，对于企业内部合规制度建设提出更严格要求。相比《信息安全技术 个人信息安全规范》存在的“高风险”性、笼统场景性规定，[①] 个人信息保护法提出的强制性要求则从更加具体化的处理活动为出发点，与GDPR相比我国的适用情形更为宽泛。

【适用指南】

本条列举了五项极易对个人信息产生侵权行为的情形，因此法律特别规定个人信息处理者应当在事前对个人信息保护进行影响评估，并对处理情况进行记录。

一是处理敏感个人信息。个人信息保护法第二十八条第一款将“生物识别、宗教信仰、特定身份、医疗健康、金融账户、行踪轨迹等信息”列为敏感个人信息，个人信息处理者只有在具有特定目的或充分必要性，且采取严格保护措施的情况下才能够处理此类信息。此外，个人信息保护法特别将不满14周岁的未成年人的个人信息确定为敏感个人信息予以严格保护，这与未成年人保护法有关规定相衔接，从目前我国未成年人使用网络的实际情况来看，年满14周岁的未成年人已普遍具有认知、判断网络风险的能力，而且我国部分法律法规已将14周岁作为划分未成年人权利义务的重要年龄分界点。例如，刑法将承担刑事责任的最低年龄规定为14周岁，女性“性同意权”年龄也规定为14周岁；广告法专门规定了针对不满14周岁未成年人的广告相关要求；2019年国家网信办出台的《儿童个人信息网络保护规定》将儿童定义为不满14周岁的未成年人。因为这些信息对于自然人的人格尊严或人身财产安全影响较大，且一旦泄露或非法使用可能给自然人带来严重危害或侵害，所以敏感个人信息法律对于处理敏感信息的活动应作出更加严格的限制，采用事前影响评估能够较为有效地降低个人信息处理活动可能造成的负面影响，防患于未然。

二是利用个人信息进行自动化决策。为了迎合消费者的个性化需求，越来越多的企业利用大数据分析、评估消费者的个人特征用于商业营销，但同时由于商家与消费者之间存在巨大信息差，部分企业掌握了消费者的经济状况、消费习惯、对价格的敏感度等信息，利用大数据分析在交易价格等方面对消费者实行歧视性的差别待遇，我们常称为“大数据杀熟”。“杀熟”的本质是误导、欺诈消费者，违反了诚实信用原则，侵犯了消费者权益保护法规定的消费者享有公平交易条件的权利，个人信息保护法第

---

① 即产品或服务发布前，业务功能发生重大变化时，法律法规有新的要求时，业务模式、信息系统、运行环境发生重大变更时，发生重大个人信息安全事件时。

二十四条明确予以禁止。个人信息处理者利用个人信息进行自动化决策，应当进行事前影响评估，保证决策的透明度和结果公平、公正。

三是委托处理个人信息、向其他个人信息处理者提供个人信息、公开个人信息，其本质是个人信息处理者将自己获得的个人信息交给第三人进行处理，三种行为所对应的第三人分别是受托人、其他个人信息处理者和不特定人。知情同意是个人信息保护法规定的个人信息处理活动最重要的合法性基础。除法律、行政法规另有规定外，个人信息处理者在委托、提供或公开前应当取得个人的知情同意，否则极有可能侵害个人的合法权益，因此需要进行事先影响评估判断风险并评估保护个人信息主体的各项措施的有效性。

四是向境外提供个人信息。个人信息不仅关系着自然人的个人权益，也关系着国家的安全问题。为保障个人信息安全，维护网络空间主权、国家安全、社会公共利益，保护公民、法人的合法权益，从个人信息处理者角度应当进行个人信息保护影响评估，发现、处置和持续监控个人信息处理过程中对个人信息主体合法权益造成损害的各种风险，评估保护措施的有效性。

五是其他对个人权益有重大影响的个人信息处理活动，作为兜底条款，个人信息保护法较草案二审稿更为严谨地增加了“权益”一词，明确保障自然人的权利和利益。

【相关规定】

《中华人民共和国个人信息保护法》第二十一条、第二十四条、第二十五条、第二十八条、第三十八条。

第五十六条　【个人信息保护影响评估的内容】个人信息保护影响评估应当包括下列内容：

（一）个人信息的处理目的、处理方式等是否合法、正当、必要；

（二）对个人权益的影响及安全风险；

（三）所采取的保护措施是否合法、有效并与风险程度相适应。

个人信息保护影响评估报告和处理情况记录应当至少保存三年。

【条文主旨】

本条是关于个人信息保护影响评估内容的规定。

【条文理解】

个人信息保护影响评估的内容遵循合法、正当、必要原则。个人信息保护基本原则是规范处理个人信息行为的核心规则，自20世纪80年代开始，相关国际组织、国家和地区开始确立各自的个人信息处理原则。世界经济合作与发展组织发布的《隐私保护与个人数据跨国流通指南》规定了收集限制原则、数据质量原则、目的特定化原则、使用限制原则、安全原则、公开原则、个人参与原则、责任原则八项原则。亚太经合组织发布的《APEC隐私保护框架》规定了防止损害原则、告知原则、限制收集原则、使用原则、选择原则、个人信息完整性原则、安全保障原则、查阅和修正原则、问责原则九项原则。[①] 欧盟的GDPR规定了合法公平透明原则、目的限制原则、数据最小化原则、精确性原则、存储限制原则、完整性与保密性原则、权责一致原则七项原则。我国从个人信息保护相关立法之初，便十分重视确立个人信息保护的基本原则，2012年发布的《全国人民代表大会常务委员会关于加强网络信息保护的决定》确立了处理个人信息应当遵循的基本原则，规定：网络服务提供者和其他企业事业单位在业务活动中收集、使用公民个人电子信息，应当遵循合法、正当、必要的原则，明示收集、使用信息的目的、方式和范围，并经被收集者同意，不得违反法律、法规的规定和双方的约定收集、使用信息。此后，消费者权益保护法、网络安全法、民法典、数据安全法和一些司法解释与规范性文件也对合法、正当、必要原则进一步予以规定和明确。

个人信息保护影响评估的内容应当包括个人信息的处理目的、处理方式等是否合法、正当、必要。个人信息保护法第五条规定，处理个人信息应当遵循合法、正当、必要和诚信原则，坚持了网络安全法和民法典关于合法性要求的一贯立场，禁止采取“误导、欺诈、胁迫”等方式处理个人信息也是个人信息保护法对于个人信息处理者的基础和前提性要求。处理目的和处理方法的合法性要求信息处理者在具体处理个人信息时不得违反法律、法规等相关规定。正当原则，即处理个人信息处理的目的和手段要

---

① Asia-Pacific Economic Cooperation, APEC Privacy Framework, 2004/AMM/014rev1 (Nov. 2004). 参见丁晓东：《论个人信息法律保护的思想渊源与基本原理——基于“公平信息实践”的分析》，载《现代法学》2019年第3期。

正当，应当尊重公序良俗和遵守诚实信用原则，并且要尽量满足透明的要求，以便能够充分保障信息主体的知情权，要求信息处理者对处理个人信息的行为进行自我管理。违反正当性原则的一个典型行为就是“大数据杀熟”，通过数据歧视手段欺骗、误导消费者以达到不正当获利的目的。必要原则，即处理个人信息的目的应当特定，处理应当依据特定、明确的目的进行，禁止超出目的范围处理个人信息。对个人信息处理者而言，收集个人信息只能出于履行其职责之特定目的或与其提供的服务相关，要求信息处理者在收集信息时不应当收集对提供服务没有必要的个人信息，超出目的范围的处理行为即违反了必要性原则；在处理个人信息时，处理的内容和范围不应过于宽泛，只有在不得不处理时才可以处理个人信息。

个人信息保护影响评估的内容还包括对个人权益影响及个人信息处理者所采取的安全保护措施进行分析。从对个人权益影响的角度来看，个人信息处理行为对个人权益产生的影响程度越高，安全事件发生的可能性越高，因此个人信息保护法第六条规定，处理个人信息应当具有明确、合理的目的，并应当与处理目的直接相关，采取对个人权益影响最小的方式。个人信息处理者是个人信息保护的第一责任人。安全保护措施合法性是个人信息保护制度的原则要求，从安全保护措施有效性来看，个人信息保护法强调个人信息处理者应当对其个人信息处理活动负责，并采取必要措施保障所处理的个人信息的安全，安全保护措施越有效，安全事件发生的可能性就会越小，个人信息处理活动的风险级别则会越低。实施个人信息保护影响评估，能够有效加强对个人信息主体权益的保护，有利于个人信息处理者对外展示其保护个人信息安全的努力和能力，提升透明度，增进个人对其的信任，减轻个人信息权益受损害的风险，增强个人信息处理者处置风险的能力，确保个人合法权益不利影响的风险处于总体可控状态。

【适用指南】

在发生个人信息安全事件时，个人信息保护影响评估报告和处理情况记录可以用于证明个人信息处理者已经主动评估风险并采取一定安全保障措施，有助于保护个人信息处理者的合法权益，减轻相关责任和名誉损失。

本条规定了个人信息保护影响评估报告和处理情况记录应当至少保存三年的具体要求，为个人信息处理者开展个人信息事前风险评估指明了方向。三年的规定也与民法典诉讼时效相关规定相衔接，民法典第一百八十八条规定一般诉讼时效期间为三年，因评估报告和处理情况记录为个人信息处理者单方所有，为便于解决相关民事纠纷，至少在一般诉讼时效内个人信息处理者负有保存相关记录的义务，有利于相关证据的保存。

【相关规定】

《中华人民共和国个人信息保护法》第五条、第六条；《中华人民共和国网络安全法》第三十五条；《中华人民共和国民法典》第一百八十八条。

第五十七条　【个人信息泄露等事件的补救措施和通知义务】发生或者可能发生个人信息泄露、篡改、丢失的，个人信息处理者应当立即采取补救措施，并通知履行个人信息保护职责的部门和个人。通知应当包括下列事项：

（一）发生或者可能发生个人信息泄露、篡改、丢失的信息种类、原因和可能造成的危害；

（二）个人信息处理者采取的补救措施和个人可以采取的减轻危害的措施；

（三）个人信息处理者的联系方式。

个人信息处理者采取措施能够有效避免信息泄露、篡改、丢失造成危害的，个人信息处理者可以不通知个人；履行个人信息保护职责的部门认为可能造成危害的，有权要求个人信息处理者通知个人。

【条文主旨】

本条是关于发生或者可能发生个人信息泄露、篡改、丢失等事件时，个人信息处理者的补救措施和通知义务的规定。

【条文理解】

本条规定了发生或者可能发生个人信息泄露、篡改、丢失等事件时，个人信息处理者的补救措施和通知义务。

和本法草案一审稿相比，本法草案二审稿中的本条没有进行改动。但在正式出台的法律中，由于原第五十五条拆分成了两个条文，本条的条文顺序因此发生了变化；此外，在规范内容上，正式法律也对本条进行了较大修改，具体为：（1）将本条的适用范围由原来的“个人信息泄露”扩充至“个人信息泄露、篡改、丢失”之时，且不需要实际发生；（2）整合了原条文中五项应通知事项，修改为三项，并在立法语言的表述上予以了完善。

对个人信息安全风险进行法律救济，防止个人权益遭受进一步侵害，是本法重要的立法目标。无论是出于经营目的，还是基于公权力和履行公共管理职能处理个人信息，个人信息处理者始终是信息处理活动的直接参与者和利益攸关方，本法第九条相应规定：“个人信息处理者应当对其个人信息处理活动负责，并采取必要措施保障所处理的个人信息的安全。”因此，在发生或者可能发生个人信息泄露、篡改、丢失时，本条为个人信息处理者设定了两项法律义务：

第一，应当立即采取补救措施。采取补救措施的目的在于防止损害进一步扩大。由个人信息处理者负担这一义务，不仅因为其是法定的责任主体，也是由于个人信息处理者直接开展信息处理活动，相较于其他主体来说，可以以最迅速、及时和高效的措施实现补救的效果，进一步缩短实施补救的时间。除个人信息处理者自身需立即采取补救措施外，履行个人信息保护职责的部门亦应对补救措施开展监管，本条也将补救措施作为应当通知的事项。实践中，对个人信息安全事件开展补救是一项兼具技术性与复杂性的工作，如果个人信息处理者表面上履行了相应义务，形式上开展了一定补救措施，但实质上是采取消极应对的态度，措施未能起到相应效果，也不能认定其依法履行了补救义务。

第二，通知履行个人信息保护职责的部门和个人。个人是信息主体，发生个人信息的泄露、篡改、丢失，对个人的影响将最为直接和显著，可能有损其重要权益，因此个人必须作为知情的主体。履行个人信息保护职责的部门是监管主体，按照本法第六十条的规定，“履行个人信息保护职责的部门”指的是国家网信部门和在各自职责范围内负责个人信息保护和监督管理工作的国务院有关部门，以及依法确定的、履行个人信息保护和监督管理职责的县级以上地方人民政府有关部门。本条具体设定了三类应当通知事项：

一是发生或者可能发生个人信息泄露、篡改、丢失的信息种类、原因和可能造成的危害。通知信息种类，有利于部门和个人按照分类处理的原则，集中资源开展处理，尤其是对于个人敏感信息，应当更快速地开展补救工作；通知信息泄露、篡改、丢失的原因，可以帮助部门和个人尽快找到事件发生源头，同时也有助于个人信息保护者及时开展自查，从源头开始防范风险事件；通知可能造成的危害，目的是便于部门和个人按照危害程度进行决策，合理调整预期。

二是个人信息处理者采取的补救措施和个人可以采取的减轻危害的措施。通知个人信息处理者采取的补救措施，一方面是为了防止资源和执法手段的重复使用，提高补救效率，另一方面也是帮助部门和个人进行监督，促进个人信息处理者依法立即进行补救；通知个人可以采取的减轻危害的措施，是为了帮助个人尽快开始“自救”，及时行使更正、删除等权利，按照个人信息保护者的指引减轻个人信息安全事件对自身权益造成的损害。

三是个人信息处理者的联系方式。由于个人信息发端于网络这一虚拟空间，个人信息处理者通常都不是在线下完成个人信息的采集和处理，这也使得个人和处理者之间有着天然的、难以直接接触的鸿沟，尤其是在合作处理、委托处理个人信息的场景，可能存在多个直接处理个人信息的主体。为了便于个人主张权利，以及获取和本人信息安全有关的告知和通知，个人信息处理者的联系方式也是必要的通知事项。

【适用指南】

在适用上，应当注意：以上通知事项应当全部包含在通知之中，而不能由个人信息处理者择一通知，并应当确保通知事项的准确无误。对于通知内容不全面、有误的，个人信息处理者应当依法承担责任。

个人信息安全事件可能会产生广泛的社会影响，引发社会对个人信息处理者的不利评价，出于平衡个人信息安全和推动数字产业发展的需要，本条也给予了个人信息处理者一定的自由裁量空间，第二款相应规定：个人信息处理者采取措施能够有效避免信息泄露、篡改、丢失造成危害的，个人信息处理者可以不通知个人。就这一句话而言，本法事实上为个人信息处理者创设了一个相对宽容的发展空间，个人信息处理者可以自行决定是否进行通知，尤其是对于那些迫切需要维护信用和商誉的个人信息处理者，将起到激励个人信息处理者尽快采取有效补救措施、尽最大可能化解危害的作用。但是，在适用上，也要注意本款的适用前提是个人信息处理者采取措施能够有效避免信息泄露、篡改、丢失造成危害，如果客观上已经造成危害，采取措施也于事无补，或者所采取的措施未能有效避免造成危害，个人信息处理者均应通知个人。为了防止个人信息处理者借用本款逃避通知或延误通知，本款最后一句话强调了履行个人信息保护职责的部门的监管职责，赋予其要求个人信息处理者进行通知的权力。

【相关规定】

《中华人民共和国个人信息保护法》第九条、第六十条。

第五十八条　【超大互联网平台的个人信息保护义务】 提供重要互联网平台服务、用户数量巨大、业务类型复杂的个人信息处理者，应当履行下列义务：

（一）按照国家规定建立健全个人信息保护合规制度体系，成立主要由外部成员组成的独立机构对个人信息保护情况进行监督；

（二）遵循公开、公平、公正的原则，制定平台规则，明确平台内产品或者服务提供者处理个人信息的规范和保护个人信息的义务；

（三）对严重违反法律、行政法规处理个人信息的平台内的产品或者服务提供者，停止提供服务；

（四）定期发布个人信息保护社会责任报告，接受社会监督。

【条文主旨】

本条是关于超大互联网平台的个人信息保护义务的规定。

【条文理解】

本条属于本法草案二审稿新增设的条文。在正式公布的法律中，本条进行了一定修改，主要为：（1）将“提供基础性互联网平台服务”修改为“提供重要互联网平台服务”；（2）第一项增加前半句话；（3）新增了第二项作为义务内容。

提供重要互联网平台服务、用户数量巨大、业务类型复杂的个人信息处理者，不仅掌握了大量个人信息和商业数据，同时还能对市场竞争秩序和产业发展施加深远影响，尤其是那些获得行业头部地位的个人信息处理者，甚至可以介入标准制定和政策讨论。社会公众在享受服务的同时，也非常关注个人信息安全和权益保障情况。行业超大个人信息处理者的出现和发展为开展有效监管、形成更加合理的个人信息使用秩序带来全新挑战，是个人信息保护法在互联网快速发展的背景下必须回应的问题。

本条的立法目的相对清晰，在于规制“提供重要互联网平台服务、用户数量巨大、业务类型复杂的个人信息处理者”，这也厘清了本条的适用对象，简言之，即行业内的大型或具有一定经营规模的企业，尤其是行业内的头部企业。由于此类个人信息处理者的社会角色已经超越了一般的经营主体，应当施加更严格的法律义务，本条一共设定了四项。

【适用指南】

在具体适用上，有以下几个要点需要注意：

第一，如何适用本条确定的三个认定要素，即“重要”“用户数量巨大”“业务类型复杂”。由草案二审稿的“基础性”修改为“重要”，可以看出立法机关有意扩大本条的适用范围，认定标准则可以结合提供的服务类型、用户规模、同业竞争情况予以确定，并且应当根据社会需求的变化予以动态调整。“用户数量巨大”是相对可以量化的要素，但此处的“用户数量”究竟是指用户绝对数量还是用户相对数量？笔者认为，如果理解为用户绝对数量，那么本条就不适用于那些在小范围内占据多数用户的互联网平台，而如果理解为用户相对数量，则可以将更多平台和企业纳入监管范围，因此，采用用户相对数量的理解更为合适，否则要求用户绝对数量巨大，也会导致立法门槛过高的结果，反而架空了规则的实际适用。“业务类型复杂”同样需要在实践中结合个案判断和经验进行确定，从文义上看，“复杂”至少要求个人信息处理者横跨数个业务类型，但不宜限定得过于狭窄，例如某旅行服务类平台不仅提供旅行产品的预订服务，还提供金融产品和借贷服务、海外移民和置业服务等，足以认定为“业务类型复杂”；但如果平台仅限于提供旅行产品的预订服务，只不过是分别提供酒店、交通工具和景点门票的预订服务，则不宜认定为“业务类型复杂”，因为其业务仍限定于预订服务，只不过是涉及不同的对象。

在这三个认定要素之间的关系上，从文义解释的角度解读，显然需要同时满足，而对于单满足某个认定要素的互联网平台或企业，不能作为本条的适用对象予以规制。

第二，本条从四个方面设定了具体的法律义务：

一是按照国家规定建立健全个人信息保护合规制度体系，成立主要由外部成员组成的独立机构对个人信息保护情况进行监督。其中，前半句话主要强调的是制度建设。个人信息保护合规制度体系作为企业合规制度体系的重要组成部分，内部管理制度、人事制度、个人信息分级分类制度、删除和匿名化制度、个人信息泄露的应急预案和补救措施、风险评估制度、合规审计制度等等均可以纳入合规制度体系的范畴。但在实践中，个人信息保护方面的制度依据相对缺乏，导致许多企业并未重视个人信息保护的制度建设，本条将“合规”体系的构建上升到法律义务层面，体现了立法机关希望企业或平台等市场主体通过加强自身合规建设，降低个人信息处理的各类风险，不断提升个人信息安全治理水平的立法目标。引入外部人员组成独立机构是在本法立法过程中引起较多关注的一项义务。这一制度设定，强化了外部监督力量的介入。实践中，可以将外部监督成员类比为上市公司的独立董事，对企业的个人信息保护作出判断和监督，因此，本条着重强调的还是个人信息治理的多方参与，通过增加独立的外部第三方，对个人信息处理者起到制约作用。至于参与该独立机构外部成员的任职资格、义务规范和法律责任等，还有待未来的配套立法进行进一步明确；此外，虽然有独立机构承担监督职能，但并不意味着政府的监管职责被削弱，相应地，履行个人信息保护职责的部门应加大监管力度，督促独立机构提高中立性和透明度，依法依规履职尽责。

二是遵循公开、公平、公正的原则，制定平台规则，明确平台内产品或者服务提供者处理个人信息的规范和保护个人信息的义务。尽管以法律法规为主体的政府规制秩序能在一定程度上防范个人信息安全风险，但由于互联网业态存在时效性，立法很难秉持前瞻性。当网络治理中亟待解决的某一问题出现时，往往没有相应立法能够对应予以解决，待相应制定法为适应需求而最终出台时，曾经亟须规范的问题或已解决、或已失去现实意义，使现时立法成为没有执行必要的“空法”。有学者相应指出，仅依赖国家制定法的介入，这种固有的僵化和滞后便会使得网络社会缺乏必要的规范予以规制而呈现无序化的现象，对于这种立法漏洞与抽象笼统之处，网络自治规则反而会发挥远远高于国家法的规范功能。① 制定平台规则，将对法律法规等外部规则形成较好的补充，同时能结合平台运营的实际弥补“政府失灵”的现象。电子商务法第三十二条也有类似规定，要求电子商务平台经营者应当遵循公开、公平、公正的原则，制定平台服务协议和交易规则。本项对平台规则的制定作了两方面要求：其一，遵循公开、公平、公正的原则。公开即规则应当公之于众，便于社会公众查阅和了解；公平即合理地、以一视同仁的态度确定各个主体的权利与义务，体现规则和程序的同一性；公正更多强调结果，包含对规则实行的分析评

---

① 李明发、胡安琪：《论互联网社会自治在规则层面的实现》，载《电子政务》2018年第3期。

价。其二，在内容上，平台规则应包含平台内产品或者服务提供者处理个人信息的规范，以及保护个人信息的义务。个人信息保护规则是平台规则不可回避的重要组成部分，本项更多地侧重于个人信息处理者，要求其明确规范和设定自身义务。

三是对严重违反法律、行政法规处理个人信息的平台内的产品或者服务提供者，停止提供服务。这一规定与电子商务法中所规定的电子商务平台经营者对平台内电子商务经营者相关产品质量、知识产权、消费者保护的监督责任类似，例如，电子商务法第三十六条规定："电子商务平台经营者依据平台服务协议和交易规则对平台内经营者违反法律、法规的行为实施警示、暂停或者终止服务等措施的，应当及时公示。"本项赋予了个人信息处理者监管平台内个人信息处理活动的职能，一方面，个人信息处理者有权监管，对严重违法的产品或服务提供者采取停止提供服务的措施，另一方面，个人信息处理者如果没有采取相应措施，亦应承担一定的法律责任。

四是定期发布个人信息保护社会责任报告，接受社会监督。平台型企业作为独立运营的个体企业，与传统的一般企业具有相似性，都是直接内嵌于社会、经济功能与社会功能兼具并相互交融的社会经济组织。为社会创造与提供高效、有效、满意、合意的"平台"是平台的首要责任。[①] 本项要求个人信息处理者定期发布个人信息保护社会责任报告，将个人信息处理提高到作为平台承担社会责任的体现，尤其是对于本条所规制的超大互联网平台来说，其在平台商业生态圈中的影响对象范围和影响强度是其他规模的平台所无法比拟的，如果发生个人信息安全事件，危害范围会相对更大，必须将自身的行为治理和社会监督结合起来，增强相关企业或平台的行为合规性，促进个人信息保护水平不断提升。

【相关规定】

《中华人民共和国电子商务法》第三十二条、第三十六条。

第五十九条　【受托方的个人信息保护义务】接受委托处理个人信息的受托人，应当依照本法和有关法律、行政法规的规定，采取必要措施保障所处理的个人信息的安全，并协助个人信息处理者履行本法规定的义务。

---

① 肖红军、李平：《平台型企业社会责任的生态化治理》，载《管理世界》2019 年第 4 期。

【条文主旨】

本条规定了接受委托处理个人信息的受托方的个人信息保护义务。

【条文理解】

本条对用户数量庞大、业务类型复杂的个人信息处理者将部分个人信息处理业务委托给受托方时，受托方应当承担的法定责任进行规范。在2020年10月13日第十三届全国人大常委会第二十二次会议审议的个人信息保护法草案中没有本条的相关规定，而在2021年4月29日第十三届全国人大常委会第二十八次会议审议的个人信息保护法草案二次审议稿第五十八条新增了这一内容，具体表述为："接受委托处理个人信息的受托方，应当履行本章规定的相关义务，采取必要措施保障所处理的个人信息的安全。"正式通过的《中华人民共和国个人信息保护法》中，受托方的个人信息保护义务条款被调整为第五十九条（即本条），内容也进一步得以完善，具体表述为："接受委托处理个人信息的受托人，应当依照本法和有关法律、行政法规的规定，采取必要措施保障所处理的个人信息的安全，并协助个人信息处理者履行本法规定的义务。"该条明确规定，对于接受委托处理个人信息的受托方，尽管不属于个人信息保护法中的个人信息处理者，但也应当履行保障个人信息安全的法定义务，采取必要措施保障所处理的个人信息安全，同时协助个人信息处理者履行相关义务。对第五十九条的解读必须放置在受托方的个人信息保护义务的规范框架中予以探讨，如此才能对第五十九条的规范空间、立法目的和受托方个人信息保护义务有一个"全景式"的把握。

个人信息处理者，尤其是超大型的互联网平台以及部分金融机构委托他人处理部分个人信息是网络经济发展中的常见业务形态。个人信息保护法草案对于在委托他人进行个人信息处理行为中，受托方按约处理个人信息义务，委托方授权方式，委托方授权范围等问题进行了相应的规范。个人信息保护法第二十一条保留了对委托他人进行个人信息处理行为进行规范的条款，并赋予了受托方三项法定义务。一是受托方应当按照约定处理个人信息，不得超出约定的处理目的、处理方式等处理个人信息；二是委托合同不生效、无效、被撤销或者终止的，受托方应当将个人信息返还个人信息处理者或者予以删除，不得保留；三是未经个人信息处理者同意，受托方不得转委托他人处理个人信息。但上述三项法定义务主要围绕委托方和受托方之间的委托行为展开，未涉及受托方处理个人信息环节中的法定义务，无法有效对受托方处理个人信息过程中的各项行为予以全方位的规范。同时，个人信息保护法第七十三条对于“个人信息处理者”的定义是：“个人信息处理者，是指在个人信息处理活动中自主决定处理目的、处理方式的组织、个人。”受托处理个人信息的受托方由于依据合同约定，存在无法自主决定个人信息处理目的、处理方式的可能，进而主张委托方为实际的个人信息处理者，受托方仅承担合同约定义务，而不承担保障个人信息安全的法定责任。因此，从个人信息监管的角度来看，也有必要加重受托方处理个人信息行为的法定义务，将受托方维护个人信息安全的法定责任予以明确。

在个人信息保护法草案的基础上，个人信息保护法草案二次审议稿在“个人信息处理者的义务”一章最后增加关于受托方的个人信息保护义务的条款，旨在加重受托方的个人信息保护责任，要求受托方应当承担与个人信息处理者相同的个人信息保护义务。个人信息保护法最终考虑到受托方不同于应当承担更重的法定责任的个人信息处理者，从权责一致的角度完善了这一条款，规定受托方要依法采取措施保障个人信息安全，同时协助个人信息处理者履行个人信息保护法尤其是第五章规定的各项义务。

【适用指南】

具体而言，接受委托处理个人信息的受托方，应当重点采取下列措施，保障个人信息安全。

一是采取必要措施确保个人信息处理活动符合法律、行政法规的规定。依法处理个人信息，是受托方保障个人信息安全所应当采取的首要措施。个人信息保护法第五十一条明确列举的五项具体措施可供受托方依据个人信息处理的目的、方式、种类等因素参考适用。此外，法律、行政法规以及国家网信办、工信部出台的个人信息保护国家标准等规范性文件中对于受托方的特别规定，受托方也有义务予以落实。例如，国家标准《信息安全技术 个人信息安全规范》中9.1“委托处理”部分规定，受委托者（即受托方）在处理个人信息过程中无法提供足够的安全保护水平或发生了安全事件的，有义务及时向个人信息控制者（即委托方）反馈。又如，根据国家网信办发布的《儿童个人信息网络保护规定》第十六条第二款第五项的规定，受托方处理儿童个人信息的，不得转委托。总体而言，处理个人信息的受托人应当根据个人信息的类型等因素，切实保障个人信息安全。

二是受托方应当协助个人信息处理者定期对个人信息处理活动遵守法律、行政法规的情况进行合规审计。近年来，部分金融机构在将客户姓名、联系方式、账户信息等持卡人信息交给第三方机构并进行催收的过程中存在违法违规问题。受托方具有以合法合规的方式处理个人信息的法定义务，应当按照个人信息保护国家标准的要求，协助个人信息处理者开展个人信息合规审计，确保委托行为和处理行为都符合法律、行政法规的要求。此外，个人信息处理者在委托第三方处理个人信息时，也要对委托方的个人信息管理和处理能力进行评估。《信息安全技术 个人信息安全规范》也要求委托方对于委托行为进行个人信息安全影响评估，确保受托方达到落实必要的管理和技术措施等数据安全能力要求。

三是受托方对若干重大个人信息处理活动，应当进行事前风险评估。事前风险评估，是个人信息保护法中重要的制度设计。个人信息保护法第五十五条针对个人信息处理者，专门就个人信息安全影响评估的适用场景、评估内容和报告保存期限进行了具体规定。受托方尽管无需完全按照第五十五条的要求进行影响评估，但是有义务协助个人信息处理者进行事前影响评估，例如个人信息处理者在委托处理之前要求受托方提供相关材料时，受托方应当如实提供。此外，受托方需要按照两个重要的国家标准——《信息安全技术 个人信息安全规范》和《信息安全技术 个人信息安全影响评估指南》——开展个人信息安全影响评估，降低个人信息处理活动中的违规风险。上述两个国家标准中对于受托方开展个人信息安全评估工作提出了若干要求，需要受托方重视。例如，《信息安全技术 个人信息安全规范》中对开展个人信息安全影响评估的场景有两项特殊规定：（1）在产品或服务发布前，或业务功能发生重大变化时，应进行个人信息安全影响评估；（2）在法律法规有新的要求时，或在业务模式、信息系统、运行环境发生重大变更时，或者发生重大个人信息安全事件时，应进行个人信息安全影响评估。《信息安全技术 个人信息安全影响评估指南》在类似场景中也提出了“局部合规分析”的要求。这些个人信息安全影响评估的技术规范共同要求受托方动态追踪个人信息保护环境和保护规范的变化，依规开展个人信息安全影响评估，切实保障个人信息处理过程合法合规。

【相关规定】

《中华人民共和国个人信息保护法》第二十一条；《中华人民共和国民法典》第一千零三十八条；《中华人民共和国网络安全法》第二十四条、第四十二条；《儿童个人信息网络保护规定》第十六条。

案例解读

未履行个人信息保护义务的法律责任[①]

【案情简介】

2013年11月5日，林某订购了一张由成都飞往昆明的机票，订票同时将其手机号码告知航空公司，并于当日收到航空公司发送的成功出票信息及航班信息。11月9日，林某的手机收到一条信息，载明了林某的姓名及详细的航班信息，并提示林某所订购的航班因故将停飞，要求其通过拨打另一电话办理退票或改签手续。林某订了另一家航空公司的机票。后证实，林某于2013年11月5日订购的航班并未取消。因此，林某起诉航空公司，要求赔礼道歉和赔偿损失等。

航空公司使用××信公司的航班控制系统服务、计算机分销系统服务、民航商务数据网络服务和订座系统延伸服务；航空公司承诺其在中国境内的所有机票销售全部使用××信公司的系统处理完成。因此航空公司辩称，其使用的是××信公司的服务系统，航空公司无法对录入该系统的旅客信息进行有效的监控，林某遭遇“航班取消”短信诈骗，可能是订票系统的环节出现了问题，被不法分子利用。二审法院认为，航空公司不论使用自身的系统还是第三方的系统销售机票，均应采取技术措施和其他必要措施，确保消费者信息安全。航空公司关于售票使用第三方服务系统而无法对消费者个人信息进行监控的辩解意见，不足以说明其已尽到了保障消费者信息安全的义务。综上，林某的证据虽不能证明其个人信息被泄露的具体环节，但已能证明其个人信息是通过航空公司的售票系统有关环节被泄露，且航空公司未尽到保障消费者个人信息安全的相关义务。因此航空公司应当承担侵权责任。

【案例焦点】

航空公司不论使用自身的系统还是第三方的系统销售机票，均应采取技术措施和其他必要措施，确保消费者信息安全。

---

① 案号：(2015) 成民终字第1634号。

【裁判要旨】

航空公司不仅负有确保消费者信息安全义务，还负有经营者在个人信息被泄露后采取补救措施的义务。本案中，航空公司在林某打电话告知其个人信息被泄露的情况后，没有立即采取有效措施就泄露事件对售票环节进行调查和补救，也没有积极协助林某向公安机关报案并积极向公安机关提供有关泄露渠道的线索，航空公司仅仅是告知林某该事件与航空公司无关，系犯罪分子所为，应当向公安机关报案，显然没有尽到经营者应当尽到的采取补救措施的义务，更有失社会责任意识。

【专家评析】

委托处理是个人信息处理过程中一种常见的处理手段。许多个人信息处理者并不具备相应的处理技术或基础设施，在收集到个人信息后，会委托给专业的服务企业进行处理，例如实践中的数据服务公司，会为大型企业提供数据清洗、数据结构化、数据分析等专业服务，其本质就是拥有用户个人信息的企业将一部分信息处理业务委托外包。虽然受托的个人信息处理者不是最终的控制者，但个人信息亦发生了客观流转，那么对个人信息安全就会相应地存在赋权不清、增加泄露与不当利用环节、监管动力不足和安全保护义务难以落实等现实问题，在控制者不直接参与信息处理的情形下，更容易导致个人信息安全风险。因此必须对受托方履行个人信息保护义务予以规定，防范在委托处理过程中造成个人信息泄露风险。

个人信息处理者应依法履行信息安全保护义务①

【案情简介】

甘肃省××市辖区内多家快递企业的快递单未对用户个人信息采取隐匿化等有效保护措施，直接显示客户姓名、电话号码等个人信息，存在泄露公民个人信息重大隐患。2020 年 6 月 29 日，甘肃省××市人民检察院（以下简称××市院）收到群众举报上述线索并进行初步调查属实，于 2020 年 8 月 11 日立案调查。××市院通过对快递单拍照取证、走访营业网点、询问

① 《甘肃省××市人民检察院督促整治快递单泄露公民个人信息行政公益诉讼案》，载最高人民检察院官网，https：//www. spp. gov. cn/spp/jcgyssljgrxxbh/202104/t20210422_527817. shtml，最后访问时间：2021 年 10 月 7 日。

相关人员等方式，查明辖区各快递企业的快递单均未对收寄人姓名、手机号等采取隐匿化措施，也未进行信息安全提醒。

××市院与××市邮政管理局（以下简称市邮政局）就完善快递单个人信息保护措施进行多次磋商，并组织召开听证会，邀请人大代表、政协委员、人民监督员、律师、公益诉讼志愿者作为听证员。会上播放了快递单泄露公民信息新闻调查短片，讲解了相关法律政策，进行了多媒体示证，听取了市邮政局和快递企业代表意见。听证员一致认为：××市普遍存在快递单泄露公民个人信息风险，市邮政局对快递行业个人信息安全管理不到位，应当加强监管。2020 年 9 月 8 日，××市院向市邮政局发出诉前检察建议，建议其依法全面履行快递市场安全监督管理职责，督促快递企业采取有效手段保护用户信息安全。

收到检察建议后，市邮政局印发《关于切实做好邮政行业用户信息安全保护的通知》并进行专项整改：对快递企业负责人集体约谈，要求快递企业规范管理和定期销毁快递运单，杜绝倒卖用户信息前科人员从事快递行业，对快递单采取隐匿化技术处理等措施；开展公民个人信息安全法制宣传，对快递员进行用户信息安全培训。

2020 年 10 月 14 日，市邮政局就整改情况向××市院进行了书面回复。经抽样调查，快递企业有的在运单上加盖了个人信息保护提示印章，有的在快递网点和快递车悬挂了信息安全提醒标语。顺丰快递单和快递员通信终端用户手机号已全部实现隐匿化技术处理。其他快递企业正在参照推进。各快递企业销毁纸质运单 105 万份，所有快递企业今后不再留存纸质运单。

【案例焦点】

针对快递单等在公民生活中常见的体现个人信息的载体，个人信息处理者应当进行隐匿化技术处理，如果存在隐患，检察机关可以督促行政机关加强快递收发前端和末端的监管，避免个人信息泄露风险。

【专家评析】

快递管理系统和运单存储大量公民个人信息，容易被不法分子获取、利用，危及公民人身、财产安全，侵害社会公共利益。检察机关围绕快递收发前端和末端的个人信息泄露风险，通过随机问卷调查听取社情民意，通过诉前磋商和公开听证与行政机关和快递企业代表进行会商，共同提出切实可行的保护方案。监督行政机关依法全面履行监管职责，督促快递企业多方面完善公民个人信息保护措施，消除安全隐患，以最小的司法投入取得最佳的办案效果。

第六章　履行个人信息保护职责的部门

第六十条　【主管部门】国家网信部门负责统筹协调个人信息保护工作和相关监督管理工作。国务院有关部门依照本法和有关法律、行政法规的规定，在各自职责范围内负责个人信息保护和监督管理工作。

县级以上地方人民政府有关部门的个人信息保护和监督管理职责，按照国家有关规定确定。

前两款规定的部门统称为履行个人信息保护职责的部门。

【条文主旨】

本条是关于国家统筹协调和监督管理个人信息保护工作的主管部门的规定。

【条文理解】

“徒法不足以自行”，法律的实施是法律能够充分发挥作用的重要保障，而明确且合理的主管部门设置则是法律实施的根本基础，对于执法工作能否有效开展具有重要影响。

本条对我国个人信息保护的主管部门进行了规定，明确了履行个人信息保护职责部门的范围，形成了“1+N”的治理体系：由网信部门统筹协调，体现了国务院确定的“指导、协调、督促有关部门加强互联网信息内容管理”职责，与网络安全法第八条和数据安全法第六条所确立的网信部门的协调地位相一致；有关部门依职责范围管理，在赋权的法律规范位阶上与行政许可法第十四条保持一致，使得相关部门在个人信息保护领域的职责范围确定上更具灵活性，能够根据社会和产业的发展相应调整，但其所依据的法律法规限于法律和行政法规层级，即相关部门如需履行个人信息保护及监管职责，则需全国人大及其常委会制定的法律、国务院制定行政法规予以赋权，而无法自己通过部门规章予以创设。其中，从实践经验来看，涉及个人信息保护与监督管理的国务院部门包括但不限于市场监督、消费者保护、工信、教育、医疗、卫生、金融、交通等。根据全国人大常委会发布的关于《中华人民共和国个人信息保护法（草案）》的说明，个人信息保护涉及各个领域和多个部门的职责，本条是根据个人信息保护工作实际而设置，通过本条进一步明确其职能有助于建立集中统一高效的个人信息保护监管体系，亦兼顾了各部门和各行业的差异性。

在我国，网信部门长期统筹负责个人信息保护和相关监督管理工作，并与其他部门形成了较为成熟的合作机制体制，在个人信息保护领域已经积累了实践经验。在个人信息保护法立法方面，2013 年，中央网信办制定《信息网络专项立法规划 2014—2020》，提出了包括网络安全法、电子商务法、个人信息保护法在内的立法规划①；2018 年，全国人大法工委、中央网信办开始起草个人信息保护法草案，并逐步形成数次审议稿。在其他分散规制上，各部门或单独或联合，已出台多项部门规章、规范性文件以及部门工作文件，对各领域内的个人信息保护进行了大范围探索，积累了先行先试的宝贵经验，如《汽车数据安全管理若干规定（试行）》《儿童个人信息网络保护规定》《常见类型移动互联网应用程序必要个人信息范围规定》《互联网用户公众账号信息服务管理规定》《App 违法违规收集使用个人信息行为认定方法》《工业和信息化部、国家互联网信息办公室、公安部关于印发网络产品安全漏洞管理规定的通知》《教育部等八部门关于引导规范教育移动互联网应用有序健康发展的意见》等。此外，网信、公安、工信、市场监管、金融等部门长期以来常态化开展个人信息保护执法活动，打击侵犯公民个人信息权益的违法行为，如中央网信办、工业和信息化部、公安部、市场监管总局联合开展的“App 违法违规收集使用个人信息专项治理”，公安部门的“净网”专项行动、工信部门的 App 技术检测执法活动、国家市场监督管理总局部署开展的打击侵害消费者个人信息违法行为专项执法行动等。

在地方层面，地方政府部门的个人信息保护与监管职责需按照国家层级相关规定来确定，如法律、行政法规、部门规章或规范性文件，地方性法规或规章的位阶显然不足以规定，即国务院政府部门依据法律、行政法

① 于雯雯：《网络治理法治化是依法治国的应有之义》，载《学习时报》2017 年 7 月 10 日。

规履行相应职责，地方政府部门按照包括国务院部门规章在内的国家规定履行相应职责。从实践来看，县级以上地方人民政府有关部门的个人信息保护和监督管理职责主要是根据其对应的国家级有关部门职责来确定，例如各地通管局的职责根据工信部的职责范围来确定。这类做法目前在各地已经成为较为普遍的治理模式，如上海市各委办局根据其所负责的不同条块，负责对注册在上海的个人信息处理者进行日常管理，而上海市网信办负责对其进行协调、统筹和监督。

实际上，我国学界一直以来将这种“1+N”的治理体系形象地称为“九龙治水”，即虽然网信部门处于统筹协调的地位，但并不是领导地位，各主管部门之间地位平等，各自按照自身的原工作职责来分管职权范围内的个人信息保护工作。这就可能会导致监管空白与监管重叠问题，各部门之间执法的责任边界不明确，容易出现推卸责任的后果。尽管近年来关于个人信息保护的法律和规范性文件制定了很多，但是在实际的行政执法当中情况并不是特别理想。针对这一现象，虽然有学者呼吁成立独立的监管机构，但本法并没有采用。究其原因，首先，我国的一般立法通常不增加或者撤销国家机构，政府机构的职能配置问题主要由三定方案来解决；其次，近年来国家不断深化行政管理体制改革，避免行政机构庞大臃肿现象，因而增设独立监管机构难度较大。

在域外层面，欧盟设立了统一的“欧盟数据保护委员会”（EDPB），主要负责保证欧盟整体数据保护规则的统一适用，以及促进各成员国监管机构之间的合作，其主要政策工具包括出台指南（Guidelines）、建议（Recommendations）、意见（Opinions）、有约束力的决定（Binding decisions）。迄今为止，欧盟数据保护委员会已发布六份指南（含征求意见稿），涉及 GDPR 适用地域、第 42 条和第 43 条下的认证及其标准、行为准则及其监督、履行合同所必需的数据处理以及数据跨境的例外情形等；美国主要依靠行业自律，辅以政府监管的模式，以市场为主导、以行业自治为中心，政府只是适当介入，其至今仍没有全面的联邦数据隐私法，执法主要由联邦贸易委员会（FTC）以及联邦通信委员会（FCC）负责，卫生与公众服务部民权办公室负责《健康保险便利和责任法案》的执行，有权展开调查和提出诉讼，联邦银行机构和国家保险机构也被授权执行各种隐私法。

因此，我国当前所采取的监管模式是经过多方权衡后所得出来的最佳方案，也是最符合当下中国国情的方案。

【适用指南】

一、明确主管部门

企业应及时对自身业务进行全面梳理，按照自身所属领域来明确行业主管部门，并根据个人信息保护法以及全国人大及其常委会制定的其他法律、国务院制定的行政法规判断其是否行使个人信息保护与监督管理的职责。

二、主动关注相关法规政策

企业应及时关注主管部门发布的部门规章、规范性文件、工作文件以及合规指南等内容，做到积极主动合规。

【相关规定】

《中华人民共和国网络安全法》第八条；《中华人民共和国数据安全法》第六条；《中华人民共和国行政许可法》第十四条；《汽车数据安全管理若干规定（试行）》；《儿童个人信息网络保护规定》；《常见类型移动互联网应用程序必要个人信息范围规定》；《互联网用户公众账号信息服务管理规定》；《App违法违规收集使用个人信息行为认定方法》；《工业和信息化部、国家互联网信息办公室、公安部关于印发网络产品安全漏洞管理规定的通知》；《教育部等八部门关于引导规范教育移动互联网应用有序健康发展的意见》。

第六十一条　【主管部门职责】 履行个人信息保护职责的部门履行下列个人信息保护职责：

（一）开展个人信息保护宣传教育，指导、监督个人信息处理者开展个人信息保护工作；

（二）接受、处理与个人信息保护有关的投诉、举报；

（三）组织对应用程序等个人信息保护情况进行测评，并公布测评结果；

（四）调查、处理违法个人信息处理活动；

（五）法律、行政法规规定的其他职责。

【条文主旨】

本条是关于主管部门应履行的个人信息保护职责的规定。

【条文理解】

本条采用列举+兜底的方式，对履行个人信息保护职责部门的职责进行了全面规定，包括事前（第一项）、事中（第二项、第三项）以及事后（第四项），为个人合法权益保障和个人信息处理行为规制提供了全方位的保障。

本条第一项首先赋予了主管部门宣传教育的职责，按照中共中央办公厅、国务院办公厅于 2017 年 5 月印发的《关于实行国家机关“谁执法谁普法”普法责任制的意见》，国家机关是国家法律的制定和执行主体，同时肩负着普法的重要职责，党的十八届四中全会明确提出实行国家机关“谁执法谁普法”的普法责任制，国家机关要承担普法职责任务，健全工作制度，加强督促检查，不断推进国家机关普法工作深入开展，努力形成党委统一领导，部门分工负责、各司其职、齐抓共管的工作格局，为全面依法治国作出积极贡献。因此，本项规定主管部门要负责个人信息保护的宣传教育，坚持普法工作与法治实践相结合、坚持系统内普法与社会普法并重、坚持条块结合与密切协作、坚持从实际出发与注重实效，注重培养社会公众个人信息保护意识，促进个人信息保护法的落地实施，推动社会全体公民与组织知法、懂法、守法。

本条第一项同时赋予了主管部门指导、监督个人信息处理者开展个人信息保护工作的职责，从事前出发，规范个人信息处理者的处理行为，使之更加合规，从而避免违法行为的发生和相关主体的合法利益受到损害，节省执法与司法资源，提升产业和发展效率，对于主管部门、个人信息主体以及处理者而言，都能够减少无谓损失。

本条第二项主要是从事中层面履行个人信息保护与监督管理职责，当个人信息处理者未有效履行本法所规定的义务及其处理行为侵犯了个人信息主体合法权益时，相关主体可以向有关部门投诉、举报。

本条相较于本法草案二审稿增加了第三项即“组织对应用程序等个人信息保护情况进行测评，并公布测评结果”，主要与当前网信办、工信部和公安部等部门通过各自所委托的检测单位对 App 进行检测的监管新态势相衔接。实践中，相关履行个人信息保护职责部门在职责范围内积极履行个人信息保护及监管职责，中央网信办、市场监管总局联合推动建立了 App 个人信息安全认证制度，App 运营商可自愿申请对其收集、存储、传输、使用等个人信息活动进行评估，对于符合国家标准的将颁发安全认证证书；工信部于2020年7月上线“全国APP技术检测平台”，大幅提升对单款App自动化测试项比例和App自动获取、批量处理能力，同时要实现部省联动，大幅提升全行业App监管标准化、自动化、智能化水平。在标准制定方面，工信部发布了《电信和互联网服务 用户个人信息保护 定义及分类》《APP用户权益保护测评规范》《APP收集使用个人信息最小必要评估规范》等标准，涉及通讯录、录音、人脸、位置等信息收集使用规范；公安部也高度重视App监管，持续开展“净网”专项行动，加强对相关领域App的安全整治和查处打击，依法清理下架了大批存在恶意程序的App，依法整改查处了一批违法违规的App。

本条第四项赋予了主管部门调查、处理违法个人信息处理活动的职责，这一职责与第二项的接受举报投诉之职责不尽相同，后者属于被动触发，当有相关主体投诉举报时主管部门才能接受和处理，对违反本法的个人信息处理行为进行规制，而前者则可以促使主管部门主动调查、处理违法个人信息处理活动，有效监督相关主体的个人信息处理活动，使其监管职责的履行具备可执行性，从而更加全面和有效地保障相关主体合法权益，促进个人信息保护法实施。

本条第五项是兜底性条款，呼应了第六十条第一款“依照本法和有关法律、行政法规的规定，在各自职责范围内负责个人信息保护和监督管理工作”的规定。

【适用指南】

平台要准备好应对多主管部门监管的行业生态。随着技术的进步和产业的发展，数据尤其是能够识别到特定个人的个人信息对于国家和企业而言将会越发重要，甚至关系到生死存亡，因而国家必将常态化地对个人信息加强保护，规制行业乱象。企业应从管理、技术、业务等多方面保证合规，建立内部自查自纠机制，对于本法禁止和打击的过度收集、模糊通知、隐瞒第三方SDK收集行为、地下交易等违规收集个人信息的行为逐一整改并避免再次发生，形成责任追究机制。

【相关规定】

《关于实行国家机关“谁执法谁普法”普法责任制的意见》；《电信和互联网服务 用户个人信息保护 定义及分类》；《关于开展纵深推进App侵害用户权益专项整治行动的通知》。

第六十二条　【网信部门职责】国家网信部门统筹协调有关部门依据本法推进下列个人信息保护工作：

（一）制定个人信息保护具体规则、标准；

（二）针对小型个人信息处理者、处理敏感个人信息以及人脸识别、人工智能等新技术、新应用，制定专门的个人信息保护规则、标准；

（三）支持研究开发和推广应用安全、方便的电子身份认证技术，推进网络身份认证公共服务建设；

（四）推进个人信息保护社会化服务体系建设，支持有关机构开展个人信息保护评估、认证服务；

（五）完善个人信息保护投诉、举报工作机制。

【条文主旨】

本条规定了作为统筹协调机构的国家网信部门所应承担的具体职责。

【条文理解】

本条在第六十一条的基础上进一步明确规范了网信部门的职责，即网信部门除自身作为履行个人信息保护职责的部门外，还要负责统筹协调其他部门的个人信息保护工作。相较于草案二次审议稿，本条增加了第二项对小型个人信息处理者、处理敏感个人信息以及人脸识别、人工智能等新技术、新应用制定专门的个人信息保护规则、标准的要求，第三项支持研究开发和推广应用安全、方便的电子身份认证技术并推进网络身份认证公共服务建设的要求，第五项完善个人信息保护投诉、举报工作机制的要求，以上增加内容主要涉及国家网信部门牵头对新技术、新应用的制度设定。

个人信息保护工作与互联网、人工智能、大数据等新技术、新业态的发展息息相关，而新技术与新业态的产生与发展往往瞬息万变，具有快速更新迭代的特征，对其所采取的规制措施就十分容易突破现有的行政监管格局，造成监管真空与重叠，从而导致新问题无人监管或者重复监管，因而由网信部门承担起统筹协调的职责将在一定程度上避免这类情况，有利于保障个人信息保护相关标准、制度的统一性和稳定性，提升执法效率，及时根据新技术新业态的产生与发展而作相应调整，缓解立法的滞后性，促进个人信息保护工作和产业的平稳健康发展。

一、在制定个人信息保护具体规则、标准方面

国家网信部门已牵头出台了《常见类型移动互联网应用程序必要个人信息范围规定》《App 违法违规收集使用个人信息行为认定方法》《儿童个人信息网络保护规定》等规则；由国家网信办、工信部、公安部、国家密码局以及国家市场监督管理总局等单位共同担任副主任委员或主任委员的全国信息安全标准化技术委员近年来也制定出台了《信息安全技术 个人信息安全规范》《信息安全技术 个人信息安全影响评估指南》以及《信息安全技术 个人信息去标识化指南》等标准，尤其针对人脸识别、人工智能等新技术制定了《信息安全技术 远程人脸识别系统技术要求》等规则和标准。

二、在网络身份认证方面

本条第三项与网络安全法第二十四条相衔接，重点关注个人信息对网络安全领域所产生的重要作用。网络安全法第二十四条规定："网络运营者为用户办理网络接入、域名注册服务，办理固定电话、移动电话等入网手续，或者为用户提供信息发布、即时通讯等服务，在与用户签订协议或者确认提供服务时，应当要求用户提供真实身份信息。用户不提供真实身份信息的，网络运营者不得为其提供相关服务。国家实施网络可信身份战略，支持研究开发安全、方便的电子身份认证技术，推动不同电子身份认证之间的互认。"该条规定了实名制，提出了"国家实施网络可信身份战略"。

追溯网络实名制制度，其作为一项网络服务提供者必须履行的义务主要开始于 2012 年全国人大常委会发布的《关于加强网络信息保护的决定》，该决定第六项在基础环节提出了实名制要求："六、网络服务提供者为用户办理网站接入服务，办理固定电话、移动电话等入网手续，或者为用户提供信息发布服务，应当在与用户签订协议或者确认提供服务时，要求用户提供真实身份信息。"相较于《关于加强网络信息保护的决定》，网络安全法增加了应用环节的实名制要求。基础环节包括网络接入、域名注册服务，办理固定电话、移动电话等，应用环节包括提供信息发布、即时通信等。此后，国家网信办等相关部门先后制定了一系列规范性文件，包括《互联网用户账号名称管理规定》《即时通信工具公众信息服务发展管理暂行规定》《互联网新闻信息服务管理规定》《区块链信息服务管理规定》《网络音视频信息服务管理规定》《互联网直播服务管理规定》《微博客信息服务管理规定》《互联网用户公众账号信息服务管理规定》《互联网群组信息服务管理规定》《互联网跟帖评论服务管理规定》等，在应用环

节贯彻了实名制要求，明确提出互联网信息服务提供者应当按照“后台实名，前台自愿”的原则，进行真实信息认证，例如《互联网用户账号名称管理规定》第五条第一款规定：“互联网信息服务提供者应当按照‘后台实名、前台自愿’的原则，要求互联网信息服务使用者通过真实身份信息认证后注册账号。”

网络身份认证是指在网络空间中对各类主体的网络身份进行识别，在中央网信办、国家发改委等部委的支持和协调下，公安部于2013年启动了居民身份证的网上应用实施方案，目前已发布实施《居民身份网络认证 整体技术框架》等多项标准，推出由CTID平台（中国电子身份证认证平台）签发给个人的居民身份证网上功能凭证（电子身份证）。通过这一网络身份认证公共服务，用户在上网或使用App时，使用网络身份代替输入身份信息进行认证，企业不必再收集用户身份信息，向该系统直接确认用户身份即可，用户能够在不泄露身份信息的前提下实现在线身份认证，从而保护个人隐私，从根本上缓解过度收集和非法使用用户个人信息的问题。

网络身份认证涉及当前国家治理的各个方面，身份管理、经济发展、国家安全、舆论治理、全球反恐无不与之密切相关。2017年11月，公安部第一研究院牵头成立了中关村安信网络身份认证产业联盟（OIDAA），会员覆盖社会公共安全、电子政务、电子商务、金融、电信、终端设备、芯片等多个领域，包括三大运营商、阿里巴巴、腾讯、联想、蚂蚁金服等企业。其中，微信与支付宝已相继推出网络身份认证服务。

三、在个人信息保护评估、认证服务方面

本条第四项与网络安全法和数据安全法进行了衔接，力求建立全景式的数据保护评估与认证体系。网络安全法第十七条规定：“国家推进网络安全社会化服务体系建设，鼓励有关企业、机构开展网络安全认证、检测和风险评估等安全服务。”数据安全法第十八条规定：“国家促进数据安全检测评估、认证等服务的发展，支持数据安全检测评估、认证等专业机构依法开展服务活动。国家支持有关部门、行业组织、企业、教育和科研机构、有关专业机构等在数据安全风险评估、防范、处置等方面开展协作。”可以看出，能够实施个人信息保护评估和认证服务的机构不限于国家机关，行业组织、企业、教育和科研机构以及有关专业机构在取得相应资质或授权后皆能够开展相关工作。事实上，我国目前的个人信息保护评估和认证服务市场蓬勃发展，取得了良好的成绩，根据国家网络安全等级保护工作协调小组办公室发布的《全国网络安全等级保护测评机构推荐目录》，全国各地多家测评机构已获得推荐证书。

【适用指南】

2019 年 9 月 27 日，工信部发布《关于促进网络安全产业发展的指导意见（征求意见稿）》，提出到 2025 年培育形成一批年营收超过 20 亿元的网络安全企业，形成若干具有国际竞争力的网络安全骨干企业，网络安全产业规模超过 2000 亿元。同时提出，加强 5G、下一代互联网、工业互联网、物联网、车联网等新兴领域网络安全威胁和风险分析，大力推动相关场景下的网络安全技术产品研发；支持云计算、大数据、人工智能、量子计算等技术在网络安全领域的应用，着力提升威胁情报分析、智能监测预警、加密通信等网络安全防御能力；重点围绕工业互联网、车联网、物联网新型应用场景，建设网络安全测试验证、培训演练、设备安全检测等共性基础平台，支持构建基于商用密码、指纹识别、人脸识别等技术的网络身份认证体系。

随着互联网的发展，尤其是商务类应用的快速发展，网络安全问题日益严峻，互联网信息安全急需加强。此外，移动支付的兴起，令移动信息安全问题也随之凸显。个人信息保护工作的有效开展，离不开各方主体的共同参与，需要构建完善合理的综合治理格局。本条所规定的工作职责，虽然是由网信部门统筹协调各主管部门进行，但企业、科研机构、行业组织等机构仍可参与到部分工作中来，例如相关规则和标准的制定、网络身份认证服务的场景化落地实施、个人信息保护评估与认证等，企业在保障自身合规的基础上，可以在符合相关条件和标准后开展业务，助力国家个人信息保护体系的构建和有效实施。

【相关规定】

《关于加强网络信息保护的决定》；《中华人民共和国网络安全法》第十七条、第二十四条；《中华人民共和国数据安全法》第十八条；《常见类型移动互联网应用程序必要个人信息范围规定》；《App 违法违规收集使用个人信息行为认定方法》；《个人信息出境安全评估办法（征求意见稿）；《儿童个人信息网络保护规定》；《互联网用户账号名称管理规定》；《互联网新闻信息服务管理规定》；《区块链信息服务管理规定》；《网络音视频信息服务管理规定》；《互联网直播服务管理规定》；《微博客信息服务管理规定》；《互联网用户公众账号信息服务管理规定》；《互联网群组信息服务管理规定》；《互联网跟帖评论服务管理规定》；《即时通信工具公众信息服务发展管理暂行规定》。

第六十三条 【履责措施】 履行个人信息保护职责的部门履行个人信息保护职责，可以采取下列措施：

（一）询问有关当事人，调查与个人信息处理活动有关的情况；

（二）查阅、复制当事人与个人信息处理活动有关的合同、记录、账簿以及其他有关资料；

（三）实施现场检查，对涉嫌违法的个人信息处理活动进行调查；

（四）检查与个人信息处理活动有关的设备、物品；对有证据证明是用于违法个人信息处理活动的设备、物品，向本部门主要负责人书面报告并经批准，可以查封或者扣押。

履行个人信息保护职责的部门依法履行职责，当事人应当予以协助、配合，不得拒绝、阻挠。

【条文主旨】

本条是关于履行个人信息保护职责的部门在履行个人信息保护职责时能够采取的措施的规定。

【条文理解】

本条第一款主要规定了履行个人信息保护职责的部门可以采取的行政执法措施，第二款则是出于保障主管部门顺利履责的目的而规定了行政相对人的协助配合义务，通过对双方职责义务的规定，为有效保护公民个人信息权提供了强有力的保障。

一、场景化限定

本条将采取以上监督管理措施的场景限定在主管部门履行个人信息保护职责时，在其他场景下则不具备正当性和合法性。按照本法第六十条规定，履行个人信息保护职责的部门为网信部门、国务院有关部门以及县级以上地方人民政府有关部门，以上所述部门都不是本次立法单独设立的专门负责个人信息保护的部门，而是在现有国家机构配置的基础上分管各自职责范围内的个人信息保护工作，因此个人信息保护职责是各主管部门众多职责中的一项，只有在履行个人信息保护职责时，各主管部门才有权按照本条采取相关措施。这一规定厘清和明确了主管部门的职责与相对应的权力，能够有效地防止主管部门不作为和乱作为，体现了行政法中依法行政、越权无效的基本原则，保护个人信息处理者的合法权益。

二、程序性限定

本条第一款第四项规定："检查与个人信息处理活动有关的设备、物品；对有证据证明是用于违法个人信息处理活动的设备、物品，向本部门主要负责人书面报告并经批准，可以查封或者扣押。"根据我国行政强制法第九条，本项所规定的对设备、物品的查封和扣押属于行政强制措施，相较于草案一审稿，草案二审稿中对这一行政强制措施的采取增加了程序性限定——"向本部门主要负责人书面报告并经批准"，最终立法采纳和延续了这一规定。

首先，在行政法法律体系中，行政程序是现代行政活动中不可或缺的组成部分与重要内容，能够以法定的形式设置若干程序规则和制度来控制监督行政权力的运行，规范行政行为的实施过程，为维护相对人的法律地位和人格尊严提供程序性保障，促进行政权合理行使，提高行政效率。行政强制法第十八条规定："行政机关实施行政强制措施应当遵守下列规定：（一）实施前须向行政机关负责人报告并经批准……"对个人信息处理者的有关设备和物品进行查封和扣押这一行政强制措施将对个人信息处理者的权益产生重要影响，应通过一定的程序加以规范。

其次，行政强制法第五条规定："行政强制的设定和实施，应当适当。采用非强制手段可以达到行政管理目的的，不得设定和实施行政强制。"第六条规定："实施行政强制，应当坚持教育与强制相结合。"在当前"放管服"与简政放权以打造良好营商环境的背景与趋势下，与前述场景化限制的目的相同，"向本部门主要负责人书面报告并经批准"体现了国家审慎行使行政强制措施的原则与倾向，在一定程度上是比例原则的体现。

【适用指南】

作为履行个人信息保护职责的行政机关，在行使本条所规定的行政行为时，应做到实体合法与程序正当，按照本法及其他法律法规的规定采取相应措施。

在询问有关当事人、现场检查以及查阅、复制当事人与个人信息处理活动有关的合同、记录、账簿以及其他有关资料时，应充分保障当事人的知情权，如告知自身的身份、执法依据、询问和查阅复制的范围等。在涉及行政处罚时还应制作笔录，如行政处罚法第五十五条规定："执法人员在调查或者进行检查时，应当主动向当事人或者有关人员出示执法证件。当事人或者有关人员有权要求执法人员出示执法证件。执法人员不出示执法证件的，当事人或者有关人员有权拒绝接受调查或者检查。当事人或者有关人员应当如实回答询问，并协助调查或者检查，不得拒绝或者阻挠。询问或者检查应当制作笔录。"同时，行政机关要妥善保管当事人及其他资料相关信息，防止泄露和滥用。

在采取查封扣押措施时，应严格按照行政强制法的相关规定，除实施前须向行政机关负责人报告并经批准外，还应履行以下程序要求：（1）由两名以上行政执法人员实施；（2）出示执法身份证件；（3）通知当事人到场；（4）当场告知当事人采取行政强制措施的理由、依据以及当事人依法享有的权利、救济途径；（5）听取当事人的陈述和申辩；（6）制作现场笔录；（7）现场笔录由当事人和行政执法人员签名或者盖章，当事人拒绝的，在笔录中予以注明；（8）当事人不到场的，邀请见证人到场，由见证人和行政执法人员在现场笔录上签名或者盖章。

作为当事人的个人信息处理者应履行配合义务，不得阻挠主管部门依法采取的相关措施，但当事人有权根据相关法律法规采取措施，防止采取措施的行政机关未充分保障自身合法权益。例如，根据行政强制法第二十二条至第二十八条规定，查封、扣押限于涉案的场所、设施或者财物，不得查封、扣押与违法行为无关的场所、设施或者财物，不得查封、扣押公民个人及其所扶养家属的生活必需品；行政机关决定实施查封、扣押的，应当制作并当场交付查封、扣押决定书和清单查封、扣押的期限不得超过三十日，情况复杂的，经行政机关负责人批准，可以延长，但是延长期限不得超过三十日，法律、行政法规另有规定的除外；对查封、扣押的场所、设施或者财物，行政机关应当妥善保管，不得使用或者损毁；造成损失的，应当承担赔偿责任；行政机关采取查封、扣押措施后，应当及时查清事实，在法律规定的期限内作出处理决定；符合法定情形之一的，行政机关应当及时作出解除查封、扣押决定。

【相关规定】

《中华人民共和国行政强制法》第五条、第六条、第九条、第十八条、第二十二条至第二十八条；《中华人民共和国行政处罚法》第五十五条。

第六十四条　【约谈与审计】履行个人信息保护职责的部门在履行职责中，发现个人信息处理活动存在较大风险或者发生个人信息安全事件的，可以按照规定的权限和程序对该个人信息处理者的法定代表人或者主要负责人进行约谈，或者要求个人信息处理者委托专业机构对其个人信息处理活动进行合规审计。个人信息处理者应当按照要求采取措施，进行整改，消除隐患。

履行个人信息保护职责的部门在履行职责中，发现违法处理个人信息涉嫌犯罪的，应当及时移送公安机关依法处理。

【条文主旨】

本条是关于在个人信息处理活动存在较大风险或者发生个人信息安全事件时主管部门可采取的约谈、要求合规审计措施的规定。

【条文理解】

一、约谈

履行个人信息保护职责的部门在履行职责的过程中，发现个人信息处理活动存在较大风险或者发生个人信息安全事件的，可以按照规定的权限和程序对该个人信息处理者的法定代表人或者主要负责人进行约谈，这种由行政管理主体对行政管理相对人进行的约谈是一种行政指导行为。本条为个人信息保护领域确立了约谈制度。

行政约谈即依法享有行政监督管理权的行政主体在发现其所监管的行政相对人出现问题后，为防止违法行为发生，在事先约定的时间、地点与行政相对人进行沟通协商，然后给予警示告诫的非强制性行政行为。[①] 2015 年，国家网信办颁布《互联网新闻信息服务单位约谈工作规定》，要求网信办在网络新闻信息服务单位发生违法违规时约谈其负责人，指出问题进行警示谈话并责令其改正，在互联网信息监管领域确立了约谈制度。

约谈制度是我国在推动依法行政的过程中探索出来的重大制度创新，其在内容和作用上如同各类行政行为的综合体，在不同场景下有着不同的

---

① 徐永涛等：《我国行政约谈的理论基础及法治化》，载《东岳论丛》2014 年第 12 期，第 168~173 页。

特征：相对于传统的行政处罚，行政约谈具有更大的柔性和灵活性；相对于传统的行政指导，有的行政约谈也有一定意义上的警示、惩戒意味。具体而言，其具有以下功能：一是警示告诫。约谈将向社会传递一种被约谈对象没有积极履行法律义务和责任的信息，影响其社会形象和信赖度，引起媒体及社会公众的持续关注和监督，具有警示告诫的作用。二是具有督促履行义务的功能。通过约谈要求约谈对象说明情况，分析原因，提出整改措施，有助于督促其落实责任。三是有助于落实个人信息保护相关制度。对于存在较大安全风险的个人信息处理者，通过约谈有助于其尽早采取有针对性的措施进行风险监测预警和分析控制。四是具有教育指导作用。通过面对面的沟通交流，约谈者可以了解被约谈对象的实际情况，可以采取更有效的指导措施，帮助被约谈对象履行义务，也有助于被约谈对象准确理解约谈者关切的问题和重点，采取更有针对性和更加符合监管要求的措施。① 正是行政约谈的这种综合性和灵活性，既能使得行政主体合理履行行政职能，避免行政主体的懒政或滥权，又能保护市场经济主体得以正常运营，避免牵一发而动全身，符合进一步要求完善国家行政体制、深化行政执法体制改革、最大限度减少不必要的行政执法事项并提高行政执法能力水平等要求。

本条虽然规定了约谈制度并明确约谈应当按照规定的权限和程序进行，但对具体的权限和程序未作出明确规定，还需要在后续立法或主管部门的规定中予以明确。参考当前相关部门对互联网平台进行约谈的经验，一般分为约谈主体通知，召开约谈、针对问题强调，企业表态，事后监督等程序："约谈主体通知"是指行政机关在行政约谈前拟定约谈主题、约谈提纲等信息，并通知行政相对人；"召开约谈、针对问题强调"是指在约谈时，行政主体首先表明身份并提出约谈问题，即指出被约谈对象存在的问题，提出具体要求，明确整改责任，督促被约谈对象自查自纠并按照要求进行整改；"企业表态"是指在非作为行政处罚行为的约谈时，被约谈对象通常可以发言，对自身存在的问题表示歉意和解释原因，并接受指导进行整改，这种对话方式能够推进双方之间的信息交流，避免以往缺乏交流刚性执法所带来的矛盾问题，并在双方的交流中交换意见；"事后监督"是指被约谈对象应当按照约谈方的要求采取措施，及时消除风险，妥善处置问题，加强和改进工作，防范类似问题再次发生，被约谈对象无正当理由不接受约谈、不接受整改意见或者不落实整改承诺的，约谈部门应

① 杨合庆等：《中华人民共和国网络安全法解读》，中国法制出版社 2017 年版，第 117~118 页。

当采取进一步的监管和追责措施。

二、合规审计

（一）触发条件

本条对于合规审计的规定与本法第五十四条相衔接，后者规定了个人信息处理者应当定期对其处理个人信息遵守法律、行政法规的情况进行合规审计，为主动审计，而本条是在存在较大风险或者发生安全事件时所触发的被动审计，二者互相补充，构建了覆盖事前、事中和事后的合规审计制度。

一审稿中此两种合规审计被统一纳入第五十三条予以规定："个人信息处理者应当定期对其个人信息处理活动、采取的保护措施等是否符合法律、行政法规的规定进行审计。履行个人信息保护职责的部门有权要求个人信息处理者委托专业机构进行审计。"可以看出，一审稿中对于被动审计的规定未明确触发条件和标准，最终立法将被动审计拆分至本条中，且规定了"存在较大风险或者发生个人信息安全事件"的触发标准，为企业提供了较一审稿更为清晰的条件，有利于澄清，设计更为科学。

（二）合规审计主体

第五十四条规定了个人信息处理者的定期审计义务，这一审计可以由个人信息处理者内部部门或人员进行，如审计部门、法务部门、合规部门、监察部门等，也可以委托外部机构进行，如律师事务所、会计师事务所等，而本条所规定的审计被明确规定为委托第三方机构进行审计。何为第三方审计机构目前尚未在立法上予以明确，需要后续立法进一步规定第三方机构需满足的资质与条件。

（三）合规审计内容

合规审计的性质是一种经济合规监督活动，主要指审计机构和审计人员依据国家法律、法规和财经制度，对被审计单位的生产经营管理活动及其有关资料是否合规所进行的一种监督活动。就其组织形式而言，审计一般分为内审和外审，前者是指企业内部设立的审计部门，后者是指第三方的审计机构。[①] 本法第五十四条规定，应对个人信息处理者遵守法律、行政法规的情况进行审计，因而本条所规定的外部第三方审计内容应与之相同，如刑法、网络安全法、民法典、数据安全法、未成年人保护法、出口管制法、电子商务法、消费者权益保护法、关键信息基础设施安全保护条例等。

---

① 王春晖：《〈个人信息保护法（草案）〉（二审稿）八大亮点解析》，载中国工信产业网，http：//www.cnii.com.cn/rmydb/202106/t20210604_283543.html，最后访问时间：2021年9月10日。

对组织个人信息处理活动的合规要求具有综合性的内容。通常个人信息处理的合规要求是由作为或不作为的履行要求构成的，但有时合规要求也可能包括对履行结果符合性的要求。例如，网络安全法第十条、第四十二条、第五十条、第五十五条规定的“采取技术措施和其他必要措施”的合规义务，包含了“确保其收集的个人信息安全，防止信息泄露、毁损、丢失”的结果或状态的符合性要求。又如，加密传输、匿名化、去标识化等技术处理，包含了对加密、匿名化、去标识化结果的符合性要求。因此，个人信息保护合规往往意味着组织通过履行合规职责使其个人信息处理的过程和结果均符合要求。有时个人信息处理的合规要求也可能包含采取管理措施的要求，例如，将合规的意识与制度融入组织及其工作人员的文化、行为和态度，从而确保组织具备持续地满足合规要求和目标的管理体系。具体到合规审计实践中所考量的各项指标，根据中国科学技术法学会、中国法学交流基金会于2021年4月28日发布的团体标准《个人信息处理法律合规性评估指引》（T/CLAST 001—2021），主要包括合法性基础、手段合法、目的明确、目的限制、公开透明、告知、选择、权益保障、质量、安全保护、权责一致、可问责性等维度，覆盖个人信息在收集、存储、使用、共享、转让与公开披露等各个信息处理环节中的相关行为。

【适用指南】

企业内部应切实履行本法所规定的义务，主动承担责任，积极建立完善的内部合规审计机制，搭建合规审计部门，着重培养内部员工个人信息保护意识，将个人信息保护合规工作内化到业务的每一个环节中。通过引入外部专家或合作机构，形成定期合规审计的评估机制并向外界发布合规审计报告，除涉及敏感信息、商业秘密等不能公开的信息外，应及时公布自身个人信息保护工作情况。

企业要防范个人信息风险与安全事件的发生，在出现相关状况时，应立即启动应急预案，主动向主管部门报告，并积极采取措施减少危害后果的发生和扩大。对于主管部门的约谈，应积极主动地做好自查自纠，按照要求予以改正。

【相关规定】

《互联网新闻信息服务单位约谈工作规定》；《中华人民共和国个人信息保护法》第十条、第四十二条、第五十条、第五十五条。

第六十五条　【投诉举报制度】任何组织、个人有权对违法个人信息处理活动向履行个人信息保护职责的部门进行投诉、举报。收到投诉、举报的部门应当依法及时处理，并将处理结果告知投诉、举报人。

履行个人信息保护职责的部门应当公布接受投诉、举报的联系方式。

【条文主旨】

本条是关于违法个人信息处理活动投诉举报的规定。

【条文理解】

当前的个人信息保护工作主要还是存在于互联网场景下，从实践情况来看，除政府、社会组织等主体外，个人信息处理者主要是互联网平台企业，管道化的角色定位使得平台企业聚合了千万级甚至亿级的用户，各个环节的个人信息处理行为更是数量巨大并持续显著增长。多主体、多场景、多环节、多数据量等特征使得单独依靠主管部门主动执法来发现违法个人信息处理活动的愿景难以实现，必须依靠多主体共同监督和参与，才能及时且全面地发现违法个人信息处理活动，并使其得到有效整改和惩处。基于此种目的，本法第十一条规定了多主体共同监督参与的个人信息保护制度，即国家建立健全个人信息保护制度，预防和惩治侵害个人信息权益的行为，加强个人信息保护宣传教育，推动形成政府、企业、相关社会组织、公众共同参与个人信息保护的良好环境。此种机制和环境的形成，也有利于培养社会公众个人信息保护意识，督促个人信息处理者合规开展个人信息处理活动。

本条与第六十一条、第六十二条相衔接，共同构建了个人信息保护领域的投诉举报制度：第一，在投诉举报主体上，本条扩大了主体范围，任何组织和个人都有权进行投诉举报，而不仅仅是违法个人信息处理活动中的当事人或受害人；第二，收到投诉举报的主管部门应当及时依法处理，并将处理结果反馈给投诉举报人，这就要求主管部门建立完善的投诉举报处理制度，明确内部受理、处理投诉、举报的部门、人员及其职责、范围及方式、程序及操作规程等事项；第三，履行个人信息保护职责的部门应当公布接受投诉、举报的联系方式，为各主体投诉举报提供方便快捷的渠道。

【适用指南】

虽然本条规定的是主管部门应当建立投诉举报制度，但个人信息处理者，尤其是平台企业类型的个人信息处理者，同样应当在自身生态内建立投诉举报制度，以及时处理纠纷、改正错误。随着平台企业的不断发展，其已经成为拥有一定“私权力”的社会主体，在其自身生态内拥有类似于公权力的角色和功能，这也就为平台自治提供了基础。从最高人民法院及地方法院近年来审理的互联网案件中可以发现，部分网络平台企业已努力通过技术治理、市场约束机制等手段对平台自身进行治理，人民法院在审理涉互联网平台治理相关案件时，也在不断地对平台协议予以肯定和承认，以充分发挥网络空间的自治管理能力，解决法律的滞后性问题，发挥网络空间规范作为软法对社会管理和法律规制的必要补充作用。平台的自治能够弥补政府监管的不足，节省执法资源，单独依靠政府的监管或者仅仅强调平台的责任，都不能有效保护个人信息主体的合法权益。

面对新的商业模式和线上交易的复杂性，政府传统的监管方式、监管资源、监管能力都面临严峻挑战，平台的配合、支持已经变得不可或缺。依照民法典第一千一百九十五条第一款和第二款的规定，网络用户利用网络服务实施侵权行为的，权利人有权通知网络服务提供者采取删除、屏蔽、断开链接等必要措施。通知应当包括构成侵权的初步证据及权利人的真实身份信息。网络服务提供者接到通知后，应当及时将该通知转送相关网络用户，并根据构成侵权的初步证据和服务类型采取必要措施；未及时采取必要措施的，对损害的扩大部分与该网络用户承担连带责任。因此，当平台或平台内经营者侵害用户个人信息权益时，用户有权通知平台采取措施，如果平台未及时采取措施，应依法承担相应的责任，这也要求平台建立自身的投诉举报渠道，配备相应的人力物力与技术，及时解决用户个人信息保护需求，保障用户权益，从而规范自身业务和经营，避免造成更大的不利后果，这样既有利于微生态自身的健康发展，也可以补足监管的短板、补强监管的能力。

【相关规定】

《中华人民共和国民法典》第一千一百九十五条；《中华人民共和国个人信息保护法》第十一条、第六十一条、第六十二条。

案例解读

个人信息保护领域的约谈制度[①]

【案情简介】

2018 年 1 月 3 日，××宝推出了 2017 年度××宝账单，在生成该账单之前，××宝在整个界面的细小处将“我同意《××服务协议》”做成了默认勾选，而通过该服务协议××宝不仅能够“直接向第三方提供相关信息”，也可以“不支持撤销对第三方的信息查询授权”。此事引发了社会的广泛讨论和批评，1 月 4 日凌晨，××宝旗下的××金服发布声明，反思此次行为，同时对于“默认勾选”，也做出了及时调整。1 月 10 日，国家网信办网络安全协调局就此事约谈××宝、××信用有关负责人，要求加强专项整顿。

2018 年 1 月 11 日，工业和信息化部信息通信管理局针对相关手机应用软件存在侵犯用户个人隐私的问题，对三家企业进行了约谈，要求三家企业本着充分保障用户知情权和选择权的原则立即进行整改。这三家企业表示，将按照监管部门要求，对相关服务进行全面排查，加强内部管理，完善产品设计，举一反三，认真整改。今后将继续严格遵守相关法律法规和工信部有关规定，进一步规范用户个人信息收集使用行为。

【案例焦点】

在网信办的约谈中，网络安全协调局负责人指出，××宝、××信用收集使用个人信息的方式，不符合当时已发布的《信息安全技术 个人信息安全规范》，违背了其签署的《个人信息保护倡议》的承诺，应严格按照网络安全法的要求，加强对××宝平台的全面排查，进行专项整顿，切实采取有效措施，防止类似事件再次发生。××宝和××信用表示，将认真落实监管部

---

① 《国家互联网信息办公室网络安全协调局约谈“××宝年度账单事件”当事企业负责人》，载国家网信办官网，http：//www. cac. gov. cn/2018-01/10/c_1122234687. htm；《涉嫌侵犯用户隐私 工信部约谈×度、××宝、××头条》，载新华网，http：//www. xinhuanet. com/fortune/2018-01/12/c_1122250046. htm，最后访问时间：2021 年 9 月 17 日。

门要求，从源头查找问题，深刻汲取教训，全面整改。①

在工信部的约谈中，工信部信息通信管理局指出，对照网络安全法、《全国人民代表大会常务委员会关于加强网络信息保护的决定》、《电信和互联网用户个人信息保护规定》有关规定，三家企业均存在用户个人信息收集使用规则、使用目的告知不充分的情况，要求三家企业本着充分保障用户知情权和选择权的原则立即进行整改。工信部信息通信管理局已组织技术部门对相关手机应用软件是否存在侵犯用户个人隐私行为进行持续监测，并将加强对互联网服务信息收集使用规则告知、账号注销等环节的监督检查。一经发现违法违规行为，将严肃查处并向社会曝光。②

【专家评析】

本法第六十四条规定了个人信息保护领域的约谈制度，要求履行个人信息保护职责的部门在履行职责中发现个人信息处理活动存在较大风险或者发生个人信息安全事件的，可以按照规定的权限和程序对该个人信息处理者的法定代表人或者主要负责人进行约谈，这种约谈应当是主动且及时的，以快速控制不当的个人信息处理活动，防止风险扩散。

从以上案例可以看出，本条所规定的约谈制度是对此前执法实践探索经验的深刻总结，是执法政策在立法上的反映。除网信办和工信部外，国家市场监督管理总局、中国人民银行、文旅部等主管部门也曾多次就个人信息保护问题约谈互联网平台企业，取得了良好的效果。值得注意的是，各部门约谈的事由不尽相同，主要与各自职责相关，如工信部主要就违规收集、使用个人信息与强制、频繁、过度索取权限问题进行约谈，国家网信办则主要关注最小必要原则、知情同意以及删除权与更正权等问题。此外，各部门之间也曾多次联合执法，统筹协调共同规范产业活动，以更好地保障用户权益，保护个人信息，如中央网信办、工信部、公安部、市场监管总局于 2019 年 1 月 23 日联合发布《关于开展 App 违法违规收集使用个人信息专项治理的公告》，决定自 2019 年 1 月至 12 月间从倡导 App 运营者严格依法履行个人信息保护义务、组织 App 隐私政策和个人信息收集使用情况评估、加大对违法违规行为的监管处罚力度、打击整治网络侵犯公民个人信息违法犯罪、建立实施 App 个人信息安全认证制度等方面开展

① 《国家互联网信息办公室网络安全协调局约谈“××宝年度账单事件”当事企业负责人》，载新华网，http：//www. xinhuanet. com/fortune/2018-01/10/c_1122236433. htm，最后访问时间：2021 年 9 月 17 日。

② 《涉嫌侵犯用户隐私 工信部约谈×度、××宝、××头条》，载新华网，http：//www. xinhuanet. com/fortune/2018-01/12/c_1122250046. htm，最后访问日期：2021 年 9 月 17 日。

App违法违规收集使用个人信息专项治理，并委托全国信息安全标准化技术委员会、中国消费者协会、中国互联网协会、中国网络空间安全协会成立App违法违规收集使用个人信息专项治理工作组，围绕着专项治理的行动要求，从推动App违法违规收集使用个人信息评估工作、引导App运营者严格依法履行个人信息保护义务两个方面展开工作。

随着个人信息保护意识的不断增强与相关法律法规的逐渐完善，个人信息保护领域的执法活动也定将实现常态化，并且在范围上覆盖各类个人信息处理活动，违法处理个人信息的活动将受到严厉打击。因此，涉及个人信息处理活动的企业应摒弃侥幸心理，主动积极合规，建立完善合理的内部合规机制，梳理自身业务，自查自纠，做好个人信息保护工作。一旦被主管部门约谈，应立即严格整改，防止进一步侵犯个人信息主体的合法权益。

第七章　法律责任

第六十六条　【违法处理个人信息的行政责任】违反本法规定处理个人信息，或者处理个人信息未履行本法规定的个人信息保护义务的，由履行个人信息保护职责的部门责令改正，给予警告，没收违法所得，对违法处理个人信息的应用程序，责令暂停或者终止提供服务；拒不改正的，并处一百万元以下罚款；对直接负责的主管人员和其他直接责任人员处一万元以上十万元以下罚款。

有前款规定的违法行为，情节严重的，由省级以上履行个人信息保护职责的部门责令改正，没收违法所得，并处五千万元以下或者上一年度营业额百分之五以下罚款，并可以责令暂停相关业务或者停业整顿、通报有关主管部门吊销相关业务许可或者吊销营业执照；对直接负责的主管人员和其他直接责任人员处十万元以上一百万元以下罚款，并可以决定禁止其在一定期限内担任相关企业的董事、监事、高级管理人员和个人信息保护负责人。

【条文主旨】

本条是关于违法处理个人信息，或者处理个人信息未履行法定义务承担行政责任的规定。

【条文理解】

一、明确实施处罚的机关为履行个人信息保护职责的部门

个人信息保护涉及各个领域和多个部门的职责。根据本法第六十条前

两款的规定，国家网信部门负责统筹协调个人信息保护工作和相关监督管理工作。此外，还包括国务院有关部门、县级以上地方人民政府有关部门，各部门在各自职责范围内履行监管责任。

二、明确处罚的情形

本条明确了处罚的具体情形，即违反本法规定处理个人信息，或者处理个人信息未履行本法规定的个人信息保护义务。“违反本法规定处理个人信息”既包括违反本法有关处理个人信息应当遵循的原则、方式、范围、处理规则等要求，也包括违反相关禁止性规定，如违反本法第十条非法收集、使用、加工、传输他人个人信息，非法买卖、提供或者公开他人个人信息；违法从事危害国家安全、公共利益的个人信息处理活动等。“未履行本法规定的个人信息保护义务”主要是指本法第五章有关个人信息处理者的义务规定，这里既有个人信息处理者内部加强管理的义务，如制定内部管理制度和操作规程、对个人信息实行分类管理、定期合规审计、进行个人信息保护影响评估、指定个人信息保护负责人等，也有对外应当履行的义务，如本法第五十七条规定发生或者可能发生个人信息泄露、篡改、丢失情况的，个人信息处理者负有立即采取补救措施并通知相关部门和个人的义务。

三、新增对应用程序违法处理个人信息责令暂停或者终止提供服务的规定

对应用程序违法处理个人信息责令暂停或者终止提供服务，是个人信息保护法草案三次审议稿新增加的内容。《全国人民代表大会宪法和法律委员会关于〈中华人民共和国个人信息保护法（草案）〉审议结果的报告》中提到，一些常委会组成人员和地方、部门、社会公众建议，进一步完善个人信息处理规则，特别是对应用程序（App）过度收集个人信息、“大数据杀熟”以及非法买卖、泄露个人信息等作出有针对性的规范。因此增加规定，在履行个人信息保护职责的部门应当组织对应用程序等个人信息保护情况进行测评、公布测评结果，对违法处理个人信息的应用程序，责令暂停或者终止提供服务。

应用程序违法处理个人信息遭诟病已久，主要表现为擅自收集或非法窃取、超范围过度收集、“一揽子”授权或“诱导、强迫提供”、第三方数据使用失范、数据泄露或非法提供、非法出售等，其危害性不言而喻。此外，小程序超范围收集个人信息的问题也较为严重。小程序除获取个人姓名、身份证号等敏感信息外，还需进行人脸识别。针对应用程序（App）违法违规收集使用个人信息的问题，中央网信办、工信部、公安部、市场

监管总局四部门于 2019 年 1 月开展为期一年的“App 违法违规收集使用个人信息专项治理行动”。2019 年 11 月 28 日，上述四部门联合发布《App 违法违规收集使用个人信息行为认定方法》，为相关执法提供指引。值得注意的是，2021 年 5 月 1 日起施行的《常见类型移动互联网应用程序必要个人信息范围规定》还将“小程序”纳入监管，明确“App 包括移动智能终端预置、下载安装的应用软件，基于应用软件开放平台接口开发的、用户无需安装即可使用的小程序”。本法将对违法处理个人信息的应用程序，责令暂停或者终止提供服务，增加为履行个人信息保护职责部门对违法主体可采取的处罚手段，从法律层面为执法者提供依据，也体现了本法“强监管”的要求。

四、实施“双罚制”，根据违法情节区分直接负责的主管人员和其他直接责任人员责任

本条两款均规定了主管人员和其他直接责任人的行政责任。对符合本条第一款规定的情形，处一万元以上十万元以下罚款。符合本条第二款“情节严重”情形的，由省级以上履行个人信息保护职责的部门处十万元以上一百万元以下罚款，并可以决定禁止其在一定期限内担任相关企业的董事、监事、高级管理人员和个人信息保护负责人。

对相关人员采取限制从业处罚措施是个人信息保护法草案三次审议稿新增加的内容。网络安全法亦有类似规定，如网络安全法第六十三条第三款规定：“违反本法第二十七条规定，受到治安管理处罚的人员，五年内不得从事网络安全管理和网络运营关键岗位的工作；受到刑事处罚的人员，终身不得从事网络安全管理和网络运营关键岗位的工作。”

五、对经营主体的罚款由省级行政机关实施

对违法企业处以高额罚款，能够对企业起到震慑作用，体现了本法保护个人信息的力度。根据本条第二款的规定，违法处理个人信息情节严重的，由省级以上履行个人信息保护职责的部门处以五千万元以下或者上一年度营业额百分之五以下罚款。值得注意的是，对经营主体的罚款只能由省级行政机关实施。

关于罚款的数额，反垄断法规定为“上一年度销售额百分之一以上百分之十以下”，此条规定为“上一年度营业额百分之五以下”。“销售额”与“营业额”存在一定区别。《中华人民共和国增值税暂行条例》第六条规定：“销售额为纳税人发生应税销售行为收取的全部价款和价外费用，但是不包括收取的销项税额。销售额以人民币计算。纳税人以人民币以外的货币结算销售额的，应当折合成人民币计算。”《中华人民共和国增值税

暂行条例实施细则》第七条规定："纳税人兼营非增值税应税项目的，应分别核算货物或者应税劳务的销售额和非增值税应税项目的营业额；未分别核算的，由主管税务机关核定货物或者应税劳务的销售额。"此条表述为"营业额"，将非增值税应税项目纳入罚款计算基数，更为周延。

【适用指南】

本条是关于行政责任的规定，还应注意与行政处罚法的衔接问题。行政处罚法第十七条规定："行政处罚由具有行政处罚权的行政机关在法定职权范围内实施。"行政处罚会限制公民、法人的权利或者设定新的义务，必须经法律、法规、规章特别授予。尽管履行个人信息保护职责的行政机关均承担一定的行政职能，但并不都有行政处罚权。对于违法处理个人信息，或者处理个人信息未履行法定义务的主体实施行政处罚，应由履行个人信息保护职责且具有行政处罚权的行政机关实施。与此同时，行政处罚必须在法定职权范围内实施，不能超越职权实施行政处罚。比如市场监督管理部门不能实施应当由税务部门实施的处罚；县级以上行政机关未依法取得授权不得实施应由省级以上行政机关实施的处罚。

"直接负责的主管人员"一般是指对违法行为起主要决策作用的主管人员。"其他直接责任人员"一般是指在直接负责的主管人员的授意、指挥、组织下，积极参与实施违法行为的单位内部人员。

关于"责令改正"是否属于行政诉讼受案范围的问题。行政处罚法第九条规定："行政处罚的种类：（一）警告、通报批评；（二）罚款、没收违法所得、没收非法财物；（三）暂扣许可证件、降低资质等级、吊销许可证件；（四）限制开展生产经营活动、责令停产停业、责令关闭、限制从业；（五）行政拘留；（六）法律、行政法规规定的其他行政处罚。"第二十八条第一款规定："行政机关实施行政处罚时，应当责令当事人改正或者限期改正违法行为。"实践中，行政机关在实施行政处罚、行政强制等过程中，往往会责令行政相对人改正违法行为。由于责令改正并不是法律明确的行政处罚种类，司法实践中，对"责令改正"是否属于行政诉讼受案范围的问题存在争议。一种意见认为，行政责令改正通知书属于行政程序中的过程性行政行为，不对行政相对人的权利义务产生实际的影响，不具有可诉性。另一种意见认为，责令停止或者改正违法行为一经作出便对行政相对人设定了义务，无论该行政行为是否合法，若行政相对人不执行该责令行为，就会受到行政处罚或者其他形式的不利后果。责令停止或者改正违法行为是行政执法过程中的一种独立的行政行为，如果行政相对人实施的合法行为被行政主体错误地责令停止，就会导致行政相对人的合法权益受到侵害。因此，为保障被责令单位或者个人的合法权益，应当赋予被责令单位或者个人法律救济的途径。对比两种意见不难发现，司法实践中，行政机关作出的责令改正对当事人的实体权利义务是否产生直接影响，是责令改正是否可诉的判断标准。如果在提起诉讼时责令改正行为和行政处罚行为俱已存在，责令改正的行为要素和法律效果已被行政处罚行为吸收，对行政处罚提起诉讼即相当于对责令改正行为提起诉讼；若行政处罚被撤销，则责令改正行为自然失去了法律效力。如果责令改正行为作出后，不再作出其他行政行为，则责令改正行为就属于独立的行政行为，影响了相对人的权利和义务，应被纳入行政诉讼的受案范围。

【相关规定】

《中华人民共和国行政处罚法》第十七条；《中华人民共和国网络安全法》第六十三条；《中华人民共和国增值税暂行条例》第六条；《中华人民共和国增值税暂行条例实施细则》第七条。

第六十七条　【个人信息保护信用档案】有本法规定的违法行为的，依照有关法律、行政法规的规定记入信用档案，并予以公示。

【条文主旨】

本条是关于违反个人信息保护义务记入信用档案的规定。

【条文理解】

党的十八届四中全会提出要加强社会诚信建设，健全公民和组织守法信用记录，完善守法诚信褒奖机制和违法失信行为惩戒机制，使尊法守法成为全体人民共同追求和自觉行动。建立个人信息保护信用档案，是增强个人信息处理者责任，加快形成优胜劣汰、竞争有序的现代市场体系的客观需要。建立个人信息保护信用档案制度，有利于打击个人信息处理者的失信行为，防范和化解侵害自然人个人信息权益行为，强化相关主体责任意识，引导企业诚信守法，促进个人信息合理利用，保护群众权益，推进政府更好地履行相关职能。

我国已有部分法律规定了相应的“信用罚”条款。比如，网络安全法

第七十一条规定："有本法规定的违法行为的，依照有关法律、行政法规的规定记入信用档案，并予以公示。"电子商务法第八十六条规定："电子商务经营者有本法规定的违法行为的，依照有关法律、行政法规的规定记入信用档案，并予以公示。"食品安全法第一百一十三条规定："县级以上人民政府食品安全监督管理部门应当建立食品生产经营者食品安全信用档案，记录许可颁发、日常监督检查结果、违法行为查处等情况，依法向社会公布并实时更新；对有不良信用记录的食品生产经营者增加监督检查频次，对违法行为情节严重的食品生产经营者，可以通报投资主管部门、证券监督管理机构和有关的金融机构。"此外，反不正当竞争法、商标法等均有此规定。

【适用指南】

一、关于建立信用档案的主体

从目前"信用罚"制度的设计安排来看，主要是由相应行政主管部门负责。比如食品安全信用档案由县级以上人民政府食品安全监督管理部门建立；对商标代理机构的违法行为，由工商行政管理部门记入信用档案；对违法广告行为，由市场监督管理部门记入信用档案。个人信息保护信用档案亦应由履行个人信息保护职责的部门负责，此外，上级行政机关还应负责指导、监督下级行政机关的信用档案管理工作。

二、关于信用档案的内容

本法第三十二条规定，法律、行政法规对处理敏感个人信息规定应当取得相关行政许可或者作出其他限制的，从其规定。首先，个人信息处理者处理敏感个人信息的许可情况，应当是信用档案的基本内容。其次，信用档案还应包括日常监督检查结果、违法行为查处、举报投诉情况等有关信息。

三、关于信用档案的管理

充分发挥个人信息保护信用档案的功能，是加快推进社会诚信建设的重要一环。本法规定对信用档案予以公示，旨在发挥信用档案对于个人信息处理者威慑和激励的双重作用，有利于保障安全信用制度有序运转。具体而言，对有不良信用记录的主体要加强监管，增加监督检查的频次；对长期信用良好的，给予宣传、支持和表彰。行政机关应当依法保障信用档案的安全，不得将信用档案信息用于信用管理以外的目的。要注意统筹协调，与其他监管部门实现信用资源共享，为公众营造良好的信用环境。此外，还应当允许"失信"个人信息处理者作出相应整改后申请移除相关公示，或对其信用情况予以更新。

【相关规定】

《中华人民共和国网络安全法》第七十一条；《中华人民共和国电子商务法》第八十六条；《中华人民共和国食品安全法》第一百一十三条。

第六十八条　【国家机关及其责任人员的责任】国家机关不履行本法规定的个人信息保护义务的，由其上级机关或者履行个人信息保护职责的部门责令改正；对直接负责的主管人员和其他直接责任人员依法给予处分。

履行个人信息保护职责的部门的工作人员玩忽职守、滥用职权、徇私舞弊，尚不构成犯罪的，依法给予处分。

【条文主旨】

本条是关于国家机关及其工作人员不履行个人信息保护义务和职责的相关责任的规定。

【条文理解】

一、国家机关不履行个人信息保护义务的责任

本条第一款是国家机关不履行个人信息保护义务的责任规定。国家机关不履行本法规定的个人信息保护义务，一是由其上级机关或履行个人信息保护职责的部门责令改正；二是对直接负责的主管人员和其他直接责任人员依法给予处分。

国家机关是指行使国家公权力、管理国家事务的机关，参考《中国共产党党和国家机关基层组织工作条例》的规定，应包含县级以上各级党的机关、人大机关、行政机关、政协机关、监察机关、审判机关、检察机关以及群团机关。个人信息处理活动涉及多领域、多部门，所处理的个人信息范围既有本单位人员信息，也有非本单位人员信息；各部门处理个人信息的方式、目的亦不相同。本法第三十三条规定“国家机关处理个人信息的活动，适用本法”，因此有必要对国家机关未依法处理个人信息的法律后果作出规定。

本条是对国家机关违法处理个人信息法律后果的专门规定，此处“违法”既包括违反本法第二章第三节国家机关处理个人信息的特别规定（如

违反本法第三十四条的规定，未按法律、行政法规规定的权限、程序处理个人信息或超出履行法定职责所必需的范围和限度处理个人信息；违反本法第三十五条的规定，处理个人信息未按照本法规定履行告知义务），也包括违反本法其他有关个人信息保护义务的规定（如未履行本法第八条有关保证个人信息质量的义务；未履行本法第九条有关采取必要措施保障所处理的个人信息安全的义务）。

国家机关不履行本法规定的个人信息保护义务的，由其上级机关或者履行个人信息保护职责的部门责令改正。这里的上下级机关既包括领导与被领导关系，也包括监督与被监督关系。比如，县级以上的地方各级人民领导所属各工作部门和下级人民政府的工作，有权改变或者撤销所属各工作部门和下级人民政府的不适当的决定。也就是说，县级以上的地方各级人民政府可以责令下级人民政府改正其不履行个人信息保护义务的行为；也可以责令其领导的各工作部门改正不履行个人信息保护义务的行为。实践中，要求下级机关责令改正一般由职责范围相同的上一级机关作出，如市级市场监督管理局责令区级市场监督管理局进行改正。根据本款规定，责令改正也可以由履行个人信息保护职责的部门对有关国家机关作出，当中“履行个人信息保护职责的部门”亦应是上级履行个人信息保护职责的部门，但与被责令的国家机关之间在组织关系上不一定存在领导与被领导、监督与被监督关系。

对直接负责的主管人员和其他直接责任人员依法处分，是“双罚制”在国家机关不履行个人信息保护义务承担责任方面的体现。网络安全法、数据安全法等法律亦有此规定。网络安全法第七十二条规定：“国家机关政务网络的运营者不履行本法规定的网络安全保护义务的，由其上级机关或者有关机关责令改正；对直接负责的主管人员和其他直接责任人员依法给予处分。”第七十三条第一款规定：“网信部门和有关部门违反本法第三十条规定，将在履行网络安全保护职责中获取的信息用于其他用途的，对直接负责的主管人员和其他直接责任人员依法给予处分。”数据安全法第四十九条规定：“国家机关不履行本法规定的数据安全保护义务的，对直接负责的主管人员和其他直接责任人员依法给予处分。”

二、履行个人信息保护职责部门的工作人员因玩忽职守、滥用职权、徇私舞弊依法处分的规定

本条第二款是对履行个人信息保护职责部门的工作人员违法履职的责任规定。根据本法第六十条的规定，履行个人信息保护职责的部门主要是行政机关。行政机关是执行国家行政职能的机关，而各项行政措施的执行均由相应工作人员负责完成。强调相关工作人员必须依法行政、恪忠职

守，关乎国家治理体系和治理能力现代化的推进，关乎社会主义法治国家建设。因此，明确相关工作人员违法履职行为的法律责任尤为必要，这也是其他带有行政监管内容的法律中较为普遍的规定。例如，电子商务法第八十七条规定："依法负有电子商务监督管理职责的部门的工作人员，玩忽职守、滥用职权、徇私舞弊，或者泄露、出售或者非法向他人提供在履行职责中所知悉的个人信息、隐私和商业秘密的，依法追究法律责任。"数据安全法第五十条规定："履行数据安全监管职责的国家工作人员玩忽职守、滥用职权、徇私舞弊的，依法给予处分。"

【适用指南】

一、关于责令改正

关于"上级机关或者履行个人信息保护职责的部门责令改正"的作出方式、程序要求等，本法未予明确。实践中，履行个人信息保护职责的部门与被责令机关在组织上不具有领导或监督关系时，责令改正应当按照何种程序、方式作出，需待相关规定作进一步明确。

二、关于行政处分

行政处分是国家机关对其内部违法失职的公务员实施的一种惩戒措施。根据《行政机关公务员处分条例》的规定，我国行政处分的种类有警告、记过、记大过、降级、撤职、开除六种。行政机关公务员受开除处分的，自处分决定生效之日起，解除其与单位的人事关系，不得再担任公务员职务。需注意的是，行政处分适用法律、法规授权的具有公共事务管理职能的事业单位中经批准参照公务员管理的工作人员。

三、关于玩忽职守、滥用职权、徇私舞弊

玩忽职守，指严重不负责任，不履行或者不认真履行其职责，一般表现为工作马虎草率，极端不负责任；或是放弃职守，对自己应当负责的工作不管不顾。滥用职权，指超越职权，违法决定、处理其无权决定、处理的事项，或者违反规定处理公务。徇私舞弊，强调为个人谋取私利或者为亲友私情实施违法行为。

《中华人民共和国刑法》第三百九十七条规定："国家机关工作人员滥用职权或者玩忽职守，致使公共财产、国家和人民利益遭受重大损失的，处三年以下有期徒刑或者拘役；情节特别严重的，处三年以上七年以下有期徒刑。本法另有规定的，依照规定。国家机关工作人员徇私舞弊，犯前款罪的，处五年以下有期徒刑或者拘役；情节特别严重的，处五年以上十年以下有期徒刑。本法另有规定的，依照规定。"

【相关规定】

《中国共产党党和国家机关基层组织工作条例》第四十一条；《中华人民共和国网络安全法》第七十二条、第七十三条；《中华人民共和国数据安全法》第四十九条、第五十条；《中华人民共和国电子商务法》第八十七条；《中华人民共和国刑法》第三百九十七条。

第六十九条　【侵害个人信息权益的侵权责任】 处理个人信息侵害个人信息权益造成损害，个人信息处理者不能证明自己没有过错的，应当承担损害赔偿等侵权责任。

前款规定的损害赔偿责任按照个人因此受到的损失或者个人信息处理者因此获得的利益确定；个人因此受到的损失和个人信息处理者因此获得的利益难以确定的，根据实际情况确定赔偿数额。

【条文主旨】

本条是关于侵害个人信息权益承担损害赔偿责任的规定。

【条文理解】

一、明确侵害个人信息权益属于特殊侵权，适用过错推定责任原则

关于侵害个人信息权益责任的归责原则经历了两次修改，个人信息保护法草案第六十五条规定："因个人信息处理活动侵害个人信息权益的，按照个人因此受到的损失或者个人信息处理者因此获得的利益承担赔偿责任；个人因此受到的损失和个人信息处理者因此获得的利益难以确定的，由人民法院根据实际情况确定赔偿数额。个人信息处理者能够证明自己没有过错的，可以减轻或者免除责任。"从该条前半部分表述来看，似乎初步确定了侵害个人信息权益适用无过错责任原则，因为行为人承担赔偿责任并不论行为人是否有过错；但后半部分将"个人信息处理者能够证明自己没有过错"规定为减轻或免除责任的事由，又与无过错责任原则需严格限制免责事由的要求相矛盾，且要求行为人证明自己没有过错，一般适用

于过错推定责任。对此，一些常委委员和地方、部门、专家、企业建议，根据过错推定责任原则确定侵害个人信息权益的损害赔偿责任。因此，个人信息保护法草案二次审议稿第六十八条第一款规定：“个人信息权益因个人信息处理活动受到侵害，个人信息处理者不能证明自己没有过错的，应当承担损害赔偿等侵权责任。”个人信息保护法第六十九条在此基础上作了一些文字修改，最终确定了侵害个人信息权益适用过错推定责任原则。

二、侵害个人信息权益造成财产损失的赔偿数额的确定

个人信息具有人身属性，对个人信息的收集、使用、加工、提供、公开等关系个人人格尊严，故个人信息权益属于人格权范畴。民法典第九百九十条第一款列举了具体人格权：“人格权是民事主体享有的生命权、身体权、健康权、姓名权、名称权、肖像权、名誉权、荣誉权、隐私权等权利。”该条第二款规定了其他人格权益：“除前款规定的人格权外，自然人享有基于人身自由、人格尊严产生的其他人格权益。”个人信息权益当属该条第二款规定的其他人格权益范畴。本法第四章规定了个人在个人信息处理活动中的权利，主要有：个人对个人信息的处理享有知情权、决定权；个人有权向个人信息处理者查阅、复制其个人信息；有权请求将个人信息转移至其指定的个人信息处理者（可携带权）；有权请求个人信息处理者更正、补充不准确或不完整的信息；有权请求删除；有权要求对规则进行解释说明等。相较其他具体人格权而言，名誉是公众对民事主体的社会评价，此等评价本身不具有财产利益；而个人信息可以通过大数据分析，为企业带来商业利益，具有可交易性，由此产生财产利益。个人有权请求查阅、复制其个人信息，但名誉无从查阅、复制。又如姓名权，侵害姓名权主要表现为干涉、盗用、假冒他人姓名，受害人得以请求行为人停止前述行为；但侵害个人信息权益的形态复杂多样，除停止违法行为外，还包括积极行为，如对不准确、不完整的个人信息进行更正、补充等。由此可见，较上述具体人格权而言，个人信息权益有其独特的丰富内涵。

因个人信息具有人身属性，本法确立损害赔偿责任按照个人因此受到的损失或者个人信息处理者因此获得的利益确定；个人因此受到的损失和个人信息处理者因此获得的利益难以确定的，根据实际情况确定赔偿数额。这与民法典第一千一百八十二条关于侵害人身权益造成财产损失的赔偿数额确定相一致。民法典第一千一百八十二条规定：“侵害他人人身权益造成财产损失的，按照被侵权人因此受到的损失或者侵权人因此获得的利益赔偿；被侵权人因此受到的损失以及侵权人因此获得的利益难以确定，被侵权人和侵权人就赔偿数额协商不一致，向人民法院提起诉讼的，

由人民法院根据实际情况确定赔偿数额。”需注意的是，个人因此受到的损失与个人信息处理者的获益是并列关系，不再强调以个人受到的损失为赔偿标准。一方面，在个人信息保护纠纷中，个人要证明其个人信息权益受到侵害这一事实便具有很大难度，因为相关证据大部分掌握在个人信息处理者手中。另一方面，个人因其个人信息权益受到侵害产生的损失，除因维权支出的调查取证费、律师费等费用较易查明外，其他损失亦难以举证和查明。因此，将个人因此受到的损失与个人信息处理者的获益两个赔偿标准作为并列关系，是符合司法实践的。但因通常情况下，个人信息处理者并非就某一个自然人的信息进行单独处理，故在个案处理中，个人信息处理者因就违法处理受害人个人的信息获益情况也难以查明和确定。据此，司法实践可能更多地需要根据“实际情况”确定赔偿数额。当然，人民法院根据案件实际情况确定赔偿数额的适用亦应符合有关司法解释的规定，而不能随意确定。比如《最高人民法院关于确定民事侵权精神损害赔偿责任若干问题的解释》第五条规定：“精神损害的赔偿数额根据以下因素确定：（一）侵权人的过错程度，但是法律另有规定的除外；（二）侵权行为的目的、方式、场合等具体情节；（三）侵权行为所造成的后果；（四）侵权人的获利情况；（五）侵权人承担责任的经济能力；（六）受理诉讼法院所在地的平均生活水平。”《最高人民法院关于审理利用信息网络侵害人身权益民事纠纷案件适用法律若干问题的规定》第十二条规定：“被侵权人为制止侵权行为所支付的合理开支，可以认定为民法典第一千一百八十二条规定的财产损失。合理开支包括被侵权人或者委托代理人对侵权行为进行调查、取证的合理费用。人民法院根据当事人的请求和具体案情，可以将符合国家有关部门规定的律师费用计算在赔偿范围内。被侵权人因人身权益受侵害造成的财产损失以及侵权人因此获得的利益难以确定的，人民法院可以根据具体案情在50万元以下的范围内确定赔偿数额。”

【适用指南】

本法的立法目的是保护个人信息权益，规范个人信息处理活动，促进个人信息合理利用。本法规定了个人在个人信息处理活动中的知情、查阅、复制、携带等诸多权益，但并未明确如何行使，当本法规定的个人信息权益受到侵害时，个人可能不知道采取何种方式进行救济。本条明确规定了损害赔偿请求权的路径，但损害赔偿仅适用于产生损失和个人信息处理者具有过错的情形，因此损害赔偿责任还不足以涵盖对个人信息权益的保护。审判实践中，还应注意个人信息权益保护的人格权请求权、违约赔偿请求权等救济路径。

一、人格权请求权

民法典第九百九十五条规定："人格权受到侵害的，受害人有权依照本法和其他法律的规定请求行为人承担民事责任。受害人的停止侵害、排除妨碍、消除危险、消除影响、恢复名誉、赔礼道歉请求权，不适用诉讼时效的规定。"个人信息权益属于人格权范畴，自然人可以根据前述规定行使人格权请求权。需要注意的是，行使人格权请求权无需考虑行为人是否具有过错，只要存在对人格权的侵害这一事实，不论是已经发生还是即将发生，均可行使人格权请求权。以停止侵害为例，只要行为人实施或即将实施侵害个人信息权益的行为，不论个人信息处理者是否有过错，权利人都可以要求个人信息处理者停止侵害。比如，某网站未经同意发布个人征婚信息，不论网站经营者是否有过错，个人均可要求停止发布征婚信息。停止侵害责任方式的适用也不以诉讼为前提。也就是说，受害人可直接要求加害人停止侵害，如果加害人仍未停止侵害，受害人可以通过诉讼的方式要求法院判决加害人停止侵害。再如，个人信息更正、补充权的行使，并不以个人信息处理者主观有过错或者提起诉讼为前提，只要发现其个人信息有误，就可以要求个人信息处理者予以更正，且该请求不适用诉讼时效的规定。

关于人格权侵害禁令制度是否适用于个人信息保护的问题。民法典第九百九十七条规定："民事主体有证据证明行为人正在实施或者即将实施侵害其人格权的违法行为，不及时制止将使其合法权益受到难以弥补的损害的，有权依法向人民法院申请采取责令行为人停止有关行为的措施。"尽管个人信息权益还未被法律确定为一项权利，但个人信息一旦遭到非法使用、泄露，极有可能导致权利人的名誉、隐私遭受侵害，甚至产生巨大财产损失，如个人信息被用于网络黑产、贷款诈骗等。从侵害人格权禁令制度的目的来看，将个人信息权益纳入适用范围，更有利于强化对人格权的保护。比如，《最高人民法院关于审理使用人脸识别技术处理个人信息相关民事案件适用法律若干问题的规定》第九条就明确规定："自然人有证据证明信息处理者使用人脸识别技术正在实施或者即将实施侵害其隐私权或者其他人格权益的行为，不及时制止将使其合法权益受到难以弥补的损害，向人民法院申请采取责令信息处理者停止有关行为的措施的，人民法院可以根据案件具体情况依法作出人格权侵害禁令。"值得注意的是，权利人行使人格权请求权时，其对象包括但不限于个人信息处理者。

二、损害赔偿请求权

（一）关于损害

"损害作为一种事实状态，是指因一定的行为或事件使某人受侵权法保护的权利和利益遭受某种不利益的影响。”① 比如，某外卖 App 未经用户授权读取了用户的信息并上传至 App 服务器，那么不论 App 是否使用这些信息，均构成对用户个人信息知情、决定权的侵害，损害体现为“未经用户同意获取信息”这一事实。又如，某出行 App 虽然依据履行服务合同的需要处理了用户的行程信息，但 App 如果对外公开这些行程信息，必然造成个人隐私的泄露，此种情形也属于损害的范畴。

（二）关于侵权损害赔偿责任

侵权损害赔偿责任的范围包括财产损失、人身伤害和精神损害。人身伤害主要体现为对自然人生命、身体、健康的侵害，人身损害赔偿主要包括医疗费、护理费、交通费、营养费、住院伙食补助费等为治疗和康复支出的合理费用，以及因误工减少的收入，残疾赔偿金、丧葬费、死亡赔偿金等。

就侵害个人信息权益而言，其损害赔偿主要是财产损失和精神损害。财产损失是最常见的损害类型，该损失既包括直接损失，又包括间接损失。直接损失是已得利益之丧失，间接损失是虽受害时尚不存在，但受害人在通常情况下如果不受侵害，必然会得到的利益的丧失②，是可得利益的减少。个人信息权益遭受侵害导致财产损失，如利用非法取得的个人信息实施电信诈骗等侵害受害人的财产权益，还包括因维权产生的调查取证、律师费等合理支出；间接损失如求职、晋升受到影响，从而使其经济利益受到损失。司法实践中，对影响求职、晋升等带来的损失支持的判例较少。而且，间接损失一般也限定在财产损害范围，如房屋遭受毁损导致的租金收益减少。有一些侵害具体人格权的情形下需赔偿间接损失，如侵害明星肖像权、姓名权，从而导致其基于肖像、姓名的商业化收益减少。

还需注意的是，就财产损害而言，损害与违法行为必须存在法律上的因果关系。司法实践中，受害人往往只能证明其受到损害的事实，比如钱财被犯罪分子诈骗，但很难举证证明被诈骗是因为其个人信息被泄露，或者个人信息泄露是其被诈骗的原因。也就是说，违法处理个人信息的行为与受害人钱财被诈骗之间到底有无因果关系，是审判实践中的难点问题，而且争议较大。比如，个人信息被泄露后遭受电信诈骗，因个人的学识、经历有所不同，有的人可能会被骗，而有的人不会被骗，此种情形下，如何看待损害后果与违法行为之间是否具有因果关系？对此，关键在于准确适用《最高人民法院关于适用〈中华人民共和国民事诉讼法〉的解释》第

① 王利明、杨立新编著：《侵权行为法》，法律出版社 1996 年版，第 55 页。

② 张新宝：《中国侵权行为法》，中国社会科学出版社 1995 年版，第 36 页。

一百零八条有关民事诉讼证明标准的规定。该条规定：“对负有举证证明责任的当事人提供的证据，人民法院经审查并结合相关事实，确信待证事实的存在具有高度可能性的，应当认定该事实存在。对一方当事人为反驳负有举证证明责任的当事人所主张事实而提供的证据，人民法院经审查并结合相关事实，认为待证事实真伪不明的，应当认定该事实不存在。法律对于待证事实所应达到的证明标准另有规定的，从其规定。”该条规定了高度盖然性规则。也就是说，受害人只要举证证明违法处理个人信息具有高度盖然性，就可以认定损害事实的存在。有观点认为，应当在个人信息侵权案件中，降低证明标准，以便对受害人提供充分的救济，缓和证明标准，由“高度可能性”降低为“较大可能性”[①]，即证明违法行为有较大可能性即可。也有观点认为，受害人只要证明侵权行为与侵害结果存在引起和被引起的条件关系，即应认定存在因果关系。[②] 司法实践中，除正确适用民事诉讼证明标准的规定外，还有必要强调日常生活经验法则的运用，即通过一般公众的认知去判断损害后果和违法行为之间是否存在因果关系。

精神损害赔偿体现为精神损害抚慰金，是指侵权行为致使他人严重精神损害的，得以金钱赔偿的方式进行弥补。一般情况下，侵害个人信息权益会造成受害人一定程度的精神困扰，对此可以判令行为人对受害人进行赔礼道歉，以消除影响；如果造成严重精神损害，才会判令行为人赔偿精神损害抚慰金。是否产生严重精神损害，一般由受害人举证证明，并结合侵权行为的具体方式加以判断。根据本条第二款的规定，财产损失和精神损害均可以根据个人因此受到的损失或者个人信息处理者因此获得的利益确定。不论是赔偿损失还是精神损害赔偿，均适用诉讼时效的规定。

（三）关于过错推定

本条第一款即确定了侵害个人信息权益的损害赔偿责任适用过错推定原则。民法典第一千一百六十五条第二款规定：“依照法律规定推定行为人有过错，其不能证明自己没有过错的，应当承担侵权责任。”过错推定原则，是指在法律有特别规定的场合，从损害事实的本身推定加害人有过错，并据此确定造成他人损害的行为人赔偿责任的归责原则。个人信息当中的私密信息属于隐私权范畴，根据民法典第一千零三十四条第三款的规定，个人信息中的私密信息，适用有关隐私权的规定；没有规定的，适用

---

① 杨立新：《侵害公民个人电子信息的侵权行为及其责任》，载《法律科学（西北政法大学学报）》2013 年第 3 期。

② 丁宇翔：《个人信息民事司法保护的若干难点及破解路径》，载《中国审判》2019 年第 19 期。

有关个人信息保护的规定。实践中，违法处理个人信息可能同时侵害隐私权或名誉权，此时需要注意，侵害隐私权、名誉权，属于一般侵权，其损害赔偿适用过错责任原则；而侵害个人信息权益是特殊侵权，其损害赔偿适用过错推定责任原则，二者在举证责任分配上有所不同。在违法处理个人信息导致隐私权、名誉权受损害的情况下，因为损害后果具有同一性，带来的问题是：受害人如果主张名誉、隐私侵权，则适用过错责任，受害人要证明加害人主观上具有过错（包括过失）；而如果主张侵害个人信息权益，则适用过错推定责任，由个人信息处理者证明其不存在过错。对此，可能需要考虑在违法处理个人信息导致侵害隐私权、名誉权等具体人格权的场景下，就侵权损害赔偿责任方面，统一适用过错推定责任原则。还应当注意的是，过错推定责任仅是对过错的推定，并不包括对因果关系的推定，因果关系的举证责任还是在受害人一方。

（四）关于侵害个人信息权益的免责事由

个人信息责任的免责事由须有法律明确规定。例如，民法典第九百九十九条规定："为公共利益实施新闻报道、舆论监督等行为的，可以合理使用民事主体的姓名、名称、肖像、个人信息等；使用不合理侵害民事主体人格权的，应当依法承担民事责任。"根据此条规定，为公共利益实施新闻报道、舆论监督等行为合理使用民事主体个人信息的，即使未取得个人的同意，也无需承担民事责任。又如，民法典第一千零三十六条规定："处理个人信息，有下列情形之一的，行为人不承担民事责任：（一）在该自然人或者其监护人同意的范围内合理实施的行为；（二）合理处理该自然人自行公开的或者其他已经合法公开的信息，但是该自然人明确拒绝或者处理该信息侵害其重大利益的除外；（三）为维护公共利益或者该自然人合法权益，合理实施的其他行为。"《最高人民法院关于审理使用人脸识别技术处理个人信息相关民事案件适用法律若干问题的规定》第五条规定："有下列情形之一，信息处理者主张其不承担民事责任的，人民法院依法予以支持：（一）为应对突发公共卫生事件，或者紧急情况下为保护自然人的生命健康和财产安全所必需而处理人脸信息的；（二）为维护公共安全，依据国家有关规定在公共场所使用人脸识别技术的；（三）为公共利益实施新闻报道、舆论监督等行为在合理的范围内处理人脸信息的；（四）在自然人或者其监护人同意的范围内合理处理人脸信息的；（五）符合法律、行政法规规定的其他情形。"第六条第三款同时规定信息处理者就其行为符合上述情形承担举证责任。

三、违约赔偿请求权

实践中，大部分处理个人信息的场景是发生在履行合同的过程中，故个人信息权益遭受侵害时，权利人当然可以依据合同约定主张违约责任。《最高人民法院关于审理使用人脸识别技术处理个人信息相关民事案件适用法律若干问题的规定》第十二条规定："信息处理者违反约定处理自然人的人脸信息，该自然人请求其承担违约责任的，人民法院依法予以支持。该自然人请求信息处理者承担违约责任时，请求删除人脸信息的，人民法院依法予以支持；信息处理者以双方未对人脸信息的删除作出约定为由抗辩的，人民法院不予支持。"由此可见，诸如知情权、自决权、删除权等个人信息权益的行使，可以选择违约赔偿请求权的路径进行救济。如合同中约定了违法处理个人信息的违约金或违约责任条款，只要是双方真实意思表示，未违反法律、行政法规的效力性强制性规定，各方均应严格遵守。

在具体的民事审判实践中，个人信息权益受到侵害时可能会出现多种请求权竞合的状态，权利人应当根据权利受到侵害的状况以及最有利于保护个人信息的目的主张相应的请求权。当然，个人信息权益内涵丰富，侵权形态复杂多样，现有的司法样本较少，司法审判中仍有许多问题亟待解决。

【相关规定】

《中华人民共和国民法典》第九百九十条、第九百九十七条、第九百九十九条、第一千一百六十五条第二款、第一千一百八十二条、第一千零三十四条第二款、第一千零三十六条；《最高人民法院关于适用〈中华人民共和国民事诉讼法〉的解释》第一百零八条；《最高人民法院关于确定民事侵权精神损害赔偿责任若干问题的解释》第五条；《最高人民法院关于审理利用信息网络侵害人身权益民事纠纷案件适用法律若干问题的规定》第十二条。

第七十条　【个人信息保护公益诉讼】个人信息处理者违反本法规定处理个人信息，侵害众多个人的权益的，人民检察院、法律规定的消费者组织和由国家网信部门确定的组织可以依法向人民法院提起诉讼。

【条文主旨】

本条是关于个人信息保护公益诉讼的规定。

【条文理解】

对违反本法处理个人信息侵害众多个人的权益的行为，人民检察院及有关组织可以依法向人民法院提起诉讼，即个人信息保护公益诉讼制度，这是本法的亮点之一。个人信息保护法草案二次审议稿第六十九条表述为："个人信息处理者违反本法规定处理个人信息，侵害众多个人的权益的，人民检察院、履行个人信息保护职责的部门和国家网信部门确定的组织可以依法向人民法院提起诉讼。"对此，中国消费者协会建议，与消费者权益保护法有关规定相衔接，在本法中明确法律规定的消费者组织可以对违法处理个人信息侵害众多个人权益的行为提起诉讼。宪法和法律委员会经研究，建议采纳上述意见，在草案三次审议稿第七十条中增加相应规定。

对本条的理解应注意以下几个问题：第一，个人信息处理者违反本法规定处理个人信息，"本法"指个人信息保护法。第二，本条规范的对象是"个人信息处理者"，应包括所有个人信息处理者，司法实践中主要体现为能够处理一定规模个人信息的大型企业。第三，提起公益诉讼的前提是违法行为侵害众多个人的权益，此处"权益"不限于本法规定的个人信息权益，应作广义理解，因为违法处理个人信息可能最终导致侵害个人的其他人身、财产权益。第四，只有法律规定的主体方可提起个人信息保护公益诉讼，即公益诉讼的原告只能是人民检察院、法律规定的消费者组织和由国家网信部门确定的组织。

【适用指南】

民事诉讼法、行政诉讼法、环境保护法、消费者权益保护法等法律以及相关司法解释均规定有公益诉讼制度。个人信息权益内涵丰富，侵害个人信息权益的形态复杂多样，在个人权益遭受个人信息处理者不法侵害时，迫切需要通过公益诉讼的制度去规范相关违法行为，以强制个人信息处理者依法履行其个人信息保护义务。因此，新增个人信息保护公益诉讼制度有其现实意义。

一、提起个人信息保护公益诉讼的条件

设定公益诉讼保护个人信息权益，主要是考虑到实践中在发生侵害众多个人权益的行为时，单一主体往往很难主张权利；且从节约维权成本的角度看，单一主体都向法院起诉，在起诉的时间、起诉的法院、收集证据的成本方面，都会耗费巨大的精力和司法资源。与私益诉讼相比，公益诉

讼的本质特征是原告在诉讼中无自身的利益，而是为众多不特定个人的利益提起的诉讼。因此，只有那些侵害众多个人权益的行为，才可以提起公益诉讼。

司法实践中，“众多”是认定是否符合起诉条件的难点问题，一般认为，“众多”应指不特定公众；“众多个人的权益”应达到损害社会公共利益的要求。此外，公益诉讼以保护社会公共利益为目的，对于公共利益的侵害，应当既包括实际损害，也包括可能产生的损害，即基于预防原则，在侵害行为可能造成大规模侵权行为时，应当允许提起诉讼阻止正在进行的可能导致侵害消费者人身财产权益损害社会公共利益的行为。也就是说，只要违法处理个人信息的行为危及众多不特定个人人身、财产安全，即可以提起公益诉讼，并不以损害实际发生为前提。

二、提起个人信息保护公益诉讼的主体

（一）人民检察院

人民检察院是国家的法律监督机关，依法行使检察权，维护社会公共利益。最高人民检察院发布《关于积极稳妥拓展公益诉讼案件范围的指导意见》，明确将个人信息保护作为网络侵害领域的办案重点，并对贯彻执行省级人大常委会专项决定提出要求。① 2021 年 4 月 22 日，最高人民检察院发布检察机关个人信息保护公益诉讼典型案例，其中，行政公益诉讼案件涉及教育、市场监管、公安、网信、农业农村等行政机关个人信息监管、政府信息公开问题，涉及快递、医疗机构、校外培训机构等泄露个人信息问题；民事公益诉讼案件包括互联网企业违法违规收集个人信息和非法获取个人信息并进行消费欺诈等问题；刑事附带民事公益诉讼案件涉及通过技术软件、物业服务等不同手段非法获取并交易个人信息问题。除了依法打击行为人侵犯公民个人信息的犯罪行为，检察机关还将网络运营者作为共同被告要求承担公益损害责任。需注意的是，2021 年 5 月 1 日起施行的《常见类型移动互联网应用程序必要个人信息范围规定》是重要的参考依据。浙江省杭州市余杭区人民检察院发现某网络科技有限公司开发的音乐视频教学类 App 存在违法违规收集、储存、使用个人信息等情形，依法向法院提起民事公益诉讼。经调解，该公司自愿对 App 进行全面整改，删除违法违规收集、储存的全部用户个人信息，公开赔礼道歉，并承诺不

---

① 《回应群众关切、净化网络环境、为公民个人信息保护提供更加优质的公益诉讼检察产品——最高检第八检察厅负责人就检察机关个人信息保护公益诉讼典型案例答记者问》，载法信网，https：//www.faxin.cn/lib/lfsf/sfContent.aspx？gid＝H7559&userinput，最后访问时间：2021 年 11 月 7 日。

再侵害用户个人信息。对该 App 后续整改情况，检察机关引入第三方代表评估，通过合规检测后才允许其重新上架。

2021 年 7 月 1 日起施行的《人民检察院公益诉讼办案规则》第四条规定了人民检察院通过提出检察建议、提起诉讼和支持起诉等方式履行公益诉讼检察职责。该规则对人民检察院提起行政公益诉讼与民事公益诉讼的程序进行了详细规定。

（二）法律规定的消费者组织

根据《最高人民法院关于审理消费民事公益诉讼案件适用法律若干问题的解释》第一条规定，提起消费民事公益诉讼的主体一般为中国消费者协会以及在省、自治区、直辖市设立的消费者协会。

（三）由国家网信部门确定的组织

本法并未明确"国家网信部门确定的组织"的具体范围和认定标准，有待进一步明确。《中华人民共和国环境保护法》第五十八条规定："对污染环境、破坏生态，损害社会公共利益的行为，符合下列条件的社会组织可以向人民法院提起诉讼：（一）依法在设区的市级以上人民政府民政部门登记；（二）专门从事环境保护公益活动连续五年以上且无违法记录。符合前款规定的社会组织向人民法院提起诉讼，人民法院应当依法受理。提起诉讼的社会组织不得通过诉讼牟取经济利益。"

三、个人信息保护公益诉讼法律责任

《人民法院审理人民检察院提起公益诉讼案件试点工作实施办法》第三条规定："人民检察院提起民事公益诉讼，可以提出要求被告停止侵害、排除妨碍、消除危险、恢复原状、赔偿损失、赔礼道歉等诉讼请求。"《人民检察院公益诉讼办案规则》第九十八条规定："人民检察院可以向人民法院提出要求被告停止侵害、排除妨碍、消除危险、恢复原状、赔偿损失等诉讼请求。针对不同领域案件，还可以提出以下诉讼请求：（一）破坏生态环境和资源保护领域案件，可以提出要求被告以补植复绿、增殖放流、土地复垦等方式修复生态环境的诉讼请求，或者支付生态环境修复费用，赔偿生态环境受到损害至修复完成期间服务功能丧失造成的损失、生态环境功能永久性损害造成的损失等诉讼请求，被告违反法律规定故意污染环境、破坏生态造成严重后果的，可以提出惩罚性赔偿等诉讼请求；（二）食品药品安全领域案件，可以提出要求被告召回并依法处置相关食品药品以及承担相关费用和惩罚性赔偿等诉讼请求；（三）英雄烈士等的姓名、肖像、名誉、荣誉保护案件，可以提出要求被告消除影响、恢复名誉、赔礼道歉等诉讼请求。人民检察院为诉讼支出的鉴定评估、专家咨询等费用，可以在起诉时一并提出由被告承担的诉讼请求。"需注意的是，目前仅规定环境保护公益诉讼和食品药品安全领域案件可提出惩罚性赔偿的诉讼请求。个人信息保护公益诉讼是否可提出惩罚性赔偿，还有待进一步明确。

【相关规定】

《中华人民共和国环境保护法》第五十八条；《中华人民共和国民事诉讼法》第五十五条；《最高人民法院关于审理消费民事公益诉讼案件适用法律若干问题的解释》第一条；《人民检察院公益诉讼办案规则》第四条、第九十八条；《人民法院审理人民检察院提起公益诉讼案件试点工作实施办法》第三条。

第七十一条　【治安管理处罚及刑事责任】违反本法规定，构成违反治安管理行为的，依法给予治安管理处罚；构成犯罪的，依法追究刑事责任。

【条文主旨】

本条是关于治安管理处罚和追究刑事责任的规定。

【条文理解】

本条主要是与其他法律的衔接性规定。“违反本法规定”中的“本法”即个人信息保护法。构成违反治安管理行为，是指违法处理个人信息行为的同时扰乱公共秩序，妨害公共安全，侵犯人身权利、财产权利，妨害社会管理，具有社会危害性。尚不构成刑事犯罪的，依法给予治安管理处罚。构成犯罪的，依法追究刑事责任。本条是本法法律责任一章中的最后一条，刑事责任是所有法律中调整社会关系、处理社会矛盾纠纷的最后一道防线，对个人信息权益的保护极为重要。

【适用指南】

实践中，违法处理个人信息的行为可能同时违反治安管理处罚法的规定。比如，行为人非法获取信息后通过信息网络发布出售公民个人信息广告并进行出售；移动应用程序未经授权读取、存储用户相册信息后泄露。依法给予治安管理处罚中的“依法”是指依照《中华人民共和国治安管理处罚法》规定的处罚种类、处罚程序进行处罚。根据《中华人民共和国治安管理处罚法》的规定，治安管理处罚的主体为公安机关，治安管理处罚的种类分为：警告、罚款、行政拘留、吊销公安机关发放的许可证；对违反治安管理的外国人，可以附加适用限期出境或者驱逐出境。《中华人民共和国治安管理处罚法》第三条规定："治安管理处罚的程序，适用本法的规定；本法没有规定的，适用《中华人民共和国行政处罚法》的有关规定。"

2009 年 2 月 28 日，刑法修正案（七）施行，将非法出售个人信息的行为纳入规制。2015 年 11 月 1 日，刑法修正案（九）施行，扩大个人信息相关罪名适用范围，提高量刑。2017 年 5 月 8 日，最高人民法院、最高人民检察院联合发布《关于办理侵犯公民个人信息刑事案件适用法律若干问题的解释》，进一步明确量刑标准。刑法第二百五十三条之一规定："违反国家有关规定，向他人出售或者提供公民个人信息，情节严重的，处三年以下有期徒刑或者拘役，并处或者单处罚金；情节特别严重的，处三年以上七年以下有期徒刑，并处罚金。违反国家有关规定，将在履行职责或者提供服务过程中获得的公民个人信息，出售或者提供给他人的，依照前款的规定从重处罚。窃取或者以其他方法非法获取公民个人信息的，依照第一款的规定处罚。单位犯前三款罪的，对单位判处罚金，并对其直接负责的主管人员和其他直接责任人员，依照各该款的规定处罚。"本条主要是对非法获取、提供、出售公民个人信息构成犯罪的规定。实践中常见的违法犯罪行为有：非法出售户籍信息、手机定位、住宿记录等个人信息；非法查询征信信息牟利；非法购买学生信息出售牟利；非法买卖网络订单信息；利用黑客手段窃取公民个人信息出售；非法提供大量住宿记录供他人查询牟利等。

除本条规定外，刑法第二百五十二条还规定了隐匿、毁弃或者非法开拆他人信件，侵犯公民通信自由权利犯罪；第一百七十七条之一规定了窃取、收买或者非法提供他人信用卡信息资料的犯罪；第二百八十四条规定了非法使用窃听、窃照专用器材的犯罪等。如果行为人为非法获取公民个人信息而采用了侵犯公民通信自由权利、通信秘密，非法使用窃听、窃照专用器材的手段或者是在实施上述犯罪的过程中同时窃取、获取了公民个人信息的，则可能同时构成本条规定的犯罪和其他罪名，应当根据案件的具体情况从一重罪处罚或者是数罪并罚。此外，违法处理个人信息还可能构成其他犯罪，比如同时构成诈骗罪、拒不履行网络安全管理义务罪等。

需注意的是，根据民法典第一百八十七条的规定，民事主体因同一行为应当承担民事责任、行政责任和刑事责任的，承担行政责任或者刑事责任不影响承担民事责任；民事主体的财产不足以支付的，优先用于承担民事责任。刑法第三十六条第二款规定：“承担民事赔偿责任的犯罪分子，同时被判处罚金，其财产不足以全部支付的，或者被判处没收财产的，应当先承担对被害人的民事赔偿责任。”

【相关规定】

《中华人民共和国民法典》第一百八十七条；《中华人民共和国治安管理处罚法》第二条、第三条；《中华人民共和国刑法》第三十六条第二款、第一百七十七条、第二百五十二条、第二百五十三条之一、第二百八十四条。

案例解读

经营者因提供失实借贷风险报告且未能证明所处理个人信息来源，依法承担民事责任[①]

【案情简介】

“××管家”系××木公司在微信公众平台注册的服务号。用户在“××贷款”微信公众号首页点击右下方“信用报告”处，便会自动跳转至“××管家”微信公众号页面。“××管家”为用户提供信息查询服务。“××贷款”系×策公司在微信公众平台注册的服务号，由×策公司经营管理。

黄某经注册成为“××管家”用户。注册过程中，黄某在微信公众平台上输入其姓名、实名认证手机号码并通过了实时手机短信验证。同时，黄某勾选并同意《××管家协议》（包含隐私政策）。2019 年 8 月，黄某在线确认《身份认证协议》及《借贷风险报告查询授权书》，并通过微信支付向××木公司付款 19.9 元，用于购买××木公司提供的借贷风险报告服务，商品名称为“借贷风险报告（管家报告）”。

黄某通过微信公众平台认证后获取了××木公司出具的案涉《借贷风险报告》，报告显示黄某存在“命中网贷黑名单、存在不良行为、存在司法案例、存在司法执行记录”等贷前风险；网贷被拒率 85%。

① 案号：（2019）粤 0192 民初 30958 号。

2019年9月，黄某向法院提起诉讼，请求：1. 判令被告×策公司、××木公司删除《××贷款借贷风险报告》关于原告风险点、贷前风险扫描、借贷行为分析等内容；2. 判令被告向原告支付惩罚性赔偿500元及误工费2500元；3. 案件受理费由两被告承担。黄某认为，首先，“××贷款”公众号提供的信息服务涉及用户个人交易活动等众多信息，×策公司收集黄某个人信息后擅自将该信息交由××木公司处理，属于非法交换、提供公民个人信息，同时违反了《征信业管理条例》第三条有关从事征信业务及相关活动不得侵犯个人隐私的规定。其次，×策公司向原告提供服务存在欺诈。“××贷款”微信公众号向黄某提供的《（网络版）借贷风险报告》与黄某提交的中国人民银行征信中心《个人信用报告》内容不符。《借贷风险报告》直接影响了黄某办理贷款、分期付款等业务，故被告应当依法向原告承担相应的民事责任。

×策公司、××木公司辩称：（1）×策公司通过微信公众号“××贷款”为××木公司提供推广宣传服务，××木公司通过嵌于“××贷款”中的“××管家”H5页面为黄某提供信息查询服务。黄某主张两被告违法侵犯个人隐私、提供虚假个人信息，缺乏事实及法律依据。（2）两被告提供信息查询服务前，已取得黄某书面授权，黄某同意两被告出于提供服务的目的收集个人信息，两被告提交的网络操作日志及协议可以证实。（3）黄某主张《（网络版）借贷风险报告》有关“网贷黑名单、司法风险信息、贷前风险扫描、网贷被拒率”的内容为虚假信息，但未就此举证，亦未提供因该信息给黄某造成损害的证据。（4）黄某提交的中国人民银行征信中心《个人信用报告》仅为各大商业银行报送的借款及还款数据，未体现黄某在各大P2P平台、小贷公司、消费金融公司等申请贷款及还款情况。因此，该《个人信用报告》不能用于对比案涉《借贷风险报告》。此外，根据《征信业管理条例》的相关规定，信息主体认为征信机构采集、保存、提供的信息存在错误、遗漏的，有权向征信机构或者信息提供者提出异议，要求更正。据此，法律并未明确要求征信机构保证信息的真实性，如黄某认为两被告提供的信息有误，应当向两被告提出异议，但黄某未向两被告提出异议申请。（5）两被告系依法从事信息服务，平台数据均来源于合法的数据源机构或者依法公开的司法案例、司法执行信息，以及向P2P行业监管机构对逾期借款人的信用处罚措施获取的信息，未侵犯他人合法权益。

该案审理过程中，黄某提交了中国人民银行征信中心出具的《个人信用报告》，该报告“公共记录”一栏显示，系统中没有黄某最近5年内的欠税记录、民事判决记录、强制执行记录、行政处罚记录及电信欠费记录。

庭审时，黄某自认其提交的《借贷风险报告》不完整，因其已删除案涉《借贷风险报告》，故无法向法院提供完整的《借贷风险报告》。××木公司确认《借贷风险报告》仅有结论性描述，未列明“不良行为”“司法案例”“司法执行记录”“网贷黑名单”所指具体内容，××木公司亦因未掌握该内容信息而无法向法院提供。此外，××木公司称其未留存案涉《借贷风险报告》，如黄某对《借贷风险报告》内容持有异议，可在微信公众平台申请异议或致电客服对异议进行进一步核实。黄某庭审时明确表示不同意在微信公众平台上就案涉《借贷风险报告》向××木公司提出异议申请，亦不要求××木公司重新出具《借贷风险报告》。

另查明，《××管家服务协议》第二条（××管家服务）第一项约定：“本协议项下的服务是指××管家向您（用户）提供的包括但不限于个人信息查询、身份认证等服务，具体以××管家当时所提供的服务内容为准。”第三条（××管家账户）第一项第4点约定：“当您注册××管家后，即证明、声明、授权××管家可收集、使用、保存、整理、加工和提供您的信息、您在××管家发布的信息及其他相关信息等。”第四条（个人用户隐私保护及授权条款）第五项约定：“在不透露您的隐私信息的前提下，××管家有权对整个用户数据库进行分析并对用户数据库进行商业上的利用。”《借贷风险报告查询授权书》显示，黄某同意授权××管家通过合法存有其本人信息的机构收集本人信息，可进行相关处理（包括但不限于整理、保存、加工、提供）并向本人出具报告。收集信息的范围包括但不限于身份信息、交易信息、履约信息、联系信息、职业信息、政务信息、设备信息、资产信息、借贷风险信息。

【案例焦点】

本案是因经营者向消费者提供的《借贷风险报告》所载信息失实，消费者要求经营者承担消费欺诈惩罚性赔偿责任的民事纠纷。

本案纠纷产生时，民法典、个人信息保护法尚未出台，因涉及消费者权益保护，故本案审理适用的是消费者权益保护法的相关规定。但值得注意的是，本案反映了个人信息保护纠纷中的诸多问题：第一，“××管家”经营者（即××木公司）为用户提供信息查询服务，是否属于个人信息处理活动，××木公司是否属于个人信息保护法规定的个人信息处理者？第二，案涉《××管家服务协议》《借贷风险报告查询授权书》关于“用户同意”的条款是否符合个人信息保护法有关个人信息处理规则的要求？第三，本案是否涉及两个以上个人信息处理者？第四，黄某以××木公司提供的报告所载信息有误，诉请××木公司删除相应报告，是否属于行使个人信息保护法第四十七条规定的删除权？第五，个人信息处理活动中的消费欺诈如何判断，其民事责任如何承担？

【裁判要旨】

法院经审理认为，××木公司向黄某提供的服务内容为个人信息查询、整合，并出具相应的《借贷风险报告》。××木公司在查询信息和出具《借贷风险报告》前，取得了黄某的授权，故相应《借贷风险报告》内容尤其是“风险点”的描述，应当具有事实依据，并与黄某的历史行为相符。而《借贷风险报告》仅显示黄某存在“命中网贷黑名单、存在不良行为、存在司法案例、存在司法执行记录”等贷前风险，并未列明前述风险点对应的事实信息，且有关“存在司法案例、存在司法执行记录”的表述与中国人民银行征信中心《个人信用报告》内容不符，××木公司亦无法说明前述信息的来源，故案涉《借贷风险报告》内容可能失实。××木公司作为提供个人信息查询服务的主体，不能提供真实个人信息却经营此服务，构成对黄某的欺诈，应当按照《中华人民共和国消费者权益保护法》第五十五条有关“经营者提供商品或者服务有欺诈行为的，应当按照消费者的要求增加赔偿其受到的损失，增加赔偿的金额为消费者购买商品的价款或者接受服务的费用的三倍；增加赔偿的金额不足五百元的，为五百元”的规定承担民事责任。据此，对黄某要求××木公司赔偿500元的诉讼请求予以支持。因×策公司非案涉《借贷风险报告》的提供者，亦未收取服务费，故并非案涉争议的信息服务经营者，对黄某要求×策公司承担相应民事责任的主张不予支持。

关于黄某要求××木公司删除案涉《借贷风险报告》相关信息的问题。因黄某自认已删除案涉《借贷风险报告》，未有证据显示××木公司或他人持有案涉《借贷风险报告》，故对黄某该项诉讼请求，法院不予支持。至于黄某主张误工费2500元，缺乏事实及法律依据，法院予以驳回。遂判决：一、××木公司于判决生效之日起五日内向原告黄某赔偿500元；二、驳回原告黄某的其他诉讼请求。

【专家评析】

1. “××管家”经营者（即××木公司）为用户提供信息查询服务，是否属于个人信息处理活动，××木公司是否属于个人信息保护法规定的个人

信息处理者

个人信息保护法第四条第二款列举的个人信息处理活动包括收集、存储、使用、加工、传输、提供、公开、删除等。具体到本案，××木公司经营微信公众号“××管家”，为用户提供信息查询服务。《××管家服务协议》约定，××木公司提供包括但不限于个人信息查询、身份认证等服务；当用户注册××管家后，即证明、声明、授权××管家可收集、使用、保存、整理、加工和提供用户的信息、在××管家发布的信息及其他相关信息等；“××管家”有权对整个用户数据库进行分析并对用户数据库进行商业上的利用。《借贷风险报告查询授权书》载明，用户同意授权“××管家”通过合法存有其本人信息的机构收集本人信息，可进行相关处理（包括但不限于整理、保存、加工、提供）并向本人出具报告。收集信息的范围包括但不限于身份信息、交易信息、履约信息、联系信息、职业信息、政务信息、设备信息、资产信息、借贷风险信息。实际上，黄某注册“××管家”时，需在微信公众平台上输入其姓名、实名认证手机号码，获取《借贷风险报告》还需进行活体认证。由此可见，××木公司在提供信息查询服务过程中，会自行收集黄某的姓名、手机号码、人脸等个人信息；也会从其他个人信息处理者处获取黄某个人信息并进行处理；最终以书面报告形式记录黄某个人信息并提供给黄某；此外，××木公司还将对包括黄某在内的整个用户数据库进行分析并对用户数据库进行商业上的利用。前述活动涵盖了个人信息保护法第四条第二款列举的各类个人信息处理活动。因此，××木公司属于个人信息保护法规定的个人信息处理者。

2. 案涉《××管家服务协议》《借贷风险报告查询授权书》关于“用户同意”的条款是否符合个人信息保护法有关个人信息处理规则的要求

个人信息保护法规定了个人信息处理规则。本案中，××木公司处理黄某个人信息，双方订立的《××管家服务协议》《借贷风险报告查询授权书》虽约定了黄某的注册行为即代表黄某证明、声明、授权“××管家”可收集、使用、保存、整理、加工和提供黄某的信息、在××管家发布的信息及其他相关信息等，但根据个人信息保护法第十四条的规定，基于个人同意处理个人信息的，该同意应当由个人在充分知情的前提下自愿、明确作出。另根据第十七条的规定，个人信息处理者在处理个人信息前，还应当以显著方式、清晰易懂的语言真实、准确、完整地向个人告知个人信息的处理目的、处理方式，处理的个人信息种类、保存期限等事项。××木公司制定上述协议内容，有关将处理黄某“在××管家发布的信息及其他相关信息”的表述，未满足“真实、准确、完整地告知”要求，××木公司处理个人信息的种类亦不清晰，故黄某签订前述合同，不应视为“在充分知情的前提下自愿、明确作出”同意。同理，《借贷风险报告查询授权书》也通过“一揽子”授权的方式，以提供报告的名义，收集身份信息、交易信息、履约信息、联系信息、职业信息、政务信息、设备信息、资产信息、借贷风险信息。需注意的是，有关“包括但不限于”的表述本身即违反了“真实、准确、完整”的告知要求，其收集的个人信息种类似已超出履行合同所必需之范围。

3. 本案是否涉及两个以上个人信息处理者

本案中，黄某系首先通过×策公司运营的微信公众号“××贷款”跳转至××木公司运营的“××管家”，进而接受××木公司提供的网络服务。黄某主张×策公司收集黄某个人信息后擅自将该信息交由××木公司处理，属于非法交换、提供公民个人信息，同时违反了《征信业管理条例》第三条有关从事征信业务及相关活动不得侵犯个人隐私的规定。对此，首先应当明确的是，×策公司和××木公司均是个人信息处理者，因为黄某在关注公众号时，公众号运营者必然收集了黄某的账号信息。其次，本案纠纷因提供信息查询服务引发，实际提供服务的是××木公司，故黄某主张×策公司存在非法交换、提供其个人信息的行为，缺乏事实依据。最后，×策公司和××木公司虽均为个人信息处理者，但二者系分别进行个人信息处理活动，就案涉服务本身，二者不存在共同处理黄某个人信息的情形。

4. 黄某以××木公司提供的报告所载信息有误，诉请××木公司删除相应报告，是否属于行使个人信息保护法第四十七条规定的删除权

个人信息保护法第四十七条第一款规定了五种应当删除个人信息的情形。本案中，黄某是以××木公司提供的报告所载信息有误，诉请删除案涉报告。从黄某与××木公司订立合同的目的来看，黄某支付价款拟获取的是一份能够客观反映黄某贷款评估情况的报告，××木公司作为报告提供者应当确保报告内容真实、准确。现××木公司不能提供符合合同约定的报告，又不能说明其获取信息的渠道、来源，无法保证报告真实、准确，故属于个人信息保护法第四十七条第一款第一项中处理目的无法实现的情形，××木公司负有删除报告的义务。本案没有支持黄某有关删除报告内容的诉讼请求，是因为××木公司已经删除案涉《借贷风险报告》，黄某也没有诉请删除其他个人信息。当然，除了案涉《借贷风险报告》，××木公司因提供该项服务而处理的黄某个人信息，在符合上述法律规定的情况下，××木公司负有删除义务。黄某如有证据证明存在应当删除的情形，亦可向人民法院起诉要求××木公司删除。

5. 个人信息处理活动中的消费欺诈如何判断，其民事责任如何承担

当民事主体经营个人信息处理业务时，除了适用个人信息保护法的规定，还要受消费者权益保护法的调整。消费者权益保护法第五十五条第一款规定："经营者提供商品或者服务有欺诈行为的，应当按照消费者的要求增加赔偿其受到的损失，增加赔偿的金额为消费者购买商品的价款或者接受服务的费用的三倍；增加赔偿的金额不足五百元的，为五百元。法律另有规定的，依照其规定。"经营者是否构成欺诈，需根据欺诈的定义加以判断，即是否存在虚构事实或隐瞒真相，诱使相对方做出错误意思表示的行为。本案中，××木公司提供的《借贷风险报告》内容可能失实。××木公司作为提供个人信息查询服务的主体，不能提供真实个人信息却经营此服务，在黄某购买服务时未如实告知该情形，致使黄某价款损失 19.9 元，故构成对黄某的欺诈，应当承担惩罚性赔偿责任。

第八章　附　　则

第七十二条　【适用范围的限定及与统计、档案管理活动相关规定的衔接】自然人因个人或者家庭事务处理个人信息的，不适用本法。

法律对各级人民政府及其有关部门组织实施的统计、档案管理活动中的个人信息处理有规定的，适用其规定。

【条文主旨】

本条是关于自然人的部分个人信息处理活动不适用本法，统计、档案管理活动中的个人信息处理活动应同时遵守其他相关规定的规定。

【条文理解】

一、处理个人信息不适用个人信息保护法的情形

我国民法典并未就个人信息处理活动的适用范围进行规定，而个人信息保护法第三条则从行为发生地（“中华人民共和国境内”）和行为对象（面向“境内自然人”）规定了个人信息处理活动的适用范围。从以上规定来看，任何组织或个人处理个人信息，只要其满足个人信息保护法第三条中任意一款，即属于受我国法律、行政法规所调整的个人信息处理活动。

个人信息保护法第七十二条第一款规定了不受其调整的情形，即“自然人因个人或者家庭事务处理个人信息”。该情形有两个要件：“自然人”及“个人或者家庭事务”。换言之，首先，非自然人主体亦即各类组织，无论其以何种目的开展个人信息处理活动，均应当适用个人信息保护法有关规定；其次，即便是自然人，当其处理个人信息涉及非个人或家庭事务

因素时，则同样应适用个人信息保护法有关规定。例如，某人为方便维持人际关系，在自己的手机中记录了各位朋友的工作、家庭情况和个人爱好等信息；这些信息显然可以直接指向特定个人，但并不能以此认为其因未“采取相应的加密、去标识化等安全技术措施”而违反相关规定。这种自然人因个人或者家庭事务而开展的个人信息处理活动自古有之，民法体系中原有的人格权制度已可对此行为进行规范；如以个人信息保护相关法律、行政法规加以规制，反倒可能增加法律成本，阻碍社会正常运行。

二、我国现行法律、行政法规对统计、档案管理活动中的个人信息处理之规定

虽然个人信息保护法第七十二条中仅载明“法律”，但除了法律以外，我国行政法规及其他规范性文件中也有不少内容就统计、档案管理活动中的个人信息处理进行了规定。个人信息保护法第七十二条之规定并不意味着有关主体在统计及档案管理活动中开展个人信息活动可以不用遵守行政法规及其他规范性文件中的有关规定。

从总体上看，我国现行法律、行政法规对于统计、档案管理活动中涉及个人信息的规定大致可分为两大类：第一类规定强调有关主体对统计、档案管理活动中所获得或知悉的个人信息具有保密义务，并规定了泄密所应承担的责任；第二类规定则强调了统计、档案管理活动中的个人信息仅限于统计、档案管理之目的，不能挪作他用。

以下为我国现行法律、行政法规对于统计、档案管理活动中涉及个人信息的规定：

民法典第一千零三十九条规定：“国家机关、承担行政职能的法定机构及其工作人员对于履行职责过程中知悉的自然人的隐私和个人信息，应当予以保密，不得泄露或者向他人非法提供。”

数据安全法第三十八条规定：“国家机关为履行法定职责的需要收集、使用数据，应当在其履行法定职责的范围内依照法律、行政法规规定的条件和程序进行；对在履行职责中知悉的个人隐私、个人信息、商业秘密、保密商务信息等数据应当依法予以保密，不得泄露或者非法向他人提供。”该法第五十三条第二款规定：“在统计、档案工作中开展数据处理活动，开展涉及个人信息的数据处理活动，还应当遵守有关法律、行政法规的规定。”

统计法第九条规定：“统计机构和统计人员对在统计工作中知悉的国家秘密、商业秘密和个人信息，应当予以保密。”第二十五条规定：“统计调查中获得的能够识别或者推断单个统计调查对象身份的资料，任何单位

和个人不得对外提供、泄露，不得用于统计以外的目的。”第三十九条规定：“县级以上人民政府统计机构或者有关部门有下列行为之一的，对直接负责的主管人员和其他直接责任人员由任免机关或者监察机关依法给予处分……（二）泄露统计调查对象的商业秘密、个人信息或者提供、泄露在统计调查中获得的能够识别或者推断单个统计调查对象身份的资料的……”

统计法实施条例第二十九条规定：“统计法第二十五条规定的能够识别或者推断单个统计调查对象身份的资料包括：（一）直接标明单个统计调查对象身份的资料；（二）虽未直接标明单个统计调查对象身份，但是通过已标明的地址、编码等相关信息可以识别或者推断单个统计调查对象身份的资料；（三）可以推断单个统计调查对象身份的汇总资料。”第三十条规定：“统计调查中获得的能够识别或者推断单个统计调查对象身份的资料应当依法严格管理，除作为统计执法依据外，不得直接作为对统计调查对象实施行政许可、行政处罚等具体行政行为的依据，不得用于完成统计任务以外的目的。”

《全国经济普查条例》第三十二条规定：“各级经济普查机构及其工作人员对在经济普查中所知悉的国家秘密和经济普查对象的商业秘密、个人信息，应当依法履行保密义务。”第三十三条规定：“经济普查取得的单位和个人资料，严格限定用于经济普查的目的，不作为任何单位对经济普查对象实施处罚的依据。”

住房和城乡建设部《住房公积金统计管理办法》第二十七条规定：“涉及国家秘密和缴存职工个人信息的统计资料应当保密。”

交通运输部《铁路行业统计管理规定》第二十七条第一款规定：“铁路统计机构及其统计人员应当遵守国家有关规定，加强对统计资料的保密管理，对在统计工作中知悉的国家秘密、商业秘密和个人信息，负有保密义务。”

自然资源部《自然资源统计工作管理办法》第十四条规定：“严格遵守国家保密和政府信息公开法律法规，对于自然资源统计中涉及到的国家秘密、属于单个统计调查对象的商业秘密、个人信息和重要数据，应当予以保密。”

国家统计局《统计执法监督检查办法》第二十二条规定：“县级以上人民政府统计机构和执法检查人员对在执法监督检查过程中知悉的国家秘密、商业秘密、个人信息资料和能够识别或者推断单个调查对象身份的资料，负有保密义务。”第四十六条又规定：“县级以上人民政府统计机构负责人、执法检查人员及其相关人员泄露在检查过程中知悉的国家秘密、商业秘密、个人信息资料和能够识别或者推断单个调查对象身份的资料，依纪依法给予处分。”

国家统计局《统计从业人员统计信用档案管理办法》第十条规定：“政府统计中的统计从业人员的下列行为为统计守信行为：……（四）对在统计工作中知悉的国家秘密、商业秘密和个人信息予以保密，未将统计调查中获得的能够识别或推断单个统计调查对象身份的资料提供、泄露给其他单位或个人……”第十二条规定：“政府统计中的统计从业人员的下列行为为统计警示行为：……（四）将统计调查中获得的能够识别或推断单个统计调查对象身份的资料提供、泄露给其他单位或个人，未造成不良影响……”第十四条规定：“政府统计中的统计从业人员的下列行为为统计严重失信行为：……（十一）泄露统计调查、统计检查中知悉的国家秘密、商业秘密和个人信息；（十二）提供、泄露能够识别或推断单个统计调查对象身份资料的，造成不良影响或情节较重……”

国家广播电视总局《广播电视行业统计管理规定》第二十四条规定：“……任何单位和个人对在统计调查中获得的能够识别和推断单个统计调查对象身份的资料，依法负有保密责任。统计机构和统计人员对在统计工作中知悉的国家秘密、商业秘密和个人信息，应当依法予以保密。”

【适用指南】

由于统计工作涉及数据、信息繁多，有关政府部门往往会就统计工作的数字化、信息化服务进行公开招投标采购。中标企业在处理涉及个人信息的统计数据、信息时，除按个人信息保护法有关规定开展个人信息处理工作外，还应当遵守相应统计、档案管理活动的有关规定。

【相关规定】

《中华人民共和国民法典》第一千零三十九条；《中华人民共和国数据安全法》第三十八条、第五十三条；《中华人民共和国统计法》第九条、第二十五条、第三十九条；《中华人民共和国统计法实施条例》第二十九条、第三十条；《全国经济普查条例》第三十二条；《住房公积金统计管理办法》第二十七条；《铁路行业统计管理规定》第二十七条；《自然资源统计工作管理办法》第十四条；《统计执法监督检查办法》第二十二条、第四十六条；《统计从业人员统计信用档案管理办法》第十条、第十二条、第十四条；《广播电视行业统计管理规定》第二十四条。

第七十三条　【相关概念】本法下列用语的含义：

（一）个人信息处理者，是指在个人信息处理活动中自主决定处理目的、处理方式的组织、个人。

（二）自动化决策，是指通过计算机程序自动分析、评估个人的行为习惯、兴趣爱好或者经济、健康、信用状况等，并进行决策的活动。

（三）去标识化，是指个人信息经过处理，使其在不借助额外信息的情况下无法识别特定自然人的过程。

（四）匿名化，是指个人信息经过处理无法识别特定自然人且不能复原的过程。

【条文主旨】

本条是关于个人信息处理者、自动化决策、去标识化和匿名化定义的规定。

【条文理解】

一、个人信息处理者

个人信息保护法第七十三条第一款明确了什么是个人信息处理者。

首先，个人信息保护法第七十三条第一项并未对“个人信息处理者”进行类型化区分。相较而言，GDPR 将有关主体分为了两类：“控制者（controller）”和“处理者（processor）”。GDPR 在关于控制者的定义中同样提到，其可以“单独或与他方共同决定个人信息处理的目的和方式”，而处理者则为代表控制者处理个人信息的主体。不过，在现实生活中，除了少部分极端情况以外，“处理者（processor）”亦可以自行决定对某些个人信息进行收集、存储、使用、加工、传输、提供、公开、删除等；如出现违规情况，显然不能以其“代表控制者”而规避责任——换言之，大部分情况下，有关主体既是处理者，又是控制者。因此，并不一定要对有关主体进行类型化的分割。并且，由于个人信息保护法第七十三条第一项并未就组织或个人的具体种类、注册地或所在地、国籍等进行限定，加之当前个人信息处理活动的普遍性，任何组织或个人都有可能成为个人信息处理者。个人信息保护法作出如此规定，目的在于通过扩大个人信息处理者范围，更好地保护个人信息权益。

其次，该项强调了“自主决定”这一要素。这一要素在实践中存在较大弹性，如前文所述，除非某一主体对开展个人信息处理活动的主体提出了详细而全面的要求，以至于后者的个人信息处理活动只能严格按照既定的步骤展开，否则很难排除其“自主决定”的存在。

最后，“自主决定”并不意味着个人信息处理者需要亲自处理个人信息。个人信息保护法第二十一条规定：“个人信息处理者委托处理个人信息的……未经个人信息处理者同意，受托人不得转委托他人处理个人信息。”可见，个人信息处理者不一定需要自己着手处理个人信息，而是可以委托他人开展个人信息处理活动，在获得其同意的情况下，受托人亦可转委托他人进行处理。这一规定可防止部分不直接处理个人信息的主体以此规避自身责任，从而更好地保障个人信息权益。

二、自动化决策

个人信息保护法第七十三条第二项关于自动化决策的定义突出了以下两个要素：一是“通过计算机程序自动分析、评估”，二是“进行决策”。

在当前各产业持续推动数字化背景下，个人信息处理者如仅凭人力，难以在短时间内处理大量的个人信息，无法满足自身需要；与此同时，人力处理个人信息势必会导致直接开展处理活动的个人接触到未曾去标识化或匿名化的个人信息，增大了这些信息泄露或被非法使用的风险。基于以上原因，在个人信息处理者决定了所要处理个人信息的目的、收集的个人信息范围以及个人信息处理的方式后，通过计算机程序进行处理既可以提高个人信息处理的效率，又可以降低风险。

从这个部分来看，“自动化决策”与 GDPR 第四条中所规定的用户“画像”（Profiling）具有类似之处。二者均强调了对于个人信息的自动化分析以及对自然人某些方面指标的评估。但是，自动化决策并不仅仅是“通过计算机程序自动分析、评估”，其还包括“（通过计算机程序自动）进行决策”。与自动分析、评估不同，这一决策将会直接影响个人所收到的信息推送、服务项目或其他相关事项。

三、去标识化与匿名化

个人信息保护法第七十三条第三项和第四项对去标识化和匿名化的定义进行了明确。从构成上看，这两种处理过程均具有“无法识别特定自然人”这一共同特点；但是，相较于经过匿名化处理的信息，任意一方对于仅进行去标识化的个人信息，仍可在借助额外信息的情况下进行一定程度的还原，并识别到特定的自然人。因此，个人信息保护法第四条虽然将

“匿名化处理后的信息”排除在“个人信息”的范围外，但并未排除仅经过去标识化的信息。我国民法典第一千零三十八条第一款规定“信息处理者不得泄露或者篡改其收集、存储的个人信息；未经自然人同意，不得向他人非法提供其个人信息，但是经过加工无法识别特定个人且不能复原的除外”，此处的除外内容亦为匿名化处理的信息。

与我国法律规定相类似，GDPR 在其引言部分第二十六条同样规定，“通过使用额外信息可识别到自然人的假名化（pseudonymisation）信息应当被视为个人信息”，并且，基于“是否可能使用合理的手段识别自然人”（whether means are reasonably likely to be used to identify the natural person），GDPR“不适用于匿名化信息（anonymous information）的处理”。从 GDPR 第四条“定义”之第五款“假名化（pseudonymisation）”的有关规定来看，GDPR 中的“假名化”与我国个人信息保护法中的“去标识化”所指一致，均提及“借助额外信息”内容；但不少 GDPR 的中文译本将“假名化”与“匿名化”混为一谈，给个人信息保护工作的开展造成了一定的不良影响。

【适用指南】

企业在开展与个人信息处理有关的经营活动时，不能以自身并未直接对个人信息进行处理为由，不开展有关个人信息保护的合规审查工作。与此同时，由于个人信息保护法出台时日尚短，如何认定“自主决定”在实践中尚未有统一定论，直接处理个人信息的主体意欲凭“未能自主决定”而提出在个人信息处理活动中不承担责任的主张未必能够成立。因而，即便受到了来自其他主体关于个人信息处理目的或处理方式的指引，有关主体仍应将自身视为个人信息处理者，进行合规性审查，以避免出现法律风险。

与之相类似，企业在处理个人信息时选择或编写计算机软件进行自动化决策的过程应当被认为是企业“自主决定处理目的、处理方式”，因此企业难以凭“特定个人信息处理结果是由自动化决策所作出的”而主张不承担相应责任，并且应当按照个人信息保护法第二十四条等相关规定提供相应措施。

此外，企业在运营过程中应当做好个人信息的去标识化和匿名化工作。去标识化的信息仍处于个人信息保护法的调整范围以内，企业需做好信息保护工作。即便企业综合考虑各种客观因素，例如通过特定信息识别特定自然人的成本和时间过高，或以现有技术难以实施，以此认定特定信息已经是匿名化信息，也不可放松警惕。

【相关规定】

《中华人民共和国民法典》第一千零三十八条。

第七十四条　【施行时间】 本法自2021年11月1日起施行。

【条文主旨】

本条是关于个人信息保护法施行时间的规定。

【条文理解】

立法法第五十七条规定："法律应当明确规定施行日期。"个人信息保护是维护我国数据安全、网络安全和国家安全的重要环节，个人信息保护法在我国法律体系中亦具有举足轻重的地位。个人信息保护法事关每个人的切身利益，亦是我国互联网等有关产业今后发展的重要指引，同时还会对将来全球个人信息治理规则体系的形成产生较大的影响。应留有必要的时间，以令有关法律法规得以进行相应的立法、修法、解释及宣传和落实等，并可使社会公众得以为实施个人信息保护法作充分的准备。因此，在2021年8月20日第十三届全国人大常委会第三十次会议通过和公布个人信息保护法后，个人信息保护法将于11月1日起施行。

【适用指南】

不少企业在运营过程中不可避免地会涉及对个人信息的处理。在个人信息保护法公布以前，企业处理个人信息所遵循的规则往往是网络安全法及数据安全法等法律、《电信和互联网用户个人信息保护规定》等部门规章、《信息安全技术 个人信息安全规范》等国家标准、《互联网企业个人信息保护测评标准》等团体标准。

在个人信息保护法出台以后，企业对个人信息的处理除了要遵循以往各类规则以外，还应当比对个人信息保护法，做好合规工作。对于企业运营中可能违反个人信息保护法的部分，企业应当及时调整业务内容和业务方向，以避免出现违法情况。

此外，由于个人信息保护法的颁布施行，为形成一套统一有序的个人信息保护规则体系，其他涉及个人信息处理的规则很可能会作出相应的调整，且在接下来一段时间内可能会有一系列相关的新文件出台。企业亦应当密切关注有关领域的动向，在有关文件颁布后的第一时间对自身业务开展合规审查，以减少日后运营受到影响的概率；与此同时，企业亦可以主动参与到团体标准或行业规定等的制定过程中，积极为我国个人信息治理规则体系的构建发声。

【相关规定】

《中华人民共和国立法法》第五十七条。

附　录

中华人民共和国个人信息保护法

（2021 年 8 月 20 日第十三届全国人民代表大会常务委员会第三十次会议通过　2021 年 8 月 20 日中华人民共和国主席令第 91 号公布　自 2021 年 11 月 1 日起施行）

目　录

第一章　总　　则

第一条　为了保护个人信息权益，规范个人信息处理活动，促进个人信息合理利用，根据宪法，制定本法。

第二条　自然人的个人信息受法律保护，任何组织、个人不得侵害自然人的个人信息权益。

第三条　在中华人民共和国境内处理自然人个人信息的活动，适用本法。

在中华人民共和国境外处理中华人民共和国境内自然人个人信息的活动，有下列情形之一的，也适用本法：

（一）以向境内自然人提供产品或者服务为目的；

（二）分析、评估境内自然人的行为；

（三）法律、行政法规规定的其他情形。

第四条 个人信息是以电子或者其他方式记录的与已识别或者可识别的自然人有关的各种信息，不包括匿名化处理后的信息。

个人信息的处理包括个人信息的收集、存储、使用、加工、传输、提供、公开、删除等。

第五条 处理个人信息应当遵循合法、正当、必要和诚信原则，不得通过误导、欺诈、胁迫等方式处理个人信息。

第六条 处理个人信息应当具有明确、合理的目的，并应当与处理目的直接相关，采取对个人权益影响最小的方式。

收集个人信息，应当限于实现处理目的的最小范围，不得过度收集个人信息。

第七条 处理个人信息应当遵循公开、透明原则，公开个人信息处理规则，明示处理的目的、方式和范围。

第八条 处理个人信息应当保证个人信息的质量，避免因个人信息不准确、不完整对个人权益造成不利影响。

第九条 个人信息处理者应当对其个人信息处理活动负责，并采取必要措施保障所处理的个人信息的安全。

第十条 任何组织、个人不得非法收集、使用、加工、传输他人个人信息，不得非法买卖、提供或者公开他人个人信息；不得从事危害国家安全、公共利益的个人信息处理活动。

第十一条 国家建立健全个人信息保护制度，预防和惩治侵害个人信息权益的行为，加强个人信息保护宣传教育，推动形成政府、企业、相关社会组织、公众共同参与个人信息保护的良好环境。

第十二条 国家积极参与个人信息保护国际规则的制定，促进个人信息保护方面的国际交流与合作，推动与其他国家、地区、国际组织之间的个人信息保护规则、标准等互认。

第二章 个人信息处理规则

第一节 一般规定

第十三条 符合下列情形之一的，个人信息处理者方可处理个人信息：

（一）取得个人的同意；

（二）为订立、履行个人作为一方当事人的合同所必需，或者按照依法制定的劳动规章制度和依法签订的集体合同实施人力资源管理所必需；

（三）为履行法定职责或者法定义务所必需；

（四）为应对突发公共卫生事件，或者紧急情况下为保护自然人的生命健康和财产安全所必需；

（五）为公共利益实施新闻报道、舆论监督等行为，在合理的范围内处理个人信息；

（六）依照本法规定在合理的范围内处理个人自行公开或者其他已经合法公开的个人信息；

（七）法律、行政法规规定的其他情形。

依照本法其他有关规定，处理个人信息应当取得个人同意，但是有前款第二项至第七项规定情形的，不需取得个人同意。

第十四条　基于个人同意处理个人信息的，该同意应当由个人在充分知情的前提下自愿、明确作出。法律、行政法规规定处理个人信息应当取得个人单独同意或者书面同意的，从其规定。

个人信息的处理目的、处理方式和处理的个人信息种类发生变更的，应当重新取得个人同意。

第十五条　基于个人同意处理个人信息的，个人有权撤回其同意。个人信息处理者应当提供便捷的撤回同意的方式。

个人撤回同意，不影响撤回前基于个人同意已进行的个人信息处理活动的效力。

第十六条　个人信息处理者不得以个人不同意处理其个人信息或者撤回同意为由，拒绝提供产品或者服务；处理个人信息属于提供产品或者服务所必需的除外。

第十七条　个人信息处理者在处理个人信息前，应当以显著方式、清晰易懂的语言真实、准确、完整地向个人告知下列事项：

（一）个人信息处理者的名称或者姓名和联系方式；

（二）个人信息的处理目的、处理方式，处理的个人信息种类、保存期限；

（三）个人行使本法规定权利的方式和程序；

（四）法律、行政法规规定应当告知的其他事项。

前款规定事项发生变更的，应当将变更部分告知个人。

个人信息处理者通过制定个人信息处理规则的方式告知第一款规定事项的，处理规则应当公开，并且便于查阅和保存。

第十八条　个人信息处理者处理个人信息，有法律、行政法规规定应当保密或者不需要告知的情形的，可以不向个人告知前条第一款规定的事项。

紧急情况下为保护自然人的生命健康和财产安全无法及时向个人告知的，个人信息处理者应当在紧急情况消除后及时告知。

第十九条 除法律、行政法规另有规定外，个人信息的保存期限应当为实现处理目的所必要的最短时间。

第二十条 两个以上的个人信息处理者共同决定个人信息的处理目的和处理方式的，应当约定各自的权利和义务。但是，该约定不影响个人向其中任何一个个人信息处理者要求行使本法规定的权利。

个人信息处理者共同处理个人信息，侵害个人信息权益造成损害的，应当依法承担连带责任。

第二十一条 个人信息处理者委托处理个人信息的，应当与受托人约定委托处理的目的、期限、处理方式、个人信息的种类、保护措施以及双方的权利和义务等，并对受托人的个人信息处理活动进行监督。

受托人应当按照约定处理个人信息，不得超出约定的处理目的、处理方式等处理个人信息；委托合同不生效、无效、被撤销或者终止的，受托人应当将个人信息返还个人信息处理者或者予以删除，不得保留。

未经个人信息处理者同意，受托人不得转委托他人处理个人信息。

第二十二条 个人信息处理者因合并、分立、解散、被宣告破产等原因需要转移个人信息的，应当向个人告知接收方的名称或者姓名和联系方式。接收方应当继续履行个人信息处理者的义务。接收方变更原先的处理目的、处理方式的，应当依照本法规定重新取得个人同意。

第二十三条 个人信息处理者向其他个人信息处理者提供其处理的个人信息的，应当向个人告知接收方的名称或者姓名、联系方式、处理目的、处理方式和个人信息的种类，并取得个人的单独同意。接收方应当在上述处理目的、处理方式和个人信息的种类等范围内处理个人信息。接收方变更原先的处理目的、处理方式的，应当依照本法规定重新取得个人同意。

第二十四条 个人信息处理者利用个人信息进行自动化决策，应当保证决策的透明度和结果公平、公正，不得对个人在交易价格等交易条件上实行不合理的差别待遇。

通过自动化决策方式向个人进行信息推送、商业营销，应当同时提供不针对其个人特征的选项，或者向个人提供便捷的拒绝方式。

通过自动化决策方式作出对个人权益有重大影响的决定，个人有权要求个人信息处理者予以说明，并有权拒绝个人信息处理者仅通过自动化决策的方式作出决定。

第二十五条 个人信息处理者不得公开其处理的个人信息，取得个人单独同意的除外。

第二十六条 在公共场所安装图像采集、个人身份识别设备，应当为维护公共安全所必需，遵守国家有关规定，并设置显著的提示标识。所收集的个人图像、身份识别信息只能用于维护公共安全的目的，不得用于其他目的；取得个人单独同意的除外。

第二十七条 个人信息处理者可以在合理的范围内处理个人自行公开或者其他已经合法公开的个人信息；个人明确拒绝的除外。个人信息处理者处理已公开的个人信息，对个人权益有重大影响的，应当依照本法规定取得个人同意。

第二节 敏感个人信息的处理规则

第二十八条 敏感个人信息是一旦泄露或者非法使用，容易导致自然人的人格尊严受到侵害或者人身、财产安全受到危害的个人信息，包括生物识别、宗教信仰、特定身份、医疗健康、金融账户、行踪轨迹等信息，以及不满十四周岁未成年人的个人信息。

只有在具有特定的目的和充分的必要性，并采取严格保护措施的情形下，个人信息处理者方可处理敏感个人信息。

第二十九条 处理敏感个人信息应当取得个人的单独同意；法律、行政法规规定处理敏感个人信息应当取得书面同意的，从其规定。

第三十条 个人信息处理者处理敏感个人信息的，除本法第十七条第一款规定的事项外，还应当向个人告知处理敏感个人信息的必要性以及对个人权益的影响；依照本法规定可以不向个人告知的除外。

第三十一条 个人信息处理者处理不满十四周岁未成年人个人信息的，应当取得未成年人的父母或者其他监护人的同意。

个人信息处理者处理不满十四周岁未成年人个人信息的，应当制定专门的个人信息处理规则。

第三十二条 法律、行政法规对处理敏感个人信息规定应当取得相关行政许可或者作出其他限制的，从其规定。

第三节 国家机关处理个人信息的特别规定

第三十三条 国家机关处理个人信息的活动，适用本法；本节有特别规定的，适用本节规定。

第三十四条 国家机关为履行法定职责处理个人信息，应当依照法律、行政法规规定的权限、程序进行，不得超出履行法定职责所必需的范围和限度。

第三十五条 国家机关为履行法定职责处理个人信息，应当依照本法规定履行告知义务；有本法第十八条第一款规定的情形，或者告知将妨碍国家机关履行法定职责的除外。

第三十六条 国家机关处理的个人信息应当在中华人民共和国境内存储；确需向境外提供的，应当进行安全评估。安全评估可以要求有关部门提供支持与协助。

第三十七条 法律、法规授权的具有管理公共事务职能的组织为履行法定职责处理个人信息，适用本法关于国家机关处理个人信息的规定。

第三章　个人信息跨境提供的规则

第三十八条 个人信息处理者因业务等需要，确需向中华人民共和国境外提供个人信息的，应当具备下列条件之一：

（一）依照本法第四十条的规定通过国家网信部门组织的安全评估；

（二）按照国家网信部门的规定经专业机构进行个人信息保护认证；

（三）按照国家网信部门制定的标准合同与境外接收方订立合同，约定双方的权利和义务；

（四）法律、行政法规或者国家网信部门规定的其他条件。

中华人民共和国缔结或者参加的国际条约、协定对向中华人民共和国境外提供个人信息的条件等有规定的，可以按照其规定执行。

个人信息处理者应当采取必要措施，保障境外接收方处理个人信息的活动达到本法规定的个人信息保护标准。

第三十九条 个人信息处理者向中华人民共和国境外提供个人信息的，应当向个人告知境外接收方的名称或者姓名、联系方式、处理目的、处理方式、个人信息的种类以及个人向境外接收方行使本法规定权利的方式和程序等事项，并取得个人的单独同意。

第四十条 关键信息基础设施运营者和处理个人信息达到国家网信部门规定数量的个人信息处理者，应当将在中华人民共和国境内收集和产生的个人信息存储在境内。确需向境外提供的，应当通过国家网信部门组织的安全评估；法律、行政法规和国家网信部门规定可以不进行安全评估的，从其规定。

第四十一条 中华人民共和国主管机关根据有关法律和中华人民共和

国缔结或者参加的国际条约、协定，或者按照平等互惠原则，处理外国司法或者执法机构关于提供存储于境内个人信息的请求。非经中华人民共和国主管机关批准，个人信息处理者不得向外国司法或者执法机构提供存储于中华人民共和国境内的个人信息。

第四十二条　境外的组织、个人从事侵害中华人民共和国公民的个人信息权益，或者危害中华人民共和国国家安全、公共利益的个人信息处理活动的，国家网信部门可以将其列入限制或者禁止个人信息提供清单，予以公告，并采取限制或者禁止向其提供个人信息等措施。

第四十三条　任何国家或者地区在个人信息保护方面对中华人民共和国采取歧视性的禁止、限制或者其他类似措施的，中华人民共和国可以根据实际情况对该国家或者地区对等采取措施。

第四章　个人在个人信息处理活动中的权利

第四十四条　个人对其个人信息的处理享有知情权、决定权，有权限制或者拒绝他人对其个人信息进行处理；法律、行政法规另有规定的除外。

第四十五条　个人有权向个人信息处理者查阅、复制其个人信息；有本法第十八条第一款、第三十五条规定情形的除外。

个人请求查阅、复制其个人信息的，个人信息处理者应当及时提供。

个人请求将个人信息转移至其指定的个人信息处理者，符合国家网信部门规定条件的，个人信息处理者应当提供转移的途径。

第四十六条　个人发现其个人信息不准确或者不完整的，有权请求个人信息处理者更正、补充。

个人请求更正、补充其个人信息的，个人信息处理者应当对其个人信息予以核实，并及时更正、补充。

第四十七条　有下列情形之一的，个人信息处理者应当主动删除个人信息；个人信息处理者未删除的，个人有权请求删除：

（一）处理目的已实现、无法实现或者为实现处理目的不再必要；

（二）个人信息处理者停止提供产品或者服务，或者保存期限已届满；

（三）个人撤回同意；

（四）个人信息处理者违反法律、行政法规或者违反约定处理个人信息；

（五）法律、行政法规规定的其他情形。

法律、行政法规规定的保存期限未届满，或者删除个人信息从技术上难以实现的，个人信息处理者应当停止除存储和采取必要的安全保护措施之外的处理。

第四十八条 个人有权要求个人信息处理者对其个人信息处理规则进行解释说明。

第四十九条 自然人死亡的，其近亲属为了自身的合法、正当利益，可以对死者的相关个人信息行使本章规定的查阅、复制、更正、删除等权利；死者生前另有安排的除外。

第五十条 个人信息处理者应当建立便捷的个人行使权利的申请受理和处理机制。拒绝个人行使权利的请求的，应当说明理由。

个人信息处理者拒绝个人行使权利的请求的，个人可以依法向人民法院提起诉讼。

第五章 个人信息处理者的义务

第五十一条 个人信息处理者应当根据个人信息的处理目的、处理方式、个人信息的种类以及对个人权益的影响、可能存在的安全风险等，采取下列措施确保个人信息处理活动符合法律、行政法规的规定，并防止未经授权的访问以及个人信息泄露、篡改、丢失：

（一）制定内部管理制度和操作规程；

（二）对个人信息实行分类管理；

（三）采取相应的加密、去标识化等安全技术措施；

（四）合理确定个人信息处理的操作权限，并定期对从业人员进行安全教育和培训；

（五）制定并组织实施个人信息安全事件应急预案；

（六）法律、行政法规规定的其他措施。

第五十二条 处理个人信息达到国家网信部门规定数量的个人信息处理者应当指定个人信息保护负责人，负责对个人信息处理活动以及采取的保护措施等进行监督。

个人信息处理者应当公开个人信息保护负责人的联系方式，并将个人信息保护负责人的姓名、联系方式等报送履行个人信息保护职责的部门。

第五十三条 本法第三条第二款规定的中华人民共和国境外的个人信息处理者，应当在中华人民共和国境内设立专门机构或者指定代表，负责处理个人信息保护相关事务，并将有关机构的名称或者代表的姓名、联系方式等报送履行个人信息保护职责的部门。

第五十四条 个人信息处理者应当定期对其处理个人信息遵守法律、

行政法规的情况进行合规审计。

第五十五条　有下列情形之一的，个人信息处理者应当事前进行个人信息保护影响评估，并对处理情况进行记录：

（一）处理敏感个人信息；

（二）利用个人信息进行自动化决策；

（三）委托处理个人信息、向其他个人信息处理者提供个人信息、公开个人信息；

（四）向境外提供个人信息；

（五）其他对个人权益有重大影响的个人信息处理活动。

第五十六条　个人信息保护影响评估应当包括下列内容：

（一）个人信息的处理目的、处理方式等是否合法、正当、必要；

（二）对个人权益的影响及安全风险；

（三）所采取的保护措施是否合法、有效并与风险程度相适应。

个人信息保护影响评估报告和处理情况记录应当至少保存三年。

第五十七条　发生或者可能发生个人信息泄露、篡改、丢失的，个人信息处理者应当立即采取补救措施，并通知履行个人信息保护职责的部门和个人。通知应当包括下列事项：

（一）发生或者可能发生个人信息泄露、篡改、丢失的信息种类、原因和可能造成的危害；

（二）个人信息处理者采取的补救措施和个人可以采取的减轻危害的措施；

（三）个人信息处理者的联系方式。

个人信息处理者采取措施能够有效避免信息泄露、篡改、丢失造成危害的，个人信息处理者可以不通知个人；履行个人信息保护职责的部门认为可能造成危害的，有权要求个人信息处理者通知个人。

第五十八条　提供重要互联网平台服务、用户数量巨大、业务类型复杂的个人信息处理者，应当履行下列义务：

（一）按照国家规定建立健全个人信息保护合规制度体系，成立主要由外部成员组成的独立机构对个人信息保护情况进行监督；

（二）遵循公开、公平、公正的原则，制定平台规则，明确平台内产品或者服务提供者处理个人信息的规范和保护个人信息的义务；

（三）对严重违反法律、行政法规处理个人信息的平台内的产品或者服务提供者，停止提供服务；

（四）定期发布个人信息保护社会责任报告，接受社会监督。

第五十九条 接受委托处理个人信息的受托人，应当依照本法和有关法律、行政法规的规定，采取必要措施保障所处理的个人信息的安全，并协助个人信息处理者履行本法规定的义务。

第六章 履行个人信息保护职责的部门

第六十条 国家网信部门负责统筹协调个人信息保护工作和相关监督管理工作。国务院有关部门依照本法和有关法律、行政法规的规定，在各自职责范围内负责个人信息保护和监督管理工作。

县级以上地方人民政府有关部门的个人信息保护和监督管理职责，按照国家有关规定确定。

前两款规定的部门统称为履行个人信息保护职责的部门。

第六十一条 履行个人信息保护职责的部门履行下列个人信息保护职责：

（一）开展个人信息保护宣传教育，指导、监督个人信息处理者开展个人信息保护工作；

（二）接受、处理与个人信息保护有关的投诉、举报；

（三）组织对应用程序等个人信息保护情况进行测评，并公布测评结果；

（四）调查、处理违法个人信息处理活动；

（五）法律、行政法规规定的其他职责。

第六十二条 国家网信部门统筹协调有关部门依据本法推进下列个人信息保护工作：

（一）制定个人信息保护具体规则、标准；

（二）针对小型个人信息处理者、处理敏感个人信息以及人脸识别、人工智能等新技术、新应用，制定专门的个人信息保护规则、标准；

（三）支持研究开发和推广应用安全、方便的电子身份认证技术，推进网络身份认证公共服务建设；

（四）推进个人信息保护社会化服务体系建设，支持有关机构开展个人信息保护评估、认证服务；

（五）完善个人信息保护投诉、举报工作机制。

第六十三条 履行个人信息保护职责的部门履行个人信息保护职责，可以采取下列措施：

（一）询问有关当事人，调查与个人信息处理活动有关的情况；

（二）查阅、复制当事人与个人信息处理活动有关的合同、记录、账簿以及其他有关资料；

（三）实施现场检查，对涉嫌违法的个人信息处理活动进行调查；

（四）检查与个人信息处理活动有关的设备、物品；对有证据证明是用于违法个人信息处理活动的设备、物品，向本部门主要负责人书面报告并经批准，可以查封或者扣押。

履行个人信息保护职责的部门依法履行职责，当事人应当予以协助、配合，不得拒绝、阻挠。

第六十四条　履行个人信息保护职责的部门在履行职责中，发现个人信息处理活动存在较大风险或者发生个人信息安全事件的，可以按照规定的权限和程序对该个人信息处理者的法定代表人或者主要负责人进行约谈，或者要求个人信息处理者委托专业机构对其个人信息处理活动进行合规审计。个人信息处理者应当按照要求采取措施，进行整改，消除隐患。

履行个人信息保护职责的部门在履行职责中，发现违法处理个人信息涉嫌犯罪的，应当及时移送公安机关依法处理。

第六十五条　任何组织、个人有权对违法个人信息处理活动向履行个人信息保护职责的部门进行投诉、举报。收到投诉、举报的部门应当依法及时处理，并将处理结果告知投诉、举报人。

履行个人信息保护职责的部门应当公布接受投诉、举报的联系方式。

第七章　法律责任

第六十六条　违反本法规定处理个人信息，或者处理个人信息未履行本法规定的个人信息保护义务的，由履行个人信息保护职责的部门责令改正，给予警告，没收违法所得，对违法处理个人信息的应用程序，责令暂停或者终止提供服务；拒不改正的，并处一百万元以下罚款；对直接负责的主管人员和其他直接责任人员处一万元以上十万元以下罚款。

有前款规定的违法行为，情节严重的，由省级以上履行个人信息保护职责的部门责令改正，没收违法所得，并处五千万元以下或者上一年度营业额百分之五以下罚款，并可以责令暂停相关业务或者停业整顿、通报有关主管部门吊销相关业务许可或者吊销营业执照；对直接负责的主管人员和其他直接责任人员处十万元以上一百万元以下罚款，并可以决定禁止其在一定期限内担任相关企业的董事、监事、高级管理人员和个人信息保护负责人。

第六十七条　有本法规定的违法行为的，依照有关法律、行政法规的规定记入信用档案，并予以公示。

第六十八条 国家机关不履行本法规定的个人信息保护义务的，由其上级机关或者履行个人信息保护职责的部门责令改正；对直接负责的主管人员和其他直接责任人员依法给予处分。

履行个人信息保护职责的部门的工作人员玩忽职守、滥用职权、徇私舞弊，尚不构成犯罪的，依法给予处分。

第六十九条 处理个人信息侵害个人信息权益造成损害，个人信息处理者不能证明自己没有过错的，应当承担损害赔偿等侵权责任。

前款规定的损害赔偿责任按照个人因此受到的损失或者个人信息处理者因此获得的利益确定；个人因此受到的损失和个人信息处理者因此获得的利益难以确定的，根据实际情况确定赔偿数额。

第七十条 个人信息处理者违反本法规定处理个人信息，侵害众多个人的权益的，人民检察院、法律规定的消费者组织和由国家网信部门确定的组织可以依法向人民法院提起诉讼。

第七十一条 违反本法规定，构成违反治安管理行为的，依法给予治安管理处罚；构成犯罪的，依法追究刑事责任。

第八章 附 则

第七十二条 自然人因个人或者家庭事务处理个人信息的，不适用本法。

法律对各级人民政府及其有关部门组织实施的统计、档案管理活动中的个人信息处理有规定的，适用其规定。

第七十三条 本法下列用语的含义：

（一）个人信息处理者，是指在个人信息处理活动中自主决定处理目的、处理方式的组织、个人。

（二）自动化决策，是指通过计算机程序自动分析、评估个人的行为习惯、兴趣爱好或者经济、健康、信用状况等，并进行决策的活动。

（三）去标识化，是指个人信息经过处理，使其在不借助额外信息的情况下无法识别特定自然人的过程。

（四）匿名化，是指个人信息经过处理无法识别特定自然人且不能复原的过程。

第七十四条 本法自 2021 年 11 月 1 日起施行。

后　记

本书的编辑出版得到了中国法制出版社的大力支持，应王熹编辑邀请，北京大学粤港澳大湾区知识产权发展研究院在张平教授组织下建立了兼具理论与实践经验的研究团队，共同参与了本书的撰写工作，具体参与写作人员如下（按照撰写顺序）：闫文光（中国人民大学法学院）、徐子淼（北京大学法学院）、梁欣然（北京大学粤港澳大湾区知识产权发展研究院）、徐美玲（对外经济贸易大学法学院）、谢阳（北京大学粤港澳大湾区知识产权发展研究院）、赵怡冰（北京大学法学院）、辜凌云（北京大学法学院）、熊诗敏（北京大学法学院）、赵精武（北京航空航天大学法学院）、袁玥（广州互联网法院）、刘伟斌（北京大学粤港澳大湾区知识产权发展研究院）、李昊林（北京大学法学院）、杜吾青（中国人民大学法学院）、何傲翾（北京航空航天大学法学院）、程喆（北京航空航天大学法学院）、郭永涵（北京航空航天大学法学院）。

随着个人信息保护法的实施，未来将会有更加丰富多样的场景和问题出现，笔者将持续关注并适时改版，力求为大家呈现更加完善的个人信息保护法解读，也期待并感谢您的任何意见与建议。由于时间和水平有限，本书难免有瑕疵甚至错误之处，敬请读者批评指正，欢迎您通过电子邮件与我们联系（电子邮箱：yanwenguang@ipip-gba.cn）。

图书在版编目（CIP）数据

中华人民共和国个人信息保护法理解适用与案例解读 / 张平主编 . —北京：中国法制出版社，2021. 11
ISBN 978-7-5216-2153-2

Ⅰ. ①中… Ⅱ. ①张… Ⅲ. ①个人信息-法律保护-法律适用-中国②个人信息-法律保护-案例-分析-中国 Ⅳ. ①D923. 75

中国版本图书馆 CIP 数据核字（2021）第 185602 号

策划编辑 王熹（wx2015hi@ sina. com） 责任编辑 王熹 封面设计 杨泽江

中华人民共和国个人信息保护法理解适用与案例解读

ZHONGHUA RENMIN GONGHEGUO GEREN XINXI BAOHUFA LIJIE SHIYONG YU ANLI JIEDU

主编/张平
经销/新华书店
印刷/三河市紫恒印装有限公司
开本/730 毫米×1030 毫米 16 开 印张 / 19. 75 字数 / 285 千
版次/2021 年 11 月第 1 版 2021 年 11 月第 1 次印刷

中国法制出版社出版
书号 ISBN 978-7-5216-2153-2 定价：79. 00 元

北京市西城区西便门西里甲 16 号西便门办公区
邮政编码：100053 传真：010-63141852
网址：http：//www. zgfzs. com **编辑部电话：010-63141795**
市场营销部电话：010-63141612 **印务部电话：010-63141606**

（如有印装质量问题，请与本社印务部联系。）